Oldenbourg Interpretation
Band 113

Oldenbourg Interpretationen
Herausgegeben von
Klaus-Michael Bogdal und Clemens Kammler

begründet von
Rupert Hirschenauer (†) und Albrecht Weber

Band 113

Filmanalyse im Deutschunterricht: Spielfilmklassiker

von Roland Jost und Ingo Kammerer

Oldenbourg

Zitate sind halbfett gekennzeichnet.

Die Autoren:
Roland Jost, Dr. phil., Professor für deutsche Literatur und ihre Didaktik an der Pädagogischen Hochschule Ludwigsburg.

Ingo Kammerer, Dr. phil., Akademischer Rat für Didaktik der deutschen Sprache und Literatur an der Universität Augsburg.
Bibliografische Information der Deutschen Nationalbibliothek:
Die Deutsche Nationalbibliothek verzeichnet diese Publikation in der Deutschen Nationalbibliografie; detaillierte bibliografische Daten sind im Internet über <http://dnb.ddb.de> abrufbar.

Das Papier ist aus chlorfrei gebleichtem Zellstoff hergestellt, ist säurefrei und recyclingfähig.

Bei den Zitaten, Gedichten, Literaturangaben und Materialien im Anhang ist die neue Rechtschreibung noch nicht berücksichtigt.

1. Auflage 2012
Druck 16 15 14 13 12
Die letzte Zahl bezeichnet das Jahr des Drucks.

Umschlagkonzept: Mendell & Oberer, München
Umschlag: Stefanie Bruttel
Umschlagbild: © IFA-Bilderteam, Ottobrunn/München; Fotografin: Birgit Koch
Typografisches Gesamtkonzept: Gorbach GmbH, Buchendorf
Lektorat: Barbara Krotz, Miriam Heymann
Herstellung: Angelika Brandtner
Satz: fidus Publikations-Service GmbH, Nördlingen
Druck und Bindung: Himmer AG, Augsburg

ISBN 978-3-637-00559-4

Inhalt

Bildquellen

Abb. 10: ddp images – Abb. 11: Richter/Cinetext – Abb. 12: Richter/Cinetext – Abb. 13: X-Verleih/Cinetext – Abb. 14: Richter/Cinetext – Abb. 15: RR/Cinetext.

Trotz entsprechender Bemühungen ist es nicht in allen Fällen gelungen, den Rechtsinhaber ausfindig zu machen. Gegen Nachweis der Rechte zahlt der Verlag für die Abdruckerlaubnis die gesetzlich geschuldete Vergütung.

Vorwort

Mit dem 1. November 1895, dem Tag der ersten Filmvorführung der Welt vor einem zahlenden Publikum im *Wintergarten* in Berlin durch die Brüder Skladanowsky, und der wenige Wochen später, am 28. Dezember, in einem Salon des *Grand Café* in Paris durch die Brüder Auguste und Louis Lumière erfolgten ersten Filmvorführung gegen Eintrittsgeld in Frankreich hat sich ein Medium im Kulturbewusstsein etabliert, das wie kein anderes zuvor sehr schnell den Regeln eines kommerzialisierten (Massen-)Kulturbetriebs folgte, der bis heute nichts an seiner Bedeutung, Allgegenwärtigkeit und auch Faszination eingebüßt hat. Glanz und Glimmer, Starkult, medienwirksame Großereignisse – man denke an die Oscar-Verleihungen, die Filmfestspiele in Cannes und an die Berlinale, um nur die markantesten Beispiele anzuführen – sind untrennbar mit dem Medium Film und seiner Geschichte verbunden. Dennoch hatte und hat, heute gewiss in geringerem Ausmaß, der Film mit seiner Akzeptanz als *eine* Form der Kunst, des Ästhetischen, vor allem in schulischen Bildungszusammenhängen zu kämpfen. Das entschieden emotional geprägte Erlebnis der Schaulust sowie das scheinbar einfach gemachte Verstehen von (Film-)Bildern durch das Prinzip des Abbildrealismus, der keine höheren Rezeptionsleistungen im Sinne von Analyse und Sinnkonstruktion verlangte, waren zwei unter weiteren Einwänden, die dem Film den Anspruch, Kunst oder gar hohe Kunst sein zu können, absprachen. Dies hinderte jedoch die Filmschaffenden nicht daran, mit ungeheurer Fantasie und Experimentierfreude dieses Medium auf den unterschiedlichsten Feldern weiter zu entwickeln, technisch und ästhetisch – und das vorwiegend städtisch-proletarische und -kleinbürgerliche Publikum zog es in Scharen in die öffentlichen Theater, die Kinos, die am Anfang des Filmzeitalters nicht von ungefähr »Lichtspieltheater« hießen. Es war demnach kein Zufall, dass sich die künstlerischen Avantgarden vor allem des frühen 20. Jahrhunderts dem neuen Medium zuwandten, da sie in ihm das Potenzial für die Umwälzung tradierter (elitärer) Kunstformen sahen.

In kurzer Zeit traten die laufenden Bilder im 20. Jahrhundert ihren Siegeszug durch fast alle Kulturen an und wurden zu einer der wichtigsten Quelle von Information, Unterhaltung und auch Reflexion. War es in den ersten Jahrzehnten der Filmgeschichte der verruchte öffentliche Ort der Dunkelheit, das Kino, das dem Zuschauer die Haltung des Voyeurs ermöglichte und zum Mythos Kino avancierte, so sind es schon seit Jahrzehnten das Fernsehen, seit jüngerer Zeit die Video- und seit jüngster Zeit die DVD-Technik bzw. das Internet, die als Quellen und Orte der laufenden Bilder zur Alltagserfahrung bzw. -begegnung von Menschen aller Altersstufen und sozialen Schichten und damit eben auch von Kindern und Jugendlichen gehören. Demgegenüber ist das Lesen von geschriebenen, spezifisch von fiktionalen Texten, bzgl. Häufigkeit und Dauer inzwischen quer durch alle Bildungsschichten, wenn auch nicht vom Untergang bedroht, so doch vor allem bei Kindern und Jugendlichen deutlich von der Rezeption anderer Medien abgelöst worden, wie beispielsweise alle jüngeren JIM-Studien belegen. Hinzu kommt, dass die Ausdifferenzierung von Stoffen und Motiven in Genres, Formate, Medienverbünde enorm geworden ist und Kinder und Jugendliche häufig bestimmten (fiktionalen) Figuren in unterschiedlichen Medien begegnen (können): im literarischen Text, im Comic, Hörbuch, in der Hörspielkassette/-CD, im Computer-Spiel und eben im Film. Solche Entwicklungen ermöglichen und fördern den Zugang zu fiktionalen Welten durch den Zugriff auf unterschiedliche Medien, was auch die Rezeption etwa *eines* Stoffes durch mehrere Medien einschließt, zumal Medienverbünde keine Seltenheit mehr sind.

Während die Filmwissenschaft, sich aus der Filmkritik heraus entwickelnd, fast von Beginn an den Film begleitete und seit mehreren Jahrzehnten als akademische Beschäftigung mit diesem Medium im Wissenschaftsbetrieb fest verankert ist, tat sich die (Deutsch-)Didaktik schwerer, und die Unterrichtspraxis beginnt sich erst allmählich den gesellschaftlich-kulturellen Veränderungen zu öffnen. Während in der Vergangenheit der Spielfilm im Fach Deutsch eher ein Schattendasein fristete und in der Hauptsache als Literaturverfilmung meist im Anschluss an die entsprechende Buchlektüre eine ergänzende Funktion besaß, ist in jüngster Zeit eine Wandlung erkennbar. Im Zusammenhang mit der Debatte um Kompetenzen und um einen medienintegrativen Deutschunterricht gewinnt der Film zunehmend als Lernmedium, als Gegenstand für die Initiierung von Lernprozessen an genuin deutschdidaktischen Feldern Bedeutung. Ästhetische Erfahrungen umfassender Provenienz zu erzeugen bzw. zu ermöglichen, die in ästhetische Kompetenz münden sollen, bedeutet innerhalb eines solchen Ansatzes, das Medium Film als *eine* Möglichkeit der unterschiedlichen ästhetischen Gestaltungen eines Stoffes als Teil eines modernen Deutschunterrichts zu begreifen und entsprechend zu nutzen. Dies basiert auf einem weiten Textbegriff und auf der Überzeugung, dass eine Reihe von Inhalten, Zielen bzw. Kompetenzen, die in den verschiedenen Bildungsplänen aller Schularten in allen Bundesländern für das Fach Deutsch aufgeführt werden, grundsätzlich im Umgang mit allen Medien, idealiter in der Verzahnung mehrerer Medien innerhalb eines Stoffes bzw. Themas erreichbar sind. Das schließt mit ein, dass die Wahrnehmungsgewohnheiten und auch -fähigkeiten der Schüler/-innen nicht ausgeblendet werden dürfen, sondern wichtige Anknüpfungspunkte für den Deutschunterricht sind, was sich auch auf die Auswahl der Stoffe und jeweiligen medialen Gestaltungen erstrecken muss.

Wenn wir davon ausgehen, dass mit der kontinuierlichen und systematischen Hereinnahme des Spielfilms in den Deutsch- resp. Literaturunterricht nicht eine simple Addition zum Medium schriftlicher literarischer Texte gemeint sein kann, dann ist zu eruieren, welches Instrumentarium aus der Arbeit mit den traditionellen Gegenständen, konkret: den epischen und dramatischen Texten, für den Umgang mit dem Film zu nutzen ist und welche neuen Analysekriterien benötigt werden, die der spezifischen technischen Beschaffenheit und der Ästhetik dieses Mediums gerecht werden. Indem wir in diesem Band auf den (narrativen) Spielfilm fokussieren, stellen sich, ähnlich wie in epischen bzw. dramatischen Texten, Fragen nach der Dramaturgie und der Narration, nach den Figuren, der Figurenkonstellation, den Erzählperspektiven, Handlungsorten und Räumen, Zeitverhältnissen, nach den Monologen und Dialogen, nach (Leit-)Motiven und nach symbolischen Bedeutungen. Weiterhin bedeutsam sind Überlegungen zu Gattung bzw. Genre sowie zur Dimension und zu den Merkmalen von Fiktionalität und, nicht zu vergessen, zu den historisch-gesellschaftlichen Rahmenbedingungen von Produktion und Rezeption. Dazu gesellen sich gerade angesichts des massiv emotionalisierenden Potenzials des Mediums Film Fragen nach Wirkung und Bedeutung für den einzelnen Rezipienten und nach der daraus entstehenden Anschlusskommunikation über das Gesehene resp. Gehörte in der jeweiligen Lerngruppe und -situation. Die Besonderheit des Films, als mehrfach kodierter Text zu existieren, erfordert für die unterrichtliche Filmanalyse das Arbeiten an und mit den spezifischen Kategorien, die für das Verstehen im Sinne einer bewusst gewordenen Wirkung unerlässlich sind: die Bildebene mit den Großeinheiten Schnitt/Montage und *Mise en Scène* sowie die aus unterschiedlichen Elementen bestehende Tonebene. Es sind gerade das Zusammenspiel der verschiedenen Zeichensysteme sowie die Erfordernis des gleichzeitigen Hörens und Sehens, die als besondere (Lern-)Herausforderung an den Rezipienten eines Films herangetragen werden. Filmanalyse steht daher unter dem Vorzeichen, innerhalb des ästhetischen Lernens den Fokus gewissermaßen auf die »visuelle Alphabetisierung« zu richten. Dies erfordert zum einen, filmsprachliche Strukturen und Elemente als Mittel der Inszenierung von Bedeutungsangeboten kennen zu lernen, um das unmittelbare Erleben des Films mit der Fähigkeit zur Distanzierung durch Analysevermögen anzureichern und das Gemachte des Filmtextes durchschauen und beschreiben zu können. Zum anderen, eng verknüpft mit dem Ersten, scheint es uns wichtig, einen roten Faden unserer Ausführungen mit dem Aspekt *Genre* zu erzeugen, denn das Genre, die Genreerwartung sind zentrale Ansatzpunkte einer gelingenden Kommunikation zwischen Filmtext und Rezipient: Parallel zu den Subgattungen in dramatischen und epischen Texten, z. B. Komödie, Farce, Kriminalroman, Briefroman, historischer Roman usw., stellt Genrewissen einen entscheidenden Markierungspunkt sowohl in der Seherwartung des Zuschauers als auch im Verstehen von Filmen dar.

Um diesen Genreaspekt im vorliegenden Band in den Überlegungen und Ausführungen angemessen zum Tragen zu bringen, haben wir mit *Der unsichtbare Dritte* (*Alfred Hitchcock*, 1959) und *Spiel mir das Lied vom Tod* (*Sergio Leone*, 1968) zwei entschieden genre-typische Produktionen gewählt und mit *Forrest Gump* (*Robert Zemeckis*, 1994) eine in der Tradition des Schelmenromans stehende, in vielen Kritiken und Darstellungen zu Unrecht etwas hilflos mit »Komödie« klassifizierte Produktion ausgesucht. Schwieriger sind die Genrebezüge in *Sophie Scholl – Die letzten Tage* (*Marc Rothemund*, 2005) und in *Blow-Up* (*Michelangelo Antonioni*, 1966), die im ersten Fall mit »Historienfilm« oder »Doku-Drama«, im zweiten Fall mit »Filmessay« oder gar »Kriminalfilm« nur unscharf umrissen werden können und damit die Problematik von eindeutigen Genrezuordnungen mit ins Spiel bringen. *Lola rennt* (*Tom Tykwer*, 1998) schließlich ist ein deutlich markiertes, gewolltes Spiel mit Genrekonventionen, das bricolageartig verschiedene Genres zitiert. Eine weitere Überlegung, gerade auf diese sechs Filme zu setzen, wo gewiss zahlreiche andere Filme genauso geeignet gewesen wären, ist die Tatsache, dass mit Ausnahme von *Blow-Up* (und selbst dieser Film war bei seinem Erscheinen ein großer, allerdings zeitbedingter Kino-Erfolg) alle Filme zumindest Mainstream-Ereignisse oder gar »Blockbuster« waren und durch fortwährende Wiederholungen im Fernsehen sowie gelegentlich in Programm-Kinos immer noch präsent sind; zudem, so meinen wir, liegen alle Filme – für *Blow-Up* reklamieren wir dies allerdings nur für die Sekundarstufe II – mit ihren Themen, Stoffen und ihren Erzählweisen im mentalen und emotionalen Interessenfeld von Jugendlichen und sind darüber hinaus auf DVD leicht und allgemein zugänglich.

1 Film – Genre – Analyse: Filmanalyse im Deutschunterricht

Roger O. Thornhill ist immer in Bewegung. Und ein Mann der verbalen Tat, der den Weg zu einem Geschäftsessen ausnutzt, um seiner Sekretärin Maggie wichtige Termine und Korrespondenzen des Tages zu diktieren (Abb. 1–4). Kein Zweifel, der Mann ist witzig, um keinen flotten Spruch verlegen, nie wirklich ernst, selten aufrichtig – ein Spieler eben, der in der ***Welt der Werbung*** *beschäftigt ist, demnach nicht lügt, wenn er z. B. einem Passanten vorschwindelt, seiner Frau sei übel, und so das Taxi ergattert (Abb. 3), sondern gemäß seiner Profession zu* ***zweckmäßige[r] Übertreibung*** *neigt. Wenn er an Pfunden abnehmen will, muss Maggie eine Notiz mit dem Inhalt* ***Think thin*** *– die* ***Schlankheitsdragees*** *der deutschen Synchronisation übersehen dieses Spiel(er)-detail – auf seinen Schreibtisch legen. Und da sich dieser Fünfzigjährige noch immer regelmäßig mit seiner Mutter trifft, lässt er über Maggie ausrichten, dass er beim nächsten Zusammensein bereits zwei Martinis getrunken haben wird. Diese Vorinformation und Sicherheitsmaßnahme ist er dem* ***Bluthund*** *Mutter offensichtlich schuldig.*

a b a

b

Abb. 1–4: Exposition *Der unsichtbare Dritte*

Wir befinden uns mitten in der Exposition von *Hitchcocks* Klassiker *Der unsichtbare Dritte* (DuD 2:09–4:19) und lernen den Protagonisten *Roger O. Thornhill* kennen. Innerhalb von gerade mal zwei Minuten wissen wir das, was wir wissen müssen: Thornhill ist einer jener **big boys**, die immer wieder das *Hitchcock*'sche Universum bevölkern – ein alt gewordener Jugendlicher oder jung gebliebener Erwachsener, seriös im Auftreten, kindlich verspielt im Verhalten, neurotisch bindungsunfähig und (oder: weil) von einer allmächtigen Mutter überwacht. Er ist noch nicht ganz bei sich und benötigt daher eine Art Erweckungserlebnis, eine Form der Initiation, um seine Neurosen abzulegen. Der Film wird ihm in Folge einer lebensgefährlichen Verwechslung reichlich Gelegenheit dazu bieten.

Im deutschen Titel, *Der unsichtbare Dritte*, bereits angedeutet, ist es ein in jeder Hinsicht potenzieller, tatsächlich aber irrealer Agent namens *Kaplan*, der Thornhill, da er von einer Spionagegruppe für eben diesen gehalten wird, fortan zum Gejagten macht. Thornhill muss also fliehen, schon bald auch vor der Polizei, und ist nirgends mehr sicher. So verliebt er sich auf der Flucht in eine reichlich unzuverlässige Doppelagentin, kommt immer wieder einer CIA-Abteilung, die ihrerseits die Spione überwacht, in die Quere und muss doch im letzten Drittel des Films – lange nach dem Zuschauer – erkennen, dass es jenen, man möchte sagen: konjunktivischen, Kaplan gar nicht gibt, dass der »unsichtbare Dritte« zwar die Aktionen vorangetrieben hat, aber letztlich nichts anderes ist als eine vom US-Geheimdienst platzierte Chimäre zur Verwirrung der Gegner. So wird denn diese Täuschung zum Handlungsauslöser, zum Bewährungszwang eines neurotischen Helden wider Willen, der aus seiner Welt vertrieben wird und seine Unschuld resp. sein Leben gegen alle Widrigkeiten, die sich aus dieser Plotidee ergeben, verteidigen muss.

Die ironische Handhabung der Verwicklungsthematik und auch so manch anderer Gestaltungsidee im *unsichtbaren Dritten* verdeutlichen zum einen eine Genremischung von Thriller und Komödie, zum anderen aber wird hier auch der dahinter stehende Autor und seine generische Weltsicht sichtbar: Alfred Hitchcock, ein augenzwinkernder »Master of suspense«.

An einer Bahnstation wird eine Tür langsam und geräuschintensiv geöffnet (Abb. 5). Eine Tafel mit Informationen über Zugverspätungen wird beschriftet und der Bahnhofsvorsteher, der dies tut, hält inne und kommt nach einem langsamen Zoom rückwärts ins Bild (6b). Erwartungsvoll schaut er zur Tür. Dort wird in einem vertikalen, sehr bedächtigen Schwenk über Stiefel, abgesägte Schrotflinte das Gesicht eines Mannes in leichter Untersicht präsentiert (7c). Kühl taxiert dieser den Vorsteher. Der, devot lächelnd (8), schaut sich um und bemerkt, dass er umstellt ist. In einem sehr langsamen horizontalen Schwenk aus der Vorstehersicht wird die Raumsituation verdeutlicht. Drei Männer halten die Zugänge zum Bahnhofsgebäude besetzt (9). Sie tragen lange Mäntel, Hüte, Waffen. Und sie sehen nicht freundlich aus.

In der Eröffnung von *Sergio Leones Spiel mir das Lied vom Tod* (SLT 0:13–1:04) wird wenig geredet. Die Figuren müssen das auch nicht, geht es hier doch vielmehr darum, eine typische Handlungssituation in einem

a b

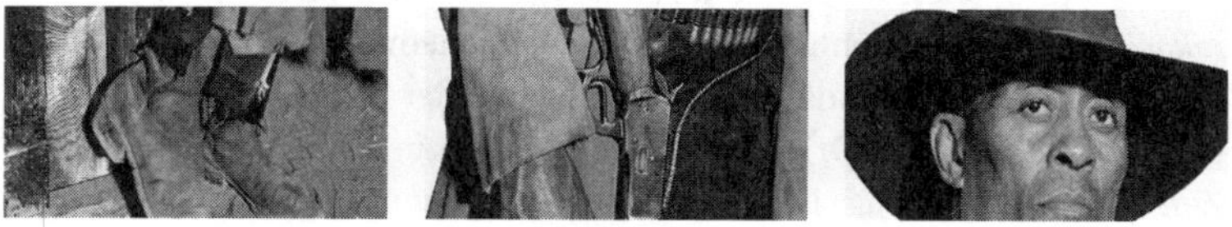

a b c

a b

Abb. 5 – 9: Exposition *Spiel mir das Lied vom Tod*

speziellen Stil zu präsentieren. Gewalt als legitimes Mittel zum Zweck ist im Wilden Westen der USA des 19. Jahrhunderts eine gängige Form der Interessendurchsetzung. Dieses Gewaltversprechen wird zwar erst am Ende der Szene vollständig eingelöst, bedrohlich ist die Atmosphäre aber von Beginn an: Das den Bahnvorsteher umgebende dreiköpfige Killerkommando wartet auf die Ankunft eines Mannes mit dem Ziel, diesen zu töten; überflüssige Störfaktoren wie der Bahnvorsteher selbst sind im Voraus ruhig zu stellen. *Leone* führt so in einer Art Stummfilmdramaturgie in sein Bild der historischen USA ein, und es ist die Form dieser Einführung, die hier besondere Aufmerksamkeit verlangt. Alles scheint verlangsamt. Die extreme Bewegungsretardation jener drei Desperados wird auch in der Aufnahmegestaltung, dem Tempo des Erzählapparats, technisch aufgegriffen und fortgeführt. Langsam gleitet die Kamera über Akteure und Raum hinweg, verharrt immer wieder und ausdauernd auf den Gesichtern in extremer Großaufnahme, als ob sich hier das wahre Bild der Epoche finden lasse.

Tatsächlich aber stirbt diese Epoche. Der Untergang, der ein Übergang ist, wird im Originaltitel – *Once upon a time in the West* – deutlicher als in der martialischen deutschen Betitelung markiert. Der Wilde Westen, so suggeriert es der Film, ist bald nurmehr gewesen, an seiner Historisierung wird von allen Vertretern der Epoche eifrig gearbeitet. Dabei ist es die Bahnlinie zum Pazifik, die alles verändert, die den Siedlungszug nach Westen vollendet und so gewissermaßen gewalttätige Züge der Landnahme und Epoche sukzessive befriedet bzw. zivilisiert. Um jenes paradigmatische Ereignis des

Bahnlinienbaus – personalisiert im Bahnmagnaten *Morton* – herum sind alle weiteren Handlungsinhalte gruppiert: die Geschichte um *Jill*, die zugleich eine Geschichte des Kampfes um strategisch bedeutsames Land, sinnigerweise um einen Bahnhof, ist – die Story um *Cheyenne*, den gutherzigen Banditen und einfachen Geist – die Handlung um *Frank*, den Handlanger Mortons und üblen Killer – und schließlich die Geschichte »*Mundharmonikas*«, der seine persönliche Rache an eben jenem Frank befriedigen will. Kunstvoll sind jene Handlungsstränge miteinander verknüpft und am Ende, das **Es war einmal** des Originaltitels im Blick, sterben die Vertreter der alten Zeit beinahe vollzählig. Der Wilde Westen hat somit seinen Wendepunkt erreicht, die Zukunft gehört den anpassungs- und wandlungsfähigen Menschen dieser Tage, die durch Jill eindrucksvoll repräsentiert werden.

Aber zurück zu den einführenden Szenen: Auffällig sind zunächst die Gestaltungsunterschiede der beiden Filmtexte. *Hitchcocks* redseliger Beginn, der eigentlich seinem Ideal des **pure cinema**, nach dem das Visuelle das Publikum in Anspannung versetzen soll, entgegenläuft, ist dramaturgisch notwendig. Da nämlich in der Folgeszene bereits der zentrale Handlungskonflikt geschieht, ist es wichtig, den Zuschauer an der Seite des Protagonisten zu wissen, was hier bedeutet, dass der Rezipient auch mit den Neurosen und der grundlegenden Hektik des Helden vertraut sein muss. *Leone* dagegen präsentiert reines, visuelles Kino, kann dies auch tun, da er keine Identifikation mit den Akteuren anvisiert, sondern eine typische Standardsituation auf besondere Weise ins Bild setzen will. Der Western-Kenner weiß um die dargebotenen Figurentypen, verbalisierte individuelle Charakterzüge sind nicht von Belang. Bis ins Extrem gedehnte Zeit und die Gefahr, die in einem ›bösen Blick‹ lauert, sind das lakonische und auch ein wenig chauvinistische Ideal dieser Inszenierung.

Kurz gesagt: Beide Expositionen bewegen sich souverän im jeweiligen Textsortenfeld, das dem Rezipienten grob bekannt ist und demnach seine Erwartungen und Gratifikationshoffnungen bei Betrachtung des Films anleitet. Gemeint ist der Genrebezug der jeweiligen Exposition. Sowohl der *Thriller* als auch der *Western* bestimmen bereits im Vorfeld der Rezeption die Erwartungen des Zuschauers. Diese können in Details differieren, sind aber, nimmt man den jeweiligen basalen Genreintertext als Grundlage, auf bestimmten generellen Handlungs- und Gestaltungskategorien der Filme aufgebaut.

1.1 Spielfilmtexte – Filmliteratur – Filmgenres

Filme sind kohärente, strukturierte sprachliche Einheiten mit kommunikativer Funktion, also: Texte. Zweifellos flüchtige, in gewisser Weise **unauffindbare Texte**[1] – denn die fortlaufende Bilderbewegung duldet medial bedingt keine Unterbrechung –, aber eben doch Fixierungen, die im Zuge eines erweiterten Textbegriffs der Literaturwissenschaft als Texte zu kennzeichnen sind und in Analyse unterstützenden Protokollformen tatsächlich zu einem greifbaren Text werden. Diese Filmtexte operieren mit einer eigenen Ästhetik (s. a. Abb. 16). Film hat eine besondere Sprache entwickelt, die sich aus vielen Kodierungssystemen (Theater, Bildende Kunst, Musik, Fotografie, Literatur, u. a.) und den eigenen spezifischen Kodes zusammensetzt. Das audiovisuelle Superzeichen dieser Allianz, das, was wir Film nennen, hat wiederum in seiner über hundertjährigen Existenz erzähldramaturgische Konventionen gesetzt, die es im Stil einer Gestaltungs- und Handlungsanalyse zu untersuchen gilt. Sodann ist der Spielfilm, auf den wir uns hier konzentrieren möchten, eine Form der Filmliteratur oder das literarische Element der Gattung Film. Möglicherweise greift die von *Abraham/Kepser* in diesem Kontext vorgenommene Zuordnung des **Spielfilm[s] als (vierte) literarische Großgattung**[2] zu hoch, aber auch nach unserer Auffassung sind die Analogien der beiden ästhetischen Felder auffällig, um nicht zu sagen: aufdringlich. Parameter der Literarizität – Fiktionalität, Polysemie, Poetizität – gelten auch für die Spielfilmästhetik, epische und dramatische Sprechsituationen prägen den Spielfilm und sind quasi-literarisch mit analogen Termini zu bezeichnen und mit vielen transferierbaren Analysemethoden zu entlarven.

Schließlich arbeiten beide Textarten mit ähnlichen Formen der inhaltlich-formalen Kategorisierung zur Rezipientenorientierung. Die damit angesprochenen *Genres*, mit epischen und dramatischen Subgattungen vergleichbar und auch identisch, dienen innerhalb der Filmkommunikation als orientierende Marksteine. **Kino ist Genrekino, wie auch andere Kunstgattungen nicht jenseits ihrer formalen Konventionen denkbar sind.**[3] Jene konventionelle Sicherheit, wonach auf eine erworbene intertextuelle Genrekompetenz beim Rezipienten reflektiert bzw. seine Erlebniserwartungen bereits im Vorfeld der Rezeption in eine bestimmte Richtung oder Haltung überführt wird, scheint uns ein wichtiger und berücksichtigenswerter Faktor beim Erwerb von Filmkompetenz im Deutschunterricht zu sein. Zum einen, weil auf bereits vorhandenes, freilich recht unstrukturiertes Wissen des Zuschauers zurückgegriffen werden kann. Zum anderen, weil hier **ein beispielhaftes Laboratorium von Kommunikationsprozessen**[4] geöffnet wird, das einem filmdidaktischen Lehr-Lern-Arrangement die nötige thematische und ästhetische Grundierung verleiht.

Wenn der *Thriller* dem Zuschauer affektive Erlebnisse, Nervenkitzel in Form von Angstlust (*thrill*) durch Einfühlung in die und stellvertretendes Durchleiden der Gefahren um die Hauptfigur verspricht, dann ist es notwendig, schnell an die Seite des Protagonisten geführt zu werden und diese personale Positionierung nurmehr punktuell zu verlassen. In diesem Sinne ist die Exposition aus *Der unsichtbare Dritte* (s. Abb. 1–4) streng ökonomisch und effizient. Der neurotische Held, der uns die Identifikation in Erkenntnis der eigenen Fehlbarkeit spürbar erleichtert, ist vorgestellt, die Verwicklung kann beginnen. Ab diesem Zeitpunkt wird Thornhill mehr und mehr aus seiner gesellschaftlichen Rolle gedrängt, begegnet er in einem recht willkürlichen Verwechslungsspiel seinen innersten Ängsten, stellt sich den bedrohlichen Herausforderungen und tritt schließlich gestärkt aus dem Film hervor. Da der Thriller das Prinzip der Ambivalenz in Form, Inhalt und Wirkung zu seinem mythischen Hauptelement gemacht hat, sind Kontraste, Widersprüche und auch gelegentlich gezielte Illusionsbrüche die logische Kompositionsfolge. Der *unschuldig Beschuldigte* birgt dabei auch weiterhin das größte Einfühlungspotenzial, insbesondere dann, wenn seine Hauptschwächen – bei Thornhill seine unernste Spielernatur und sein fehlendes Verantwortungsbewusstsein – gezielt angegriffen werden, also für die Verwicklung verantwortlich sind. Dieser Identitätsverlust ist schwer zu verkraften, auch für den Zuschauer, der ohnehin mit der eigenen ambivalenten Position – intrafiktionale Heldennähe bei zugleich extrafiktionaler Kinodistanz – schon genug zu tun hat.[5]

Abb. 10: *Der unsichtbare Dritte (DuD)*

Auf andere Weise ist der *Western*-Rezipient an der Fabel beteiligt. Das Historische der Ereignisse, das **Go West** als Action-Ideal einer fortwährend zu verschiebenden *Frontier* – bei *Leone* besonders deutlich gekennzeichnet durch den Bau der Eisenbahnlinie zum Pazifik – mit allen notwendigen Akten gewalttätiger Überzeugungsarbeit, die Art der Kostümierung und prototypische Berufsfelder (Trapper, Sheriff, Cowboy etc.) setzen den Rezipienten von Beginn an in eine gewisse, historisch bedingte, Distanz zum Dargebotenen. Diese Distanz gegenüber der Handlung wird im Fall des *Italo-Westerns* durch die Betonung der Form noch verstärkt. So bleibt z. B. durch größtmögliche Konzentration auf bestimmte Merkmale des Westerners (Introvertiertheit, asoziale Einsamkeit, Unfähigkeit zur Reflexion), die der Zuschauereinfühlung entgegenstehen, ein lakonischer, extrem stilisierter Typus übrig.

Jene Reduktion an Figurenkomplexität geht einher mit einer geradezu zwingend vorgeschriebenen Orientierung an wenigen Standardsituationen – der *Shootout* wird in *Leone*-Western zum zelebrierten ›Gottesdienst‹ –, welche episch breit, oft genug opernhaft (Filmmusik mit leitmotivischer Funktion) aufbereitet werden. Die Dehnung der Erwartung wird dabei zum formalen Schwerpunkt, die Tat selbst zum hurtig inszenierten Schlusspunkt eines artifiziellen Spiels mit Zeit und Raum. Form bestimmt hier nachhaltig den Inhalt. *Leones Spiel mir das Lied vom Tod*, als Höhe- und Wendepunkt des Italo-Westerns gehandelt, präsentiert nicht nur in der ersten Sequenz dem vorinformierten Zuschauer das, was er erwarten kann: schweigsame, beinahe unbewegliche Outlaws in Vorbereitung einer Duellsituation, dies alles bei extremer Ausdehnung der Erzählzeit bis zur kathartischen Auflösung im Finale.

Abb. 11: *Spiel mir das Lied vom Tod (SLT)*

Deutlich wird, dass die Kommunikation zwischen Genretext und Rezipient nur dann reibungslos gelingt, wenn einerseits dem Rezipienten der Genremythos vertraut ist (intertextuelles Wissen) und andererseits der Genretext wesentliche Bereiche dieser Basis auch ausstellt. Erwartung und Vertrauen: Man kann dies als **viewing contract** oder Genrevertrag zwischen Regisseur resp. Text und Zuschauer[6] bezeichnen, demzufolge durch einen gemeinsamen Ausgangspunkt oder eine Übereinkunft der Kommunikanten die Möglichkeit einer vollkommen misslingenden Verständigung klein gehalten wird. Genrewissen ist damit zentrales Wissen bei der Analyse von Spielfilmen. Der generische Intertext aller Filme eines Genres ist die externe Vergleichsbasis bei Analyse der formalen und inhaltlichen Gestaltung des aktuellen bzw. vorliegenden Genrefilms. In diesem Sinn sind *Der unsichtbare Dritte* und *Spiel mir das Lied vom Tod* exemplarische Texte, an deren Beispiel wir auch den Thriller- bzw. Westernmythos erörtern wollen. Um diese beiden Grundgenres des Kinos werden weitere Genres gruppiert.

Zemeckis' Forrest Gump ist dabei schon nicht mehr eindimensional zu kategorisieren. Gezeigt wird hier die Lebensgeschichte des Titelhelden, erzählt von ihm selbst. Die solchermaßen organisierte Darbietung von Forrests Kindheit, Schul- und Collegeerlebnissen, seinen durchschlagenden Erfolgen auf den Feldern des Sports, der Wirtschaft und ›Kreativität‹, seinen Erlebnissen als Soldat im Vietnamkrieg, schließlich die Darbietung von der immer wieder neu ansetzenden Beziehung zu seiner Lebensfreundin Jenny ist aber durch die offensichtliche intellektuelle Rückständigkeit der Hauptfigur effizient verfremdet. Der dadurch erzielte durchgängige Widerspruch zwischen Erzähler- und Zuschauerwahrnehmung verstärkt denn auch die Distanz, die der belustigte Rezipient zum Textinhalt einnimmt; gleichwohl steht die (Teil-)Identifikationen mit dem Sympathieträger Forrest, dessen melodramatisch gestaltete Schicksalsschläge Mitleid und Einfühlung ermöglichen, nie wirklich in Frage.

Abb. 12: *Forrest Gump (FG)*

Abb. 13: *Sophie Scholl – Die letzten Tage (SoS)*

Die Erlebnisse des tumben Toren Forrest einfach als *Komödie* zu bezeichnen, wird der Sache somit nur bedingt gerecht. Forrests episodisch erzählte Erfolgsgeschichte – die immer auch Geschichte der USA ist – erinnert vielmehr in Struktur und Inhalt an einen Schelmenroman[7], denn die Satire auf den »american way of life« nach dem Motto **lauf, Forrest, lauf** ist kaum zu übersehen, wenn auch, wie bereits erwähnt, das melodramatische Potenzial nicht geleugnet werden kann. Bleibt hier zumindest der Humor resp. die Überzeichnung noch weitgehendes Prinzip der Gestaltung, so steht im Fall von *Rothemunds Sophie Scholl – Die letzten Tage* das Historische, wenn nicht gar das Dokumentarische im Vordergrund. *Rothemund* erzählt in diesem jüngsten Film unserer Auswahl die letzten Tage der bekannten Widerstandskämpferin Sophie Scholl: von der finalen Flugblattaktion über die Verhaftung, Verhöre und Gerichtsverhandlung bis hin zur Hinrichtung unter dem Fallbeil.

Die fiktionale Aufbereitung eines historischen Falls kennt viele Beispiele und auch einige generische Bezeichnungen. Semi-Dokumentarfilm oder Doku-Drama könnten aufgrund der von *Rothemund* in einer Texttafel vorangestellten Authentizitätsadresse, man habe die Original-Verhörprotokolle des Falles verwendet, angewandt werden: eine pragmatische Mischung, die ihre Reize hat. Da das Schicksal der *Weißen Rose* und ihrer Protagonistin aber dramaturgisch in erheblichem Maße mit Melodram- und Thrillerelementen durchsetzt ist, ist es in jedem Fall schlüssiger vom Übergenre des *Historienfilms* zu reden.

Endgültig zum *Genrehybrid*, zur (post-)modernen Mischung möglichst vieler Genres in einem Film, gerät dann *Lola rennt*. *Tom Tykwers* kleine Episodenabhandlung über den Zufall sollte aufgrund ihrer filmsprachlichen Vielschichtigkeit in keiner Filmanalyse fehlen. Der Film präsentiert die Geschichte von Lola und Manni, die innerhalb von 20 Minuten an 100.000 DM gelangen müssen, welche Kleinganove Manni verloren und dennoch zum festgesetzten Zeitpunkt abzuliefern hat. Da der sympathische Manni um sein Leben bangt, ist der Konflikt ausreichend gewichtet, im Folgenden geht es dann um die Lösungen des Problems: Jener 20-Minuten-Plot wird nämlich dreimal vorgelegt. Die ersten beiden Episoden enden jeweils unbefriedigend, weil mit dem Tod einer der Hauptfiguren. Der letzte Versuch dagegen ermöglicht ein märchenhaftes und demnach gelungenes Finale und Happy-End.

Film ist Zeit ist Leben, **ein Film über die Möglichkeiten des Lebens**, so *Tykwer* selbst, **muß auch ein Film über die Möglichkeiten des Kinos sein.**[8] Zwangsläufig müssen es dann viele Genres sein, die sich hier ein Stelldichein geben, und die versammelten Musterformen – Thriller, Actionfilm, Melodram, Krimi und Komödie – sind mit die populärsten der Filmgeschichte.

Ähnlich wie *Lola rennt* ist auch der letzte Film in unserer Auswahl zunächst ein Film über die Zeit(-läufte). Ganz im Rahmen seiner Produktionsgegenwart verhaftet – die juvenilen »Swinging Sixties« sind wichtiger Hintergrund –, ist *Antonionis Blow-Up* aber auch Krimi, Musikfilm und Reportage. Alles in allem ein mit surrealen, traumähnlichen Elementen versetztes Filmessay über das Phänomen der Wahrnehmung – in gewisser Weise ein Film über die Rezeption von Texten und die darin verborgene Mehrdeutigkeit (s. zum Inhalt von *Blow-up* das Sequenzprotokoll in Abb. 101). Das kann als Genrebezeichnung nicht wirklich funktionieren,

Abb. 14: *Lola rennt (LR)*

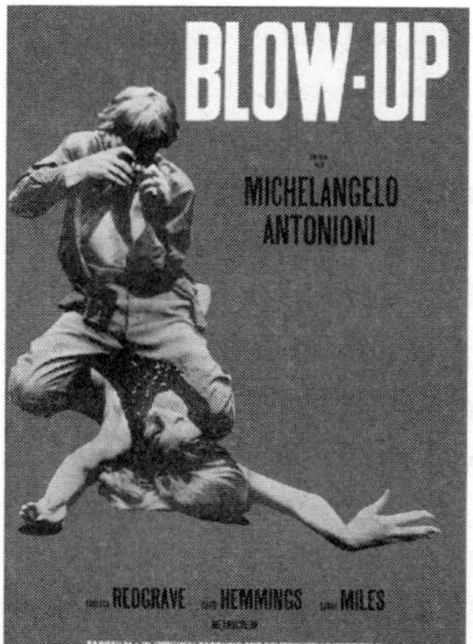

Abb. 15: *Blow-Up (BU)*

weshalb *Blow-Up* genau wie *Lola rennt* im Folgenden als eine Art eigenes Genre betrachtet wird.

Wir fassen zusammen: Spielfilm ist ein literaturähnlicher Text, in unterschiedlichen Geschichtensystemen (Genres) ästhetisch strukturiert, was immer auch bedeutet, dass Spracheinsatz und Narrationsmuster das jeweilige Genre auf bestimmte Art gestalten und vom Publikum erwartet werden. Wer also Spielfilm besser verstehen will, findet in dieser Parallelisierung von Genremuster und Filmanalyse einen stimmigen, weil auf die Konventionen des Kinos reflektierenden Zugang: eine Art ›Urtext‹, den man kennen sollte. So betrachtet, kann Filmanalyse nie wirklich auf eine generische Einbettung resp. Rechtfertigung verzichten. Immer sind sprachliche, narrative und dramaturgische Neuerungen auf ihre Tauglichkeit im genrespezifischen Geschichten- und Gratifikationsmuster hin zu überprüfen. Nach unserem Dafürhalten ist demnach dringend geboten,

a) Spielfilm im Unterricht (literarisch) aufzuwerten und durchaus – bei Berücksichtigung der medial bedingten Unterschiede – der Printliteratur als verwandte Textform zur Seite zu stellen,
b) die Analyse von Spielfilmen im Unterricht immer auch in einen textsortensystematischen, also genrespezifischen Zusammenhang zu stellen.

1.2 Filmanalyse

Was aber ist nun eigentlich das Sprachliche des jeweiligen Films? Woraus besteht diese Sprache, wie wird durch den Einsatz ihrer Zeichen eine Geschichte erzählt und welche Wirkung erzielt diese Gestaltung beim Betrachter?

Will man (Spiel-)Film gattungsgerecht interpretieren – und freilich ist dies das kommunikative und Sinn stiftende Ideal bei Rezeption eines Kunstwerks – bedeutet dies, dass bestimmte Analyseparameter der filmischen Gestaltung in Form und Wirkungsgrad bekannt sein müssen. Jene Parameter beispielhaft zu vermitteln, ist Ziel und Zweck dieses Buches.

Natürlich wird man einwenden, dass das Verstehen von Filmen und insbesondere von solchen mit fiktionalen Inhalten doch immer gewährleistet sei, auch dann, wenn kein besonderer filmsprachlicher bzw. filmästhetischer Bildungsgrad beim verstehenden Betrachter vorliege. Und dieser Einwand ist gerechtfertigt: Man kann sagen, dass Film immer verstanden wird, oder, wie *Christian Metz* es formuliert: **Ein Film ist schwer zu erklären, da er leicht zu verstehen ist.**[9] Nun ist aber festzuhalten, dass Metz damit nicht in Aussicht stellt, es mit einem trivialen, einfachen Medientext zu tun zu haben, dessen Einfachheit der Gestaltung eben schwer in objektivierbare Begriffe zu überführen ist. Im Gegenteil: Metz macht klar, dass die leichte Verständigung zwischen Text und Rezipient einer begrifflichen Fassung ästhetischer Parameter im Wege steht. Die scheinrealistische Präsenz des im

Film Dargebotenen macht die dahinter wirksamen Formelemente der Darbietung unsichtbar. Die Notwendigkeit, eine zweite Ebene der Auseinandersetzung zu betreten, scheint sekundär zu sein, oder, anders formuliert, die dazu erforderliche Distanzierung vom Handlungsplot erfordert eine andere Rezeptionshaltung bzw. -disziplin, weil man sich gegen die Konvention der filmischen Verzauberung entscheiden muss.

Somit heißt Analyse immer auch Entemotionalisierung und kritische Entlarvung der (medialen) Realismusillusion und (ästhetischen) Gestaltungsprinzipien – nicht nur im Falle des Films, denn jedem Kunstwerk »wohnt ein Zauber inne«, aber gerade dort als besonders diffizil und wirkungskonträr empfunden. Es ist also nahe liegend, Filmanalyse in den meisten Fällen der zweiten Rezeption vorzubehalten. Mag das Erstsehen noch der traumhaften Illusion von Realität Gefolgschaft leisten, der Folgeblick sollte reflektierter sein. Und dieser Analyseblick muss gelernt werden.

Als Fundament einer medienkritischen Rezeption und Nutzung von Filmtexten ist der Zuschauer zunächst vom ›Staunen‹ zum Sehen zu führen oder: audiovisuell zu alphabetisieren. Eine von *Kern* schon vor Jahren geforderte **filmische Sehschule […], die darauf setzt, dass elaboriertes Sehen intensiveres und zugleich kritischeres Sehen bedeutet, dass mithin der Sehgenuss sich erhöht, wenn er über eine diskursive poetologische Zwischeninstanz läuft**[10], ist zu ermöglichen und – je früher desto besser – in den Bildungsplänen offensiv zu platzieren. Bilder und Filme ›lesen‹ zu können ist die Voraussetzung zur Partizipation an der aktuellen Medienvielfalt und so eine grundlegende Schlüsselqualifikation gegenwärtiger Lebensbewältigung.

Als solches Grundlagenwissen gelten interne, textimmanente Faktoren der Filmgestaltung, die mithin den begründeten, weil einführenden Schwerpunkt unserer medienspezifischen Textbetrachtung darstellen (s. a. zum Folgenden Abb. 16). Dabei ist zunächst festzuhalten, dass der Filmtext selbst aus dem Zusammenwirken nicht-filmspezifischer und filmspezifischer Kodes (kulturelle u. filmische Kodes) entsteht und seine besondere Wirkung erzielt. Jene vielschichtige ästhetische Qualität des (multimedialen) filmischen Superzeichens, die u. a. eine mehrperspektivische, fächerübergreifende Betrachtung des Gegenstandes nahelegt, möglicherweise sogar zwingend einfordert, kann bezogen auf die Inhalte des Deutschunterrichts im Wesentlichen auf zwei Betrachtungsperspektiven reduziert werden: zum einen auf die Analyse der Ton-Bild-Komposition, zum anderen auf die Analyse der speziellen Handlungsdarbietung. Audiovisuelle Kategorien der Texterstellung werden somit im Folgenden unter dem durchaus gebräuchlichen Terminus *Filmsprache* betrachtet (Kap. 2), Handlungs- und Erzählelemente im dramatisch-epischen Kompositum *Erzähldramaturgie* zusammengefasst

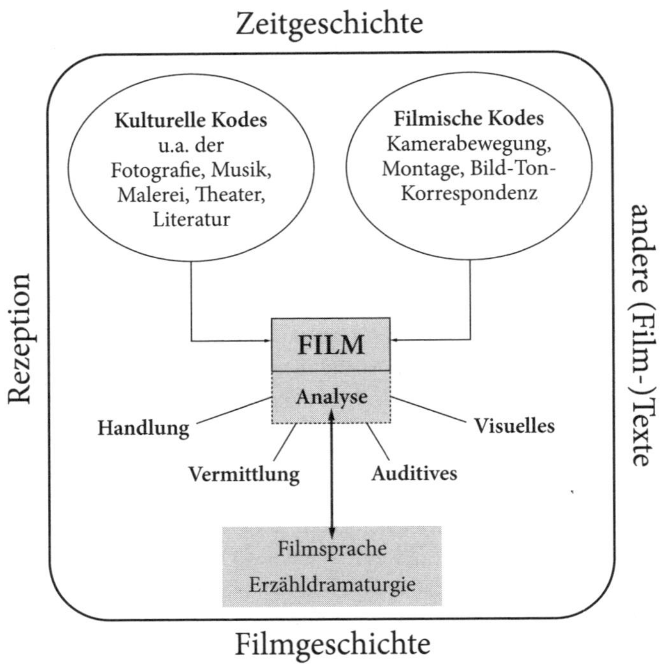

Abb. 16: Interne und externe Faktoren der Filmanalyse

(Kap. 3). Natürlich sind beide Analysefaktoren eine Einheit, denn ohne ›Spracheinsatz‹ entsteht keine (Film-)Geschichte. Die Trennung erfolgt nunmehr aus strukturellen Gründen und wird zudem abschließend wieder aufgehoben. Unter dem Oberbegriff *Filmsymbolik* (Kap. 4) gilt es am Ende des Theorieteils, den Analyseblick rhetorisch zu fokussieren und an einigen mehrdeutigen Beispielen die besonderen Wirkungsmöglichkeiten audiovisuellen Erzählens konkret zu verdeutlichen.

Es ist klar, dass eine Konzentration auf interne Formen der Textgestaltung dem komplexen Phänomen Film nicht vollständig gerecht wird. Externe, insbesondere zeitlich bedingte, Faktoren der Filmherstellung und -wahrnehmung (s. einige Bereiche externer Einwirkung in Abb. 16) prägen den Filmtext nachhaltig, müssten von daher in die Analyse einfließen und betrachtet werden. Durch unseren Genrefokus rücken wir zumindest einen Bereich externer Einflussnahme (*andere Texte – Intertextualität*) ins Zentrum der Analyse und auch andere textexterne Informationen sind hie und da zu berücksichtigen. Die alphabetisierende Zielsetzung und den didaktischen Einsatzort bedenkend, ist die Konzentration der Analyse auf interne Faktoren jedoch sinnvoll und gerechtfertigt.

2 Filmsprache: Kategorien audiovisueller Gestaltung

Wer erzählt, nutzt Sprache. Und zwar eine Sprache, die der Adressat der Erzählung versteht, denn ohne dieses primäre Verstehen der kommunikativen Grundlage würden die Ziele des Erzählers – seien sie nun im Bereich praktischer Lebenshilfe oder emotionalisierender Unterhaltung oder in beidem zu finden – nicht erreicht, was wiederum seine Absicht, als Erzähler aufzutreten, ad absurdum führte. Will heißen: Erzählt wird immer für andere und ein guter Erzähler nimmt sein Publikum, ohne das er ja faktisch nicht existiert, folglich sehr ernst. Die Sprache, die er wählt, muss dabei nicht nur im lexikalischen Sinne verstanden werden, sondern auch eine Form der gattungsspezifischen Vertrautheit herstellen. Jene Art des Wiedererkennens formaler und auch inhaltlicher Bestandteile, von bestimmten Organisationsparametern der Handlung ermöglicht die Teilnahme, weil Erwartungsausrichtung des Rezipienten, von der aus Varianten bzw. Neugestaltungen des Erzählten erst ihre besondere Wirkung entfalten. Ergo ist Sprache immer das existenzielle Arbeitsmaterial eines Erzählers. Ihr Einsatz begründet sein Dasein und selbstverständlich auch seine Qualifikation.

Auch im (Spiel-)Film wird erzählt. Demzufolge muss es eine Sprache geben, welche der Filmerzähler einsetzt und die das Publikum versteht. Diese Evidenz der notwendigen Partnerschaft ist gerade in Bezug auf den Sprachbegriff und die Nutzung desselben in Sachen Film nicht ohne Fußangeln. Denn vom linguistischen Standpunkt aus haben Bild und Film keine Sprache. Exakte Parameter werden in der Sprachwissenschaft darüber formuliert, was Sprache ist, und infolgedessen, was keine Sprache sein kann. Dem Film wird, wie erwähnt, Letzteres bescheinigt, da seine visuellen Zeichen strukturell keine doppelte Artikulation (d. h. auf willkürlicher Setzung beruhendes Verhältnis zwischen Form- und Inhaltsseite des sprachlichen Zeichens) vorweisen können und er demnach nichts besitzt, was der doppelten Gliederung der Sprache (der formalen Ebene der Laute bzw. Schriftzeichen und inhaltliche Ebene der Morphem- bzw. Wortstruktur) entspricht. Film und das ihm zugrunde liegende Bild sind somit nicht-lexikalisch: **Es gibt kein Wörterbuch der Bilder. […] Ein Bildlexikon wäre unendlich.**[11] Und diese Tendenz zu endlosen Möglichkeiten der Abbildung – im Film spricht man besser von *Einstellungsgestaltung* – macht es unmöglich, ein geschlossenes und allgemein gültiges Regelgebäude filmsprachlicher Grammatik oder Syntax zu formulieren. Also besitzt der Film im streng linguistischen Sinn *keine* Sprache.

Dies registrierend und zugleich die vielfältigen Möglichkeiten des Films nicht übersehend, hat der Filmsemiotiker *Christian Metz* das kinematografische Bild **als reiche Nachricht mit armem Kode, als reiche[n] Text mit armem System**[12] bezeichnet und zugleich, wenn schon von einer »Sprache im eigentlichen Sinn« (*langue*) nicht die Rede sein kann, die »Sprachfähigkeit« (*langage*) der eben »kinematographischen Sprache« betont.[13] Verhindert der »arme Kode« des Films auch eine Bezeichnung als Sprache, so ist doch festzustellen, dass **filmische Strukturen [existieren], die denen der Sprache analog [...] sind.**[14]

Nun ist es selbstverständlich zweierlei, ob Filmregisseure – was im Übrigen weit verbreitet ist – von *ihrer* Filmsprache, im Sinne ihrer speziellen Ästhetik, sprechen oder Deutschdidaktiker filmische Gestaltungsmittel als *die* Filmsprache bezeichnen. Es sollte deutlich geworden sein, dass es *diese* nicht gibt. Und trotzdem ist, wie erwähnt, die Existenz von etwas grundsätzlich Ähnlichem wahrnehmbar: eine Fähigkeit zur Mitteilung und Rede, zu **kinematographischen Sprechakten**[15] und, daraus folgend, zum Erzählen von Geschichten. **Film ist keine Sprache, aber er ist wie eine Sprache**[16], formuliert James Monaco diesen Als-ob-Charakter, und daher **können einige der Methoden, die wir zum Studium der Sprache benützen, [...] beim Studium eines Films Anwendung finden.**[17] Es ist also im Rahmen des Deutschunterrichts fachdidaktisch sinnvoll und auch sprachwissenschaftlich legitim, filmische Gestaltungsformen unter der *Metapher Filmsprache* zusammenzufassen. Allerdings ist die metaphorische Kennzeichnung dieses Schlüsselbegriffs unerlässliche Voraussetzung eines solchen Vorgehens, weshalb die so manifestierte Uneigentlichkeit der Wortverwendung wenigstens einmal zu thematisieren ist.

Was also ist nun unter Filmsprache zu verstehen? Welche filmsprachlichen Möglichkeiten stehen dem Autor und dem von ihm gesetzten fiktiven Erzähler zur Darbietung fiktionaler Welten zur Verfügung? Hierbei muss man sich zunächst vergegenwärtigen, dass Film ein *Superzeichen* ist. Im bewegten und klingenden Filmbild wirken viele verschiedene Zeichensysteme oder Kodes (s. Abb. 16) zusammen; eine, auch was die anvisierten Wirkungsintentionen anlangt, Verwandtschaft mit dem *Wagner*'schen Opernideal des »Gesamtkunstwerks« ist offenkundig: Film ist ein Hybrid mehrerer Zeichen- resp. Kunstbereiche, so dass die Vorstellung von einfacher Reduktion der Analyse auf *eine* besonders relevante Kodierungssystematik aufgegeben werden sollte. Und dennoch sind zwei Sinnesbereiche für die Gestaltung und Wirkung des Superzeichens elementar und prägen von daher nicht nur die Aufnahme des Films, sondern auch die analytische Suche nach seiner sprachlichen Gestalt. Gemeint ist das *Audiovisuelle*, das in der Rezeption als Einheit wahrgenommen wird, in der filmsprachlichen Analyse wiederum in seine synästhetisch wirksamen Einzelbestandteile zurückgeführt werden muss. Das Bedeutungskontinuum der filmischen Bild-Ton-Sprache-Gestalt ist somit aufzugliedern, die jeweiligen Bereiche sind zu untersuchen, um dann schließlich zur adäquaten Interpretation des Superzeichens wieder zusammengeführt zu werden: Das Kontinuum im Sinne einer Kopplung und Neustrukturierung der Einzelerkenntnisse ist nach vorübergehender Trennung am Ende der Analyse wiederherzustellen.

Im Folgenden werden diese filmsprachlichen Kategorien unterteilt und als *visuelle* und *auditive Gestaltungsebenen* der Filmsprache ausgewiesen. Im Mittelpunkt stehen demnach Bild(erfluss) und Ton sowie ihre jeweiligen Verknüpfungsformen. Dass mit dem filmischen Kopplungselement der Montage ein zentrales Formelement der Narration (s. Kap. 3) bereits hier auf der Ebene der Filmsprache verhandelt wird, ist einerseits mit der technischen Gestalt und andererseits mit einer ohnehin vorhandenen Montagetendenz aller Sprachbereiche zu begründen:

> **Der reinste (und neben der Kamerabewegung einzige) filmische Code der zeitlich-räumlichen Bildverknüpfung beeinflusst alle sinnstiftenden Teilbereiche des filmischen Superzeichens und muss demnach sowohl in seiner narrativen als auch audiovisuellen Bedeutsamkeit analysiert werden.**[18]

Einer der Pioniere der Filmtheorie, *Wsewolod I. Pudowkin*, stellte bereits 1928 fest: **Die Grundlage der Filmkunst ist die Montage**, sie sei die **Schöpferin filmischer Wirklichkeit.**[19] Diese besondere Gestaltungsform ist demnach fundamentales filmsprachliches Prinzip. Ihr Einfluss ist auf allen Ebenen dieser Sprache zu suchen – und zu finden.

2.1 Visuelle Gestaltungskategorien

Visuelle Gestaltungsmittel der Filmsprache sind Eingriffe auf der Bild- bzw. Einstellungsebene und werden folglich auch dort in der Analyse entlarvt. Man spricht hierbei – in Anlehnung an die wichtige Filmtheorieströmung der französischen *Nouvelle Vague* – von der *Mise en Scène* (aus Gründen der Vereinfachung ist die *Mise en Cadre*, die Rahmensetzung durch die Kamera, hier integriert), also dem *In-Szene-Setzen* des zu Zeigenden, und untersucht in der Analyse sämtliche in der Einstellung wirksamen Parameter der Bildraumgestaltung (Abb. 17).

Visuelle Analysefragen betreffen zum einen den *Inhalt* (Was ist zu sehen?), des Weiteren dessen *Gestaltung* (Wie ist es dargestellt?) und letztlich die durch diese Verbindung erzielte *Wirkung* (Welche Wirkung erzielt der gestaltete Inhalt beim Betrachter?). Der Effekt einer durch gewisse visuelle Stilelemente erzielten Handlungspräsentation ist zu erarbeiten, wobei aber schon jetzt darauf hinzuweisen ist, dass keine eindimensionalen und immer gültigen Wirkungsparameter der Gestaltung in Aussicht stehen. Zum einen

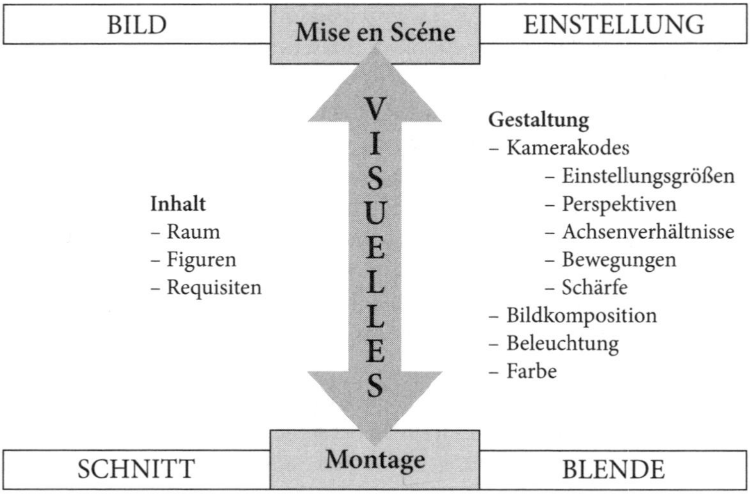

Abb. 17: Gestaltungskategorien visueller Analyse

gilt auch hier wie bei jeder Textanalyse die wichtige Kontextgebundenheit des bearbeiteten Textauszugs, zum anderen muss erneut die nicht-lexikalisch fassbare, demnach vieldeutige Struktur von Bildern erwähnt werden, die ein Bild eben tatsächlich *mehr sagen lässt als tausend Worte* und so einer einseitigen semantischen Zuschreibung entgegensteht. Dennoch gibt es funktionale Tendenzen der Darbietung und jene gilt es zu präsentieren.

Im Folgenden wird in Bezug auf die in Abb. 17 versammelten Teilinhalte ein Fokus auf die fundamentalen fotografischen und filmischen Sprachkategorien gelegt. Andere Bereiche der *Mise en Scène*, die aus benachbarten Kodierungssystemen (Bildende Kunst, Theater) adaptiert sind, werden nur kurz gestreift (Bildkomposition, Beleuchtung, Farbe) bzw. aus hier nahe liegenden Verdichtungsgründen komplett vernachlässigt (Bereiche des Bildinhalts – zu *Figuren* s. Kap. 3.6).

2.1.1 Kamerakodes

Die Kamera als die ›unsichtbare Erzählerin‹ des Films (s. a. Kap. 3.2) fängt die Bildinhalte ein, die der Rezipient zu sehen bekommt. Innerhalb der kleinsten filmischen Einheit, der *Einstellung*, nimmt sie kontinuierlich das zu Sehende auf: Es wird also mit ihr im Fall analoger Aufnahmetechnik ein Stück Film durchgehend belichtet; die Summe der Einstellungen, durch Schnitte bzw. Blenden miteinander verkoppelt, ergibt letztlich den Filmtext. Größere Filmeinheiten wie die *Szene* (Einheit von Zeit, Ort und Handlung), die *Sequenz* (Handlungseinheit mit deutlichen zeitlichen Eingriffen und/

oder Raumwechseln – s. a. Kap. 3.4), schließlich der gesamte *Film* werden demzufolge in ihrem Wirkungsgrad entscheidend von der Einstellungsgestaltung geprägt. Die Einstellung ist das bedeutungstragende Fundament der Filmproduktion, weshalb ihrer Gestalt besondere Aufmerksamkeit zu schenken ist.

Zum wichtigen Faktor der Einstellungsbeschreibung zählen die Gestaltungskodes der Kamera, die zum Großteil dem Kodierungsfeld der Fotografie entnommen sind. Bei der Beantwortung der Analyse leitenden Grundfrage: Was wird durch *Gestaltung* wie wirksam?, sind *Einstellungsgröße, Perspektive, Achsenverhältnis, Bewegung* und *Schärfengestaltung* innerhalb der Einstellung wichtige Bereiche der Untersuchung.

Einstellungsgröße

Mit dem Terminus *Einstellungsgröße* wird das Entfernungsverhältnis der Kamera zum Objekt der Abbildung bezeichnet; als Bezugspunkt gilt der menschliche Körper, somit im Spielfilm die Akteure der Handlung. Zum bedeutungsändernden Gestaltungsprinzip wird hier die *Nähe* resp. *Distanz* der Filmfigur zur Kamera bzw. zum Publikum – denn im Film werden Empfänger (Zuschauer) und Sender (Autor/Kamera) zeitlich begrenzt zu einer Wahrnehmungseinheit; es kommt durch die Realitätsnähe der Textwahrnehmung zur zwanghaften Gleichsetzung oder Identifikation der beiden Kommunikationspole.[20] Trotz unterschiedlicher Normierungsansätze in Produktion und Analyse haben sich im Wesentlichen acht verschiedene Standardgrößen (Abb. 18–25, Beispiele aus *Sophie Scholl – Die letzten Tage*) der Bezeichnung durchgesetzt.

Bei der *Weit-Einstellung* (W) ist die Figur oder Figurengruppe kaum zu erkennen. Diese auch *Panorama* genannte Einstellungsgröße soll vielmehr den Raum bzw. die Landschaft, worin sich der Mensch bewegt, präsentieren. Zum inhaltlichen Schwerpunkt gerät also die räumliche Umgebung der Akteure, die eigene Schauwerte besitzt und immer auch erzähldramaturgisch eingesetzt werden kann. Als so genannter *Establishing Shot* wird diese Einstellungsgröße gerne zu Beginn einer Handlungseinheit präsentiert. So auch im hier abgebildeten Beispiel. Gleichwohl kann und will der trutzige Steinbau des Gestapo-Hauptquartiers neben der räumlichen Aufklärung den Zuschauer auch ein wenig einschüchtern.

Die *Totale* (T) ermöglicht zwar ein besseres Erkennen der Figuren, dient aber weiterhin hauptsächlich der räumlichen Orientierung. Der für die Akteure wesentliche Handlungsort wird eingeführt, so dass kommende nähere Einstellungen räumlich situiert sind. Im Maleratelier des Bildbeispiels bereiten die Mitglieder der Weißen Rose eine Aktion vor: Flugblätter schreiben, vervielfältigen und die Verschickung vorbereiten, was im Fortlauf der Sequenz durch nähere Einstellungsgrößen verdeutlicht wird.

In der *Halbtotalen* (HT) wird erstmalig die Bedeutung der Figur im Raum aufgewertet. Figuren sind hier von Kopf bis Fuß abgebildet, körpersprachliche Aktivitäten demnach problemlos zu erkennen, allerdings noch keine Mimik. Das Verhältnis zwischen den Figuren und dem sie umgebenden Raum ist bei dieser Einstellungsgröße in einem nahezu ausgewogenen Verhältnis, was die festgenommenen Geschwister Scholl auf der Bank des tristen Universitätsrektorats beispielhaft verdeutlichen.

Amerikanische Einstellungen (A) geben noch die Sicht auf den Colt frei, sind somit genrespezifisch dem Western zuzuordnen und wohl auch eine Erfindung dieser Textsorte. Gleichwohl kommt diese Einstellungsgröße längst in allen Genres zum Einsatz und ist dabei als Verbindungselement zwischen Distanz haltenden und näheren Größen recht beliebt. Vom Oberschenkel an aufwärts sind die Akteure wahrzunehmen, wie auch hier Sophie und Hans Scholl bei ihrem Gang zur Flugblattaktion in der Münchner Universität.

Bei der *halbnahen* Einstellungsgröße (HN) springt die Kamera über die Gürtellinie. Ab der Hüfte aufwärts werden Figuren abgebildet, gestische und mimische Informationen sind gut zu erkennen. Sophies und Hans' vertrauensvolle Einheit wird vom Spiegel direkt ins Publikum reflektiert.

Nah (N) agiert die Kamera, wenn ein Brustbild der Figur den Bildinhalt bestimmt. Diese im sozialen Umgang gerade noch zulässige Nähe zu einer Person lässt den Raum als Informationsbereich stark zurücktreten. Die Auf-

Weit

Totale

Halbtotale

Amerikanisch

Halbnah

Nah

Groß

Detail

Abb. 18 – 25: Einstellungsgrößen

merksamkeit des Betrachters wird von der Figur, ihren verbalen und nonverbalen Äußerungen (Mimik!) beherrscht. Der diabolisch blickende Polizist Mohr, der Sophie Scholl verhört, bedroht, nah abgebildet, nicht nur die Protagonistin, sondern auch den mit ihr sympathisierenden Zuschauer.

Jede Großaufnahme ist an sich unanständig[21], hat *Friedrich Dürrenmatt* einmal festgestellt. Dem ist nicht wirklich zu widersprechen. Denn *Groß* (G) bedeutet hier: Gesicht und ermöglicht so tatsächlich ein Eindringen in die Persönlichkeitssphäre mit der Verheißung intimer Nähe. Es handelt sich um eine Einstellungsgröße, die Emotionen ungeschminkt abbildet und zugleich beim Zuschauer freisetzt. Die räumliche Umgebung wird vom Gesichtsraum der Figur verdrängt – eine stark affektiv partizipierende Teilnahme des Zuschauers ist beabsichtigt und sehr wahrscheinlich. Wenn Sophie Scholl kurz vor ihrer Hinrichtung von der eben noch genossenen Sonne in den Schatten tritt, ist dies aufgrund der rezeptiven Nähe ein stark emotionalisierendes Moment und zugleich symbolische Vorwegnahme des Unausweichlichen.

Eine *Detail*-Einstellung (D) schließlich löst die letzte Barriere des Abstands beinahe vollständig auf und fokussiert auf einzelne Gesichts- oder Körperpartien, aber auch auf andere Objekte jenseits der Figurendarstellung. Solche Details sind extrem mit Bedeutung aufgeladen: Bereits geschehene Handlungen können durch sie erläutert und folgende vorbereitet werden. Wenn z. B. Sophie Scholl einen Brief mit einer Hitlerbriefmarke frankiert, ist das zum einen ein Hinweis auf die Zeit der Handlung, zum anderen aber im Kontext des folgenden Faustschlags Sophies auf das Markengesicht ein pointierter Verweis auf Gegnerschaft und Kampfansage.

Einstellungsgrößen sind durch die Verteilung von Distanz bzw. Nähe wichtige Gestaltungsfaktoren des Autors, immer auswirkungsstark und narrativ bedeutsam. So werden z. B. Erzählsituationen entscheidend durch die Wahl der Einstellungsgröße bestimmt (s. Kap. 3.2). Eine nachhaltige Prägung durch Einstellungsgrößen erfahren auch viele Genres, da dort bestimmte Größen häufiger als andere und mit je spezieller inhaltlicher Ausstattung zur Unterstützung ihrer Geschichtensysteme gewählt werden. So ist eine Weit-Einstellung im Thriller meist labyrinthischer, demnach städtischer ausgestattet als das offen ländliche, die weite Prärie zelebrierende Pendant im Western. Detail-Einstellungen wiederum sind in Kriminalgenres wie z. B. dem Thriller überproportional präsent, weil das Spuren-Legen zur existenziellen Ausstattung des Genres zählt – andere Genres nutzen Details sehr viel zurückhaltender. Kurzum: Einstellungsgrößen sind wichtige Aussageparameter des (generischen) Filmkünstlers und zählen zum fundamentalen Wissen eines filmanalytisch Tätigen.

Abb. 26 – 31: Erzählende Einstellungsgrößen

Eine zentrale dramaturgische Rolle übernimmt die Einstellungsgröße als Bild im Bild in *Antonionis Blow-Up* (BU 58:47 – 1:05:07). Der Protagonist ist Fotograf und beabsichtigt Licht in einen zufällig geknipsten mysteriösen Mordfall zu bringen, indem er das vom Titel offerierte »Aufblasen« bzw. Vergrößern von Bildern oder Bildteilen zur eigenen Orientierung praktiziert (Abb. 26 – 31). So entsteht eine Fotostrecke, die, egal welche Einstellungsgröße er auch wählt (26, 28), alles und nichts verrät. Denn jede Halbtotale (29), Halbnah- (27) oder Detailaufnahme (30), die der mehr und mehr affektiv involvierte Protagonist herstellt, ist nur ein grobkörniges und deshalb vieldeutiges Angebot zur Interpretation des abgebildeten Inhalts. Ob nun die zweidimensionale Reproduktion der Realität entspricht oder nur der Thrill- und Abenteuersuche des Betrachters eine Spiegelfläche verleiht, ist eine der Fragen dieses Filmessays, die der Zuschauer zu beantworten hat.

Kameraperspektive

Neben Nähe und Distanz und mit Blick auf die narrative Auswirkung jeder Kameraentscheidung ist die Stellung der Kamera zum Abgebildeten, also die *Kameraperspektive*, besonders zu berücksichtigen. Durch die Bezeich-

Normalperspektive

Untersicht (Froschperspektive)

(Aufsicht) Vogelperspektive

Schrägsicht

Abb. 32 – 35: Kameraperspektiven

nung bereits mit einem verbreiteten narratologischen Begriff (Erzählperspektive – s. Kap. 3.2) in Beziehung gesetzt, ist die Perspektive der Kamera zunächst eine räumliche Kategorie, wonach auf einer vertikalen Achse drei Positionen der Aufnahme unterschieden werden. Als Ausgangsmaß gilt die Augenhöhe der fotografierten Figur, die als *Normalperspektive* deklariert wird. Abweichungen von ihr nach unten werden als *Untersicht* (extrem: *Froschperspektive*), nach oben als *Aufsicht* (extrem: *Vogelperspektive*) bezeichnet. Kippt die Kamera dabei in Richtung der horizontalen Achse ist als vierte Perspektive die allerdings recht selten gewählte *Schrägsicht* zu nennen (Abb. 32 – 35).

Die Beispielbilder aus *Tom Tykwers* LOLA RENNT verdeutlichen sowohl die räumliche Positionierung als auch die Möglichkeit zur psychologischen Kommentierung der Kameraperspektive. Denn abgesehen von der unserer Alltagswahrnehmung entsprechenden *Normalperspektive* vermitteln alle weiteren Perspektiven qua Abweichung von diesem Erfahrungswert zumeist zusätzliche Bedeutungen. So kann beim Gebrauch der *Untersicht* bzw. *Froschperspektive* eine Aussage über die Gewichtigkeit der abgebildeten Figur resp. des Objekts gemacht werden: Die Überlegenheit oder Macht der Figur wird betont, möglicherweise auch ihre Arroganz oder übersteigerte Hybris satirisch entlarvt. Dies kann, wie betont, als gezielter Autoren- resp. Erzählerkommentar der Untersicht inhärent sein, muss es aber nicht zwangsläufig. Oft ist diese Perspektive, wie im obigen Beispiel, nur eine Wiedergabe der tatsächlichen Handlungsachse der beteiligten Figuren. Lola kniet am Ende der zweiten Episode vor ihrem verunglückten Freund

Manni und blickt trauernd auf den Sterbenden (Abb. 33) – die Perspektivenwahl wird somit durch die Blickposition der Akteure bestimmt.

Manni, Lolas Freund, in vertikaler Vogelperspektive abzubilden (Abb. 34), ist schon eher als Kommentar zu verstehen. *Aufsicht* und *Vogelperspektive* können nämlich als Ohnmachtsperspektiven bezeichnet werden. Die Kleinheit, Hilflosigkeit, Lächerlichkeit, alles in allem: Das Unterworfensein der abgebildeten Figur resp. des Objekts unter einen größeren und mächtigeren Willen ist dieser Perspektive anzusehen. Und tatsächlich ist Manni, der in zwanzig Minuten 100.000 DM aus dem Nichts zaubern muss, in diesem kommentierenden Kontext der verzweifelte Mann, als den ihn die Einstellung präsentiert. Vergegenwärtigt man sich aber die komplette Szene, dann wird diese Perspektivenwahl durch die Sekunden vorher präsentierte Froschperspektive des aufgeregten Akteurs konterkariert. Mannis Abbildung in Vogelperspektive ist demnach als Kommentar zwar funktional, muss letztlich aber auch, evtl. sogar zuerst, in seiner Montagefunktion betrachtet werden, weil *Tykwer* hier im Stil eines Musik-Videoclips möglichst viele Perspektiven und Einstellungsgrößen in kürzester Zeit rhythmisch aneinanderreiht (*Clip-Ästhetik*).

Kameraperspektiven, die von der Normalachse der Augenhöhe abweichen, sind demnach sowohl situativ als auch narrativ, als Erzählerkommentar, zu deuten. Auch hier wie schon bei der Einstellungsgröße ist das Kontextwissen notwendige Auslegungsgrundlage. Bei der *Schrägsicht* ist dann aber eine situative Zuordnung nur in besonderen Ausnahmefällen möglich; diese übrigens für bestimmte Filmströmungen bzw. -formen wichtige Perspektivierung – der expressionistische Film der Weimarer Republik und der Film noir wären hier zu nennen – kann aufgrund der wahrnehmbaren Gemachtheit und der daraus resultierenden Irritation des Publikums ihren kommentierenden Modus nicht leugnen. Die gekippte Ebene unseres Bildbeispiels (Abb. 35) verbildlicht die Schwierigkeit Lolas, eine Lösung für das 100.000-DM-Beschaffungsproblem zu finden. Ihre ›rennenden‹ Versuche gleichen teilweise der Sisyphus-Aufgabe: einem chancenlosen Lauf auf oder gegen künstliche Berge, einer permanenten Steigung ohne Ankunftsgewissheit. Nicht nur die Zeit, sondern auch der Raum ist in *Tykwers* Film aus den Fugen geraten.

Extreme perspektivische Abweichungen gehören zur normalen Ausstattung der Spielfilm-Ästhetik, sind also demzufolge nicht spezielles Zubehör bestimmter Genres, sondern in allen Genres existent. Allerdings ist eine verhältnismäßig hohe Anzahl jener kommentierenden Perspektiven in Genres festzustellen, die starke emotionalisierende Effekte für das Publikum aufbieten und zugleich solche Affekte vom Publikum einfordern (Satire, Horror-, Actionfilm, Thriller).

Im weiteren Sinn zur Perspektive ist auch die so genannte *Subjektive*

Kamera zu zählen. Die dabei vollzogene Übernahme der Blickperspektive einer Figur findet im Gegensatz zu den obigen objektiven Perspektiven eine direkte Entsprechung in der Literatur. Im Stil eines Ich-Erzählers wird das von einer Figur Geschaute präsentiert. Freilich nicht durchgängig, denn der Rezipient braucht eine körpersprachliche Reaktion der blickenden Figur bzw. die Reflektorfigur selbst im Bild, um sich mit ihr identifizieren zu können. Allein die Gleichsetzung (Blickperspektive) ermöglicht noch keine Einfühlung (Figurenansicht). Letzteres aber, und damit der Blick auf die blickende Figur, ist zumal im abendfüllenden Spielfilm notwendig, weshalb es kaum verwundert, dass der bisher einmalige Versuch, einen Film durchgängig subjektiv zu erzählen (*Die Dame im See*, USA 1947), beim Publikum vollständig durchfiel.

Die Szenenfolge in Abb. 36 – 38 (LR 23:51 – 24:00) macht den üblichen Einsatz der subjektiven Kamera im Spielfilm deutlich. Manni blickt (36), sieht die Uhr (37), registriert die Situation (38a) und reagiert (38b). Allein die Einstellung mit der Uhr (37) ist eine *Subjektive*. Montiert mit dem Blickgeber (36, 38) fungiert sie als spannungsintensivierender Zeitverweis, der bei Figur und Zuschauer gleichermaßen Kontextwissen aktiviert: Um zwölf Uhr will Lola möglichst mit 100.000 DM bei Manni sein, der Zuschauer weiß aber bereits, dass das Beschaffungsproblem von ihr nicht gelöst werden konnte. Subjektive Perspektiven finden in dieser narrativen Verknüpfung ihre auch genrespezifische Hauptfunktion, weshalb jene Perspektivenvariante als *subjektivierende Montage* im folgenden Kapitel erneut aufzugreifen ist.

a b

Abb. 36 – 38: Subjektivierende Montage

Einstellungsgrößen und Kameraperspektiven sind also filmsprachliche Gestaltungskategorien mit einer deutlichen Tendenz zur emotionalen Integration bzw. Manipulation des Zuschauers. Sie sind eng mit der Abbildung von Figuren verbunden und prägen so nachhaltig die Wahrnehmung des intrafiktionalen Filmpersonals durch den Zuschauer. Eine weitere Maßnahme zur Verstärkung oder Abschwächung der Figureneinfühlung sollte in diesem Zusammenhang nicht übergangen werden: die Wahl des *Achsenverhältnisses.*

Achsenverhältnis

Achsenverhältnisse bezeichnen die Beziehungen der Kamera- zur Handlungsachse. Die mit der Blickperspektive des Zuschauers identische Kameraachse steht dabei in einem bestimmten Winkel zur Achse der aufzuzeichnenden Handlung und gestaltet so die emotionale Teilnahme des Betrachters in unterschiedlicher Weise. Obgleich eine hohe Variabilität bezüglich des gewählten Winkels besteht, sind doch zwei Achsenverhältnisse, weil sie als Rahmen die möglichen Varianten begrenzen, grundlegend: rechtwinkliges (Winkel: 90°) und paralleles (Winkel: 0° bzw. 180°) Achsenverhältnis.

Rechtwinkliges Achsenverhältnis

Paralleles Achsenverhältnis
Abb. 39 – 40: Achsenverhältnisse

Die beiden Einstellungen aus *Forrest Gump* (Abb. 39 – 40) verdeutlichen diese strukturellen Aufnahmegrenzen und zugleich den damit korrespondierenden jeweiligen Wirkungsgrad. Die Profilabbildung Forrests beim

Militär (*rechtwinklig*, Abb. 39) distanziert den Rezipienten visuell von der Hauptfigur; das emotionalisierende Moment der Handlung ist nicht in der Figurenreaktion zu suchen, sondern im absurden Witz der Handlung, der hier vorwiegend auf auditiven Informationen beruht. Auf der Sprachebene erfahren wir, dass Forrest vom Drill-Sergeant als besonders intelligent, gar als **Genie** bezeichnet wird, nur weil er den Sinn und Zweck des Armeedaseins als **das zu tun, was Sie mir sagen, Drill-Sergeant**, erklärt. Dies alles geschieht ohne erkennbare Ironie (Drill-Sergeant, Forrest), ist zumal inhaltlich stimmig – denn tatsächlich bringt Forrest ja das Prinzip der Befehlskette beim Militär auf den Punkt, wofür er vom Vorgesetzten belobigt wird – und trotzdem erheitert die Inszenierung, da Wortwahl, die schreiende Form der Verständigung und das Wissen um Forrests tatsächlichen Intelligenzquotienten einige Überraschungen bereithalten. Lachen wiederum benötigt keine Einfühlung in die Figuren, im Gegenteil: Die beabsichtigte Konzentration des Rezipienten auf den verbalen Kraftakt der Akteure fordert geradezu das rechtwinklige Achsenverhältnis. Die Toninformation darf durch keine physiognomische Einfühlungsofferte im visuellen Bereich gestört werden.

Forrest und Jenny (*parallel*, Abb. 40) als Kinder dagegen benötigen dieses physiognomische Angebot zur Empathieleistung. Dem ersten Auftreten des zentralen Paares im Film werden weitere folgen, das sympathische Duo sollte also, so will es auch das melodramatische Potenzial des Films, von Beginn an den Zuschauer verzaubern. So läuft denn die Szene auf eben jenes Bild zwangsläufig zu: Forrest, dem niemand einen Sitzplatz im Schulbus gewährt, wird von Jenny eingeladen, und nach einem ersten Austausch von wichtigen Informationen – **Kann es sein, dass du dumm bist oder so was?** – stellen sich beide einander vor. Die darauf folgende Nah-Einstellung ist die oben abgebildete, die zugleich die erste parallele Abbildung dieses Filmpaares ist. Jene Bildinformation benötigt keine auditive Erläuterung. Zwar spricht Forrest als Erzähler aus der Zukunft (*Off the screen*) einen verbalen Text über die beginnende Freundschaft, aber gefangen und später erinnert wird der Zuschauer durch die visuelle Zweisamkeit der parallel abgebildeten Akteure.

Innerhalb dieser beiden Eckpunkte können verschiedene Achsenverhältnisse ausgemacht werden, die im Winkel zwischen 0°, 90° und 180° mehr in Richtung paralleles oder rechtwinkliges Achsenverhältnis tendieren. Indes ist hier, wie auch schon im Fall der Extremperspektiven, vor einer eindimensionalen, quasi-lexikalischen Wirkungszuschreibung zu warnen. Variation der Achsen gehört heutzutage schon zur normalen Gestaltung einer Szene, die dem Zuschauer immer neue Wahrnehmungsreize ermöglichen soll bzw. muss. Es zählt, wie im obigen Beispiel der Vogelperspektive aus *Lola* rennt (Abb. 33) erläutert, zuerst das Prinzip der rhythmischen Reizerneuerung bzw. Dynamik durch Bildvariation – und nicht jeder Kurzschluss-Reiz ist auf unmittelbare Distanz- oder Nähewirkung beim Zuschauer hin zu untersuchen. Gleichwohl existiert dieser Wahrnehmungseffekt – denn auch in der außerfilmischen Wirklichkeit erzielt ein Gespräch mit einer Person, deren Profil nur geschaut werden kann, verständlicherweise nicht dieselbe Wirkung wie eines mit Blickkontakt des Gesprächspartners oder der Möglichkeit dazu – und prägt die auch unbewusste Aufnahme des Betrachters entscheidend mit.

Kamerabewegung

Einstellungsgröße, Perspektive und Achsenverhältnis sind Parameter der statischen Kamera bzw. des ›eingefrorenen‹ Bildes und zählen trotz filmischer Besonderheiten, etwa der Objektbewegungen im Bild, zu den fotografischen Kodes. Der erste explizit filmische Kode ist die Fähigkeit der Kamera zur Bewegung. Sie, die *Kamerabewegungen*, sind denn auch ein wichtiges und tatsächlich filmsprachliches Element der Untersuchung: Der Erweiterung des Bildraumes durch den bewegten Aufnahmeapparat ist besondere Aufmerksamkeit zu schenken.

Bewegungen des Aufnahmeapparates finden vornehmlich in zwei Formen statt: durch Schwenken oder Fahren. Beim *Schwenk* muss man streng genommen drei Kategorien unterscheiden. Den Schwenk selbst, bei dem die Kamera auf der horizontalen Ebene bewegt wird, das Neigen bei entsprechender Technik auf der vertikalen Ebene (s. a. Abb. 7) und schließlich das Rollen, wobei die Kamera um ihre eigene Achse gedreht wird. Schwenken und Neigen sind im Gegensatz zum spärlich eingesetzten Rollen die üblichen Verfahren und können unter dem Leitbegriff Schwenk zusammengefasst werden. Alle drei Formen sind Bewegungen einer am Ort fixierten Kamera. Die Kamera bleibt also durch das Verweilen des Stativs gebremst, der räumliche Standort variiert nicht. Dies ändert sich bei der *Kamerafahrt*. Hier wird die Kamera in horizontaler oder vertikaler Richtung an das Objekt der Abbildung heran oder davon weg bewegt.

Obwohl die Kamera im Lauf der Filmgeschichte immer ›agiler‹ geworden ist, sind es streng genommen zwei Motive, die sie in Bewegung versetzen: räumliche Information und erzähldramaturgische Funktion. Beide Ziele sind häufig gleichermaßen gestaltungsrelevant, was am Beispiel der Exposition aus *Tykwers* Lola rennt (Abb. 41, LR 4:34 – 4:43) verdeutlicht werden soll. Im Drehbuch wird dieser Einstieg folgendermaßen formuliert:

> **Berlin. Frühling, irgendwann. Wir fliegen schnell an die Stadt heran, immer näher an ein Haus, durch das Fenster hindurch in eine Wohnung, durch den Flurgang bis zu einem kleinen Tisch in der Mitte eines Zimmers**

mit zugezogenen Vorhängen. Zum Telefon, das auf diesem Tisch steht. Endlich steht das Bild still.[22]

Dieses »Endlich«, das einem Aufatmen gleichkommt, ereignet sich nach einem Kameraflug von neun Sekunden. In diesem Zeitraum, in dem der obige Beschreibungstext auch bei atemloser Lesehetze nicht zu bewältigen ist, stellt uns die Kamera mehrere Handlungsorte in deduktiver Reihung (Berlin – Haus – Lolas Zimmer), ein wichtiges Requisit (Telefon) und die für den gesamten Film charakteristische Ästhetik der temporeichen formaltechnischen Gestaltung vor. **Deutsches Kino auf Speed**[23] sei dieser Film, schwärmte 1998 *Michael Althen* in der *Süddeutschen Zeitung*, und in der Tat ist es dieses Rauschhafte und Schnelle der Form, das philosophisch aufgepeppte Kino postmoderner Attraktionen, das *Tykwers* Werk zu einem Markstein der deutschen Kinogeschichte werden ließ. Neben den Rauminformationen durch die Kamerafahrt ist es die Bewegung der Kamera, die Art der Vorstellung dieses Handlungsraums selbst, die dem Rezipienten in den Magen fährt. Der Kameraflug, der natürlich weitgehend in der Postproduktion und am Computer entstand, wird so zur Achterbahnfahrt mit

Abb. 41: Kamerabewegungen

allen dazu gehörenden Begleiterscheinungen: Kranfahrt, Fahrt vorwärts und leichte Schwenks machen die temporeiche Bewegung zum Schwindel erregenden Nervenkitzel und verweisen auf kommende Sensationen.

Fahrten und Schwenks überwinden die Bildgrenzen einer statischen Aufnahme, erweitern also den sichtbaren Bildraum und dynamisieren so die Einstellung selbst. Stetig wechselnde Einstellungsgrößen, Kameraperspektiven und Achsenverhältnisse verstärken die dreidimensionale Raumillusion und lenken die Aufmerksamkeit des Rezipienten. Die fließende Bewegung der Kamera übernimmt dabei Aufgaben der Montage. *Tykwers* Beispiel führt der Form nach als *Establishing Shot*, der freilich aus mehreren ›Schüssen‹ besteht, schnell in den Handlungsrahmen sowie die vorherrschende Ästhetik des Films ein, so dass sich der Autor in der Folge seinen Protagonisten und deren Konflikt – diesmal temporeich durch Schnitte montiert – widmen kann.

Kamerabewegungen sind nach der *Technik* (Fahrt auf Wagen/»Dolly« oder Schienen, Kranfahrt, Steadicam oder Handkamera), der *Aufnahmeart* (vorwärts, rückwärts, parallel, Kreisfahrt), dem *Tempo* (langsam, schnell) und der *Intention* (objektgebunde Bewegung oder freie, erzähldramaturgisch bedeutsame Kamerabewegungen) zu unterscheiden. Und sie besitzen mit dem *Zoom* eine fahrtähnliche Gestaltungsform, die durch Brennweitenveränderung (weiche Linse) des Objektivs eine Bewegung des Apparats nur vortäuscht, was man an den veränderten Raumverhältnissen während einer Zoomfahrt – das Bezugsverhältnis von Vorder- und Hintergrund des Bildes verändert sich stetig – nach einigem Training recht gut erkennen kann. Den Zoom als billigen Ersatz einer Kamerafahrt zu bezeichnen, mag eine Zeit lang (vor allem in den 1970ern) seine Berechtigung gehabt haben, kann aber heutzutage bei Betrachtung des Spielfilms nur noch bedingt aufrechterhalten werden. Andere Formen des Einsatzes, zumal Formen, die die besondere Wirkungskraft jener Technik nutzen, sind gegenwärtig en vogue. Denn da das Zoomen nicht unserer natürlichen Seherfahrung entspricht, wird der Einsatz im Film von den Produzenten hauptsächlich als kinematografische Zeigefunktion formuliert und vom Rezipienten als (narrativer) Hinweis auf Bedeutsames mit eigenem Überwältigungspotential wahrgenommen.

Abschließend soll noch der besondere Effekt, der sich durch die Technik-Kopplung von Zoom und Fahrt erzielen lässt, vorgestellt werden. Diese nach ihrem ersten Einsatz in *Hitchcocks* VERTIGO (1958) *Vertigo-Effekt* genannte Technik verändert durch gegenläufige Bewegungsrichtungen die Raumwahrnehmung, irritiert den Betrachter durch die so erzielte Sogwirkung auch körperlich und unterstreicht einen bedeutenden Moment des Films. Ursprünglich von Hitchcock bzw. dessen Kameramann Robert Burks erfunden, um die Höhenangst des Protagonisten in einer Subjektiven auch für den Rezipienten erfahrbar zu machen – dem Zuschauer wird bildlich der Boden unter der Füßen weggezogen, was technisch durch eine Kamerafahrt vorwärts bei gleichzeitigem Zoom zurück erzielt wird (s. Abb. 42) –, wird der Effekt heutzutage bevorzugt zur deutlich sichtbaren und dabei emotionalisierenden Markierung von dramaturgischen Wendepunkten eingesetzt. Ein Einsatz im Effekt haschenden Attraktionsfilm *Lola rennt* war demnach wahrscheinlich und ist denn auch, alles in allem, gut gelungen (Abb. 43, LR 1:04:52 – 1:05:02). Wenn Lola am Roulettetisch schreiend ihr Glück versucht, wird der Raum um sie durch die gegenläufige Fahrt-Zoom-Kopplung immer größer. Ihr bedingungsloser Wille, dem Zufall zu befehlen, verändert das Raum-Zeit-Gefüge des Films und leitet nach vorherigen Misserfolgen das märchenhafte Happy End der letzten Episode ein.

a b c

a b c

Abb. 42 – 43: Der »Vertigo-Effekt« (Zoom und Fahrt)
42: aus *Vertigo*, 43: aus *Lola rennt*

Schärfenverhältnis

Erschöpft sieht Lola (Abb. 44) nach Schrei und Vertigo-Sog das erfreuliche Ergebnis ihrer Bemühungen und die Kamera, eben noch tiefenscharf den ganzen Raum abbildend, erfasst nur noch sie und entlässt ihre Umgebung in die Unschärfe Raum füllender Staffage. Auch die *Schärfenverhältnisse* im Bild zählen zu den wichtigen Kamerakodes mit Auswirkungen auf die räumliche und narrative Gestalt der Einstellung. Was scharf abgebildet ist, erhält Konturen und Bedeutung für die Handlung, ist als Objekt für den Zuschauer wahrnehmbar und kann somit seine Aufmerksamkeit auf sich ziehen. Diese Form der Gewichtung ist beim Einsatz von *flacher Schärfe* vom Autor vorgegeben. Keine andere Figur als Lola ist nach dem erzwungenen Roulettegewinn von Interesse; keine andere Information als der entsetzte Blick Jills (Abb. 45) ist in *Spiel mir das Lied vom Tod* vonnöten, zumal der Zuschauer das Massaker an ihrer Familie, das sie selbst nun im Ergebnis vor Augen hat, bereits filmisch erzählt bekam. Flache Schärfen lassen den Raum oft verschwinden und konzentrieren sich ganz auf das Spiel der fokussierten Figuren.

Abb. 44 – 47: Schärfenverhältnisse

Ganz anders dagegen die Verwendung von *Tiefenschärfe* im Film. Hier sind es der gut überschaubare Raum und die darin an verschiedenen Stellen platzierten Figuren, die dem Zuschauer eine gewisse Freiheit der Blickfixierung ermöglichen. Natürlich gelten die bereits erarbeiteten Kamerakodes in ihren Auswirkungen weiterhin, d. h., eine Großeinstellung bringt uns einer Figur näher als eine Totale, und weil beide Einstellungsgrößen in einer Aufnahme mit Schärfentiefe vorkommen können (Abb. 47), existieren auch in solchen Einstellungen Gewichtungsunterschiede. Nicht selten konterkarieren aber gegenläufige Tendenzen, z. B. eine sprechende Figur weit hinten im Bild, solche eindimensionalen Wirkungsgesetze, weshalb bei tiefenscharfen Einstellungen mehr als bei anderen Aufnahmetechniken eine Auswahl der Blickfokussierung für den Rezipienten besteht. Die Bildbeispiele aus *Spiel mir das Lied vom Tod* (Abb. 46 – 47) zeigen tiefenscharfe Aufnahmen im Zusammenhang mit einer genrespezifischen Standardsituation. Im westerntypischen Duell sind die Gegner zur Verdeutlichung der Situation scharf zu stellen. Wer von den Akteuren nun mehr Aufmerksamkeit des Publikums auf sich ziehen kann, ist aber auch von anderen Faktoren abhängig als der hier abgebildeten Nähe zur Kamera – z. B. davon, ob ein Einzelner gegen drei Desperados bestehen kann, wer den besten Spruch im Vorkampf präsentiert, wer im Vorfeld der Szene als sympathischer Charakter vorgestellt worden ist etc.

Bewegung und Schärfe beschließen die Vorstellung der wichtigsten Kamerakodes. Jene Gestaltungskategorien der Kamera sind entscheidende

Grundlagen der visuellen Filmsprache und demnach Parameter strukturfunktionaler Analyse des filmischen Bildraums. Grundsätzlich in allen Filmgenres vorzufinden, gibt es doch, wie gelegentlich verdeutlicht, auch genrespezifische Besonderheiten der Kodeauswahl. Diese für die jeweiligen Geschichtensysteme bedeutsame Auswahl ist dann aber vordergründig ein erzähldramaturgisches Phänomen und daher im folgenden Kapitel zu erörtern.

2.1.2 Bildkomposition

Ein Filmbild wird durch den Einsatz der oben vorgestellten Kamerakodes komponiert. Alles, was innerhalb des Bildrahmens (*Cadrage*) Bedeutung generiert, ist Entscheidung der Komposition, setzt somit das in Szene (*Mise en Scène*), was in der Projektion als Ganzes wahrgenommen wird. Die speziellen Möglichkeiten der Kamera sind aber, wie im Vorfeld geschehen, aufgrund der medialen Sonderstellung als eigene Größe zu behandeln. Bildkomposition im hier verwendeten Zusammenhang umschreibt eher Gestaltungskategorien, die der Film von den älteren Künsten – insbesondere Theater und Bildende Kunst (s. Abb. 16) – adaptiert und in sein ästhetisches Portfolio integriert hat.

Überlegungen zur Bildkomposition bestimmen bereits die Auswahl des *Filmformats*. Ob nun zum Standard- (Verhältnis Bildhöhe : Bildbreite = 1 : 1,33) oder Breitwandformat (z. B. Cinemascope-Norm = 1 : 2,35) gegriffen wird, ist letztlich auch eine Frage der Raum füllenden Inhalte.[24] Ist die Formatentscheidung geklärt, muss der gerahmte Bildraum gefüllt werden, d. h., die eigentliche Komposition beginnt. Alle Elemente des Bildes sind nun in Bezug auf die beabsichtigte Wirkung zu integrieren. Hierbei gilt es, die illusionäre Tiefe des Bildraums zu berücksichtigen und Figuren wie auch Objekte gemäß ihrer Gewichtigkeit in ihm zu platzieren. Die *Anordnung* der Inhalte im Bildrahmen – Vorder- und Hintergrund, Bildmitte und Bildrand, links-rechts, oben-unten, goldener Schnitt etc. – ist ein wesentliches Element wirkungsvoller Komposition. Des Weiteren ist die Strukturierung des Bildes durch Kompositionselemente wie Linien, Formen und Flächen zu beachten. Horizontale *Linien* vermitteln Ruhe und Ausgleich, vertikale und diagonale Linien dagegen deuten auf Trennendes und Konfrontierendes hin. Bestimmte *Formen*, z. B. der Geometrie, können gewählt werden, um zusätzliche Bedeutungen zu transportieren. *Flächen* wiederum sind gemäß ihrer Größe, Helligkeit oder Farbwirkung zu unterscheiden. Diese Kompositionselemente können nach Bedingungen der *Symmetrie* musterhaft geordnet sein oder diese Ordnung durch Brechungen unterlaufen. Die Bildkomposition schließlich kann *geschlossen* oder *offen* sein, wobei die geschlossene Form den bewussten Gestaltungswillen des Produzenten im

Bild vorlegt. Dies muss als kurzer Überblick zu einem vielschichtigen ästhetischen Wirkungsfeld genügen, nicht ohne den Hinweis zu vergessen, dass hier die Chance einer besonders ertragreichen Kooperation mit dem Kunstunterricht vorliegt und genutzt werden kann.

Abb. 48: Bildkomposition

In *Spiel mir das Lied vom Tod* (Abb. 48, SLT 21:44) läuft nach der Ermordung der McBains die verantwortliche Verbrecherbande in einer *Totalen* auf den letzten Überlebenden, einen kleinen Jungen, zu. Die *Aufsicht* verdeutlicht das verheerende Wüten der Bande, drei Tote gehen bereits auf ihr Konto und es ist anzunehmen, dass dem kleinen McBain Ähnliches droht. *Tiefenschärfe* und *paralleles Achsenverhältnis* verstärken die Dramatik der pathetisch überhöhten Szenerie – die Begleitmusik verleiht der Szene opernhafte Züge – und auch auf Seiten der Bildkomposition wird dieser süße Schrecken der Inszenierung berücksichtigt.

Zunächst sind alle Figuren in der *geschlossenen Bildkomposition* (Abb. 48 im Original-*Breitwandformat* von 1 : 2,35) in der unteren Bildhälfte angeordnet, wobei der Junge zentral in der *Bildmitte* platziert ist und von der aktiven Gruppe der Banditen in *Form einer Pfeilspitze* bedroht wird. Dies entspricht dem Grundsatz *symmetrischer Gestaltung*, jedoch wird dieser harmonische Ordnungswille durch Blockhaus, Bergpanorama und weitere *Formen* verweigerter Spiegelung wirkungsvoll gebrochen. Trutzig und dunkel steht dabei die *Fläche* des Blockhauses, im Gegensatz dazu, beinahe leicht wirkend, die weite und helle Prärie.

Es ist das Bittersüße, das Ambivalente – im genregemäßen Siedlungskampf auf dem Weg nach Westen immer von Bedeutung, in *Leones* Film die gesetzte Norm des Widerspruchs –, das in diesem Bild selbst widergespiegelt wird. Dennoch besteht über die bereits vollzogene und noch folgende »unerhörte Begebenheit« kein Zweifel. Die diagonale *Linienführung* des Blockhauses, in der Tischgruppe links wirkungsvoll fortgesetzt und nicht zuletzt auch in der geometrischen Ausrichtung der Verbrechergruppe hervorgehoben, verrät Konflikt und Konfrontation: Eine Rettung des Jungen ist unwahrscheinlich.

2.1.3 Beleuchtung

Und man siehet die im Lichte/Die im Dunkeln sieht man nicht.[25] Die zwei Zeilen aus *Brechts* Erweiterung seiner *Moritat von Mackie Messer* für den Tonfilm *Die Dreigroschenoper* (Regie: G.W. Pabst, Deutschland 1931) sind selbstverständlich keine metrisch gebeugte Abhandlung über Filmtechnik. Dennoch, aus dem literarischen Kontext gerissen, wird hier auch das Bild und Film stiftende Urelement mit seinen gröbsten Auswirkungen auf den Punkt gebracht. Ohne Licht bleibt das Bild schwarz, gibt es keinen Film. Das ursprünglich noch analoge Trägermedium Film wurde und wird bei Nutzung von Zelluloid de facto belichtet, was freilich im Umkehrschluss nicht heißen soll, dass die dunklen Stellen im fertigen Film unbedeutend wären. Licht und Schatten, helle und dunkle Flächen sind wichtige Faktoren der Bildgestaltung – Kategorien der Beleuchtung sind daher immer auch Kategorien der Bildkomposition.

Wenn nicht, was eher selten der Fall ist, auf künstliche Beleuchtung verzichtet und allein auf natürliche Lichtquellen zurückgegriffen wird, kann man die wichtigsten Lichtquellen nach *Führungslicht* (von der Kamera aus gesehen seitliche Platzierung zur Objektausleuchtung), *Füll-* oder *Aufhelllicht* (auf Kamerahöhe zur Reduktion der Objektschatten) und evtl. einem zusätzlichen *Raumlicht* unterscheiden. Eine Fülle von weiteren Lichtquellen und -effekten existiert und kann Aussehen und Wirkung des Bildes erheblich beeinflussen. Je nach dem Zusammenspiel der Lichtquellen werden drei Arten der Lichtgestaltung unterschieden: Beim sogenannten *Normalstil* wird ein Lichtverhältnis hergestellt, das der alltäglichen Wahrnehmung entspricht. Helle und dunkle Flächen sind im Bild ausgewogen, die Aufnahme wird als natürlich und nicht kommentierend empfunden. Mit hoher Aufhellung durch die Lichtquellen arbeitet der *High-Key-Stil*, entgegengesetzt dazu betont der *Low-Key-Stil* die Schattenpartien, also eher eine Bildkomposition der Dunkelheit. High-Key- und Low-Key-Stil kommentieren somit den Bildinhalt. Jedoch ist die klassische Formel: helle Komödien – düstere Dramen, nicht immer richtig, denn auch eine helle Ausleuchtung kann bedrückend wirken und ein schattiger Raum Gemütlichkeit suggerieren. Allerdings darf nicht übersehen werden, dass ganze Genres (z. B. der Horrorfilm) oder Filmströmungen (expressionistischer Film, Film noir) existieren, die ohne Low-Key-Beleuchtung nicht denkbar sind, weil sie aus dem Überwältigungs- resp. Bedrohungspotential von Dunkelheit und Schattenwürfen ihre spezifischen Effekte beziehen.

2.1.4 Farbe

Farbfilm ist kein, wie oft angenommen wird, Phänomen der Tonfilmära. *Kolorierte* Stummfilme gab es von Beginn an, monochrom eingefärbte Filmbilder (*Viragierung*) waren in den frühen Filmtagen sogar beinahe die Norm. Den Filmschaffenden war der Einsatz von Farbe als Kompositionsmittel demnach schon immer bekannt und die vielfältigen Ausdrucksmöglichkeiten dieses Gestaltungsmittels wurden und werden zur ästhetischen Formung der jeweiligen Filmaussage verwendet.

In seiner Wirkung abhängig von der jeweiligen *Beleuchtung* – wobei das Licht selbst durch spezielle Farbfilter kommentierend eingesetzt werden kann – konturiert Farbe den Bildinhalt, prägt Stimmung und Atmosphäre der Inszenierung und kann darüber hinaus symbolische Funktionen übernehmen. Ein wichtiger Bereich farbdramaturgischer Gestaltung ist der der *Kontrastsetzung*. Hell-Dunkel-Abweichungen bei Kleidung, Raum und Requisite im Sinne von Gut-Böse-Zeichnung schematisch zu verwenden, sind beliebte Charakterisierungsformen, die ihre Wirkung auf den Zuschauer nicht verfehlen. Auch in narrativer Hinsicht kann durch Übergang von Farbe zu Schwarz-Weiß-Film ein bestimmter Bereich der Geschichte besonders betont werden. So werden z. B. in *LOLA RENNT* alle Rückblenden schwarz-weiß abgebildet, wodurch der Zeitsprung eine besondere Markierung bekommt. Farben können als Mittel der *Verfremdung* – z. B. zur satirischen Übertreibung, Kennzeichnung von ›Zwischenwelten‹ wie Traum, Rausch, Vision etc. – eingesetzt werden, *Wirkungseffekte* wie Überraschung resp. Schock unterstützen und als *leitmotivischer Kommentar* des Produzenten den Film nachhaltig prägen.

Welche Bedeutung den kommentierend eingesetzten Farben zugeschrieben werden kann, ist neben der jeweils kulturell überlieferten Farbsemantik insbesondere vom inhaltlichen Kontext abhängig. So kann z. B. der Einsatz der *Farbe Rot* Gefahr, Leidenschaft, Zorn, Wärme, Revolutionskampf und dergleichen mehr zum Ausdruck bringen. Wenn also Regisseur *Marc Rothemund* in *SOPHIE SCHOLL – DIE LETZTEN TAGE* Rot sowohl dem nazistischen Unrechtsregime als auch der leidenschaftlich kämpfenden Protagonistin zuordnet, so berücksichtigt er einerseits die Mehrdeutigkeit der Farbe und prägt andererseits ein dramaturgisch wichtiges und zugleich komplexes Leitmotiv des Films (s. a. Kap. 4.2).

2.1.5 Montage

Das technische Kompositionselement zur Strukturierung des gesamten Films ist die Montage. Die nach *Pudowkins* Verdikt **Schöpferin filmischer Wirklichkeit**[26] ist immer narrativ wirksam – Zeit- und Raumstruktur des

Textes werden durch das Zusammenfügen von Einstellungen geformt, Zusammenhänge bzw. Beziehungen werden sichtbar – und sie ist per se ein audiovisueller, ergo wahrnehmbarer Faktor. Wie erwähnt, ist dies das zentrale Gestaltungselement des Films und somit in allen Bereichen der Analyse (Bild, Ton, Erzählung) von Bedeutung. Im hier zu verhandelnden visuellen Kontext sind zunächst die Techniken der Montage und darauf folgend bestimmte Schnittkonzeptionen vorzustellen.

Montage ist grundsätzlich ein Arbeitsfeld der Postproduktion und findet nach dem Aufnahmeprozess unter den Händen des Cutters statt. Womit nicht gesagt ist, dass im Produktionsprozess keine Vorstellung bezüglich der Montierung vorliegt. Im Gegenteil: Die Einstellungen werden im Vorfeld zumeist exakt festgelegt und auch kameraspezifisch formuliert (z. B. durch das jede Einstellung skizzierende *Storyboard*); häufig werden dann aber auch zur späteren Schnittauswahl Varianten am Produktionsort gedreht. Das heißt, dass es in letzter Konsequenz tatsächlich der Cutter ist, der in enger Absprache bzw. Zusammenarbeit mit Regisseur und/oder Produzent den Film in die Form überführt, die dem Zuschauer präsentiert wird. Dabei kann die Verbindung mindestens zweier Einstellungen durch fließenden Übergang, direkten Anschluss oder nebeneinander im Bild erzielt werden. Dem Cutter stehen also grundsätzlich zwei *Techniken* zum Schnitt des Films zur Verfügung: weiche Blende und harter Schnitt, sowie eine besondere Form der montierenden Bildkomposition: das Split-Screen-Verfahren.

Bei der *Blende* muss man zwischen Auf-, Ab-, Über- und Trickblende unterscheiden. Entsteht das Bild der Erzählung bei der *Aufblende* langsam aus einer schwarzen oder weißen Leinwand (Schwarz-, Weißblende), so wird es bei der *Abblende* wieder in diesen ›leeren Urzustand‹ zurückgeführt. Auf- und Abblenden markieren in der Regel Beginn und Ende einer Erzähleinheit. Durchaus mit einem Theatervorhang vergleichbar, werden Realität – denn ohne differenzierte Bildinformation ist der Zuschauer ganz bei sich – und Fiktion voneinander getrennt, wird das dramaturgische Spiel des Textes mit dem Zuschauer eröffnet bzw. geschlossen. Eine Parallelisierung von Auf- und Abblende wird bei der *Überblende* vollzogen. Das erste Bild (Abblende) geht fließend in das zweite (Aufblende) über, der Vorhang bleibt also geöffnet. Überblenden formulieren so einen narrativ motivierten Raum- und Zeitwechsel, oft im Zusammenhang mit kontinuierlicher Handlungskausalität.

So wird z.B. in *Der unsichtbare Dritte* (Abb. 49 – 53, DuD 36:19 – 37:39) nicht nur ein Ortswechsel vom UN-Hauptgebäude (New York; 51) zu einer Abteilung der CIA in der Nähe des Capitols (Washington; 52) gezeigt, ebenfalls nicht nur die vergangene Zeit vom vermeintlichen Attentat Thornhills (49 – 50) bis zu dessen Verbreitung via Tageszeitung (53a)

51–52 52–53a

a b c

Abb. 49 – 53: Doppelte Überblende

verdeutlicht, sondern auch die Verstrickung des US-Geheimdienstes (53) in die Verwicklungen um den Protagonisten offenbart. Ursache und Wirkung der Handlungslogik werden hier vom Kopf auf die Füße gestellt – die nachträgliche Erklärung der Geheimdienst-Agenten ist dabei eine Mehrinformation für den Zuschauer und so ein spezifisches Spannungselement (Suspense) der Rezipientenaktivierung (s. Kap. 3).

Trickblenden wie z. B. Wisch-, Schiebe-, Kreis- und Unschärfeblende können erzähltechnisch motiviert sein – z. B. kann die Kreisblende auf ein bedeutendes Detail der Inszenierung, die Unschärfe- oder Fettblende auf variierende Zeit- und Wirklichkeitsräume, z. B. Träume, verweisen – und die Dynamik oder den spielerischen Unernst der Darbietung unterstreichen. In *Lola rennt* (Abb. 54, LR 10:50) sind sowohl der Spielgedanke als auch die Dynamik der Inszenierung Gründe für den Einsatz von Trickblenden. Wenn der Zeichentrick-Croupier im Anschluss an die Konfliktdarstellung (100.000-DM-Plot) das Spiel eröffnet (**Rien ne va plus**), beginnt die erste 20-Minuten-Episode gemäß der engen Zeitvorgabe rasant und zweifelsohne märchenhaft spielerisch. Der Trick-Croupier startet die Episode nämlich dadurch, dass er sie selbst in den laufenden Film hereinzieht (Schiebeblende). Das Gedanken- und Filmspiel ist somit gekennzeichnet und signifikant eröffnet.

Der Einsatz von Trickblenden im Spielfilm ist seit den frühen Filmtagen merklich zurückgegangen, was nicht bedeutet, dass diese Form des Schnitts

a b c

Abb. 54: Trickblende: *Schiebeblende*

gänzlich vom Aussterben bedroht ist. Gerade in den kleineren Filmformen (Werbefilm, Videoclip) wird gerne und häufig auf jene Verknüpfungen zurückgegriffen.

Schnitt oder, da auch die Blende aus der Verbindung zweier abgeschnittener Einstellungen besteht, der *harte Schnitt* ist die gängige Form der Einstellungsverknüpfung: Zwei Einstellungen werden ohne Übergang aneinandergeklebt. Da dieses Verfahren im Unterschied zur gelegentlichen Blende und der seltenen Split-Screen-Technik die übliche Montageform ist, werden die jeweiligen Bedingungsfaktoren in den Schnittkonzeptionen (s. u.) ausführlicher erläutert werden.

Beim *Split-Screen-Verfahren* werden mindestens zwei unabhängig voneinander gedrehte Einstellungen in einem Bild oder einer montierten Einstellung parallel präsentiert. Hier wird nun tatsächlich Unterschiedliches im Bild zu einer neuen Einheit zusammengesetzt, also montiert, und diese Montageform, die zugleich eine Bildkomposition ist, hat sich insbesondere in anderen Mediensystemen (z. B. TV-Nachrichten, PC-Spiele) als einfache Informations- und Perspektivenaddition durch Bild-im-Bild-Implikationen durchgesetzt. Im Spielfilm findet eine solche Aufteilung der Bildfläche dagegen nur selten statt. Das hat Gründe: Split-Screen verdeutlicht durch den vollzogenen Bruch mit natürlichen Sehgewohnheiten die Künstlichkeit und Gemachtheit des Bildes, läuft also der im fiktionalen Film erwünschten Realismusillusion entgegen und distanziert den Rezipienten vom abgebildeten Inhalt. Insofern eher der analytischen Distanznahme denn der affektiven Einfühlung zuzuschreiben, kann dennoch hochgradige Spannung und Teilnahme beim Rezipienten erzielt werden, wenn bestimmte Standardsituationen nicht wie üblich alternierend über die Parallelmontage, sondern gleichzeitig präsentiert werden. Allerdings sollten dies extrem emotionalisierende Standards wie etwa Flucht, Verfolgung, Rettung (in letzter Minute) etc. sein, deren gleichzeitiger Ablauf in einem Bild den Zuschauer zu eigenen alternierenden Blicken motiviert. Das Beispiel aus *Lola rennt* (Abb. 55, LR 48:24–49:09) ist ein solcher Standard (Last-Minute-Rescue), dessen drei Informationsbereiche – die beiden Protagonisten und die das Verhängnis ankündigende Uhr – am Höhepunkt der Inszenierung (55b) parallelisiert werden.

a b c d

Abb. 55: Split-Screen-Verfahren

Jene Techniken werden zur Gestaltung der Montage eingesetzt. Der daraus resultierende Schnitt eines Films soll nun im Folgenden bezüglich seiner grundlegenden Bedingungen betrachtet werden. Anhand bestimmter *Schnittkonzeptionen* ist die Haupttechnik des harten Schnitts programmatisch zu fassen und funktional zu erläutern.

Es ist gerade bei beabsichtigter Vermittlung von Montagekonzeptionen im Schulunterricht sinnvoll, die von der Filmtheorie vorgebrachten hochgradig komplexen Konzepte auf einen Bereich zu fokussieren, der ausdrücklich die Schnittwahrnehmung in den Mittelpunkt stellt. Die Frage lautet dann: Ist der Schnitt sichtbar oder unsichtbar? Ist also die Verknüpfung selbst ein auffällig kommentierendes Element der Darbietung oder ist sie das nicht? In dieser Konzentration auf das Visuelle kann eine duale Konzeption der Raum-Zeit-Konstituente Montage vorgelegt werden, die trotz ihrer strukturellen Eingängigkeit genügend Raum für vertiefende Betrachtungen eröffnet.

Beim *unsichtbaren Schnitt* wird das, was Aufgabe der Montage ist, nämlich Raum und Zeit möglicherweise rhythmisch akzentuiert zu organisieren, vom Zuschauer nicht als Organisationsphänomen wahrgenommen. Der Zuschauer ist in solchen Momenten extrem auf die Handlung fixiert, Raum- und Zeitgestaltung durch Kamera und Montage bleiben im Vorbewussten stecken und somit unsichtbar. Man hat dieses Montage-Vorgehen deshalb als *Hollywood-Stil* bezeichnet, da gerade in den dortigen Traumfabriken, wo die filmische Realismusillusion als Wirkungspostulat absolute Priorität genießt, der Zuschauer also unbedingt die Gemachtheit der Bilder vergessen soll, vornehmlich so gearbeitet wurde und noch gearbeitet wird, denn bis dato ist der unsichtbare Schnitt noch immer die gesetzte Montagenorm – und das nicht nur in Kalifornien, sondern weltweit.

Um diesen Effekt des Nichterkennens zu erzielen, ist eine Kontinuität in der räumlichen und zeitlichen Gestaltung zu berücksichtigen, ein realistisch wirkendes Raumerlebnis in der Zeit zu generieren. Als Parameter dieses *Kontinuitätsprinzips* hat sich ein festes Regelwerk der Textproduktion herausgebildet, das auch als *Coverage System*[27] bezeichnet wird (Abb. 56). Hierzu zählt das *180°-Schema*, wonach die einmal etablierte Handlungsachse möglichst nicht von der Kamera überschritten (Achsensprung) werden soll, also alle Einstellungen von einer Seite der Handlung aus fotografiert werden. Bei Wechsel des Kamerawinkels gilt es, *mindestens 30°* zu überwinden, und grundsätzlich ist vor der Szenenauflösung durch verschiedene Kamerapositionen die gesamte Szene in einem *Master Shot* (meist Totale bei rechtwinkligem Achsenverhältnis) aufzuzeichnen. Nach diesem ohne Zweifel auch ökonomisch einträglichen System werden bis heute große Teile eines Films gedreht. Insbesondere bei *Dialogszenen* hat sich das Verfahren als beinahe unumgänglich etabliert. Nach einführendem Master Shot und dessen Annäherung (*Cut in*) wird die Szene nach dem Schuss-Gegenschuss-

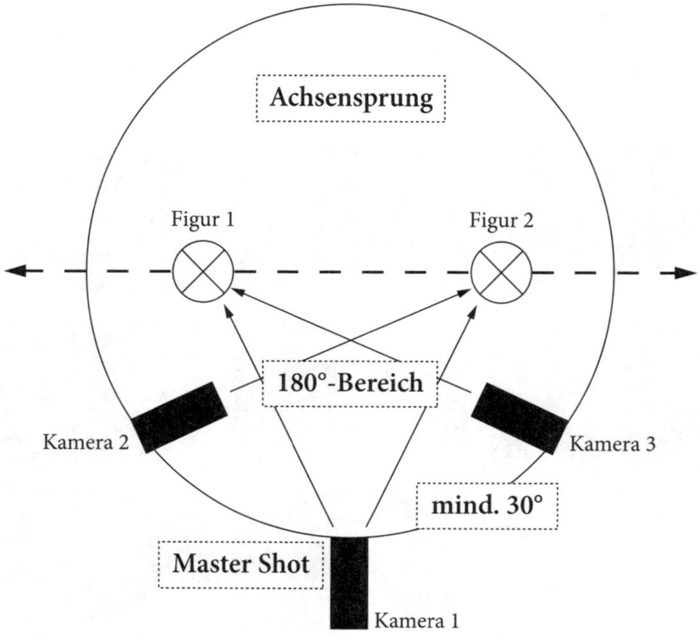

Abb. 56: Coverage System

Prinzip (*Shot-Reverse Shot* – Kamera 2 und 3 in Abb. 56) fortgeführt, um evtl. im Master Shot (*Cut back*) ihren Abschluss zu finden.

So auch in *Sophie Scholl – Die letzten Tage* während des Abschlussverhörs bzw. dem zusammenfassenden weltanschaulich-ethischen Diskurs der Kontrahenten (Abb. 57 – 65, SoS 1:09:08 – 1:11:33). Als Kommissar Mohr in leicht sentimentaler Stimmung Sophie ein evtl. vor Gericht hilfreiches Schuldeingeständnis abringen will, wird getreu dieses möglichen Neubeginns zunächst die Handlungsachse im Master Shot bestätigt und fixiert (57). Die folgende Auseinandersetzung der Akteure wird nach dem Schuss-Gegenschuss-Konzept mit unterschiedlichen Einstellungsgrößen aufgelöst (58 – 61, 63 – 64) und schließlich erneut in den Master Shot zurückgeführt (65). Auch die mögliche Wendung des Geschehens, als Mohr die Protokollergänzung vorliest, wird über die Achse des Master Shot (*Cut in*) abgebildet (62). Kein einziger dieser Übergänge – die kleine Szene weist in knapp zwei Minuten 21 harte Schnitte vor – wird vom Publikum als formaler Eingriff wahrgenommen.

Solche *szenischen Montagen* prägen einen Großteil der Filmproduktion und werden in der Regel durch eine räumliche Einführung (*Establishing Shot*) eingeleitet (s. a. Abb. 18). Der unsichtbare Schnitt ist hier wie auch bei der *beschreibenden Montage*, die der sukzessiven Vorstellung eines Objekts, Handlungsorts oder einer –situation dient, die übliche Verknüpfungsform und selbst dort, wo nicht geschnitten wird, kann von unsichtbaren Schnitten die Rede sein. Im Fall der *Plansequenz* – d. h., Handlungsbereiche wer-

Abb. 57 – 65: Dialogmontage

den in einer Einstellung bei jedoch beweglicher Kamera fotografiert – wird zwar auf Schnitte verzichtet, nicht aber auf die Montage. Die hier ständig wechselnden Bildinhalte und Kamerapositionen (und -kodes) sind dann das Resultat einer choreografierten Kamerabewegung, die im Sinne einer fließenden Montage, unsichtbar schneidend, Figuren, Räume und Situationen miteinander in Beziehung setzt.

Im Gegensatz zum unsichtbaren Schnitt ist der *sichtbare Schnitt* als formaler Eingriff wahrnehmbar und das mal mehr, mal weniger betont. Die Beziehungen der montierten Einstellungen, die räumlich, zeitlich, rhythmisch und auch grafisch strukturiert sein können, werden hier durch den Schnitt hervorgehoben. Der Schnitt selbst fungiert demnach als Hinweis, Kommentar, als Aufforderung an den Zuschauer, die Formvorgabe zu entlarven und evtl. damit einhergehende kognitive Aufgaben zu lösen. Somit wird bei dieser Form des Schnitts der hinter der Realismusillusion aktiv gestaltende Autor sichtbar; der Rezipient gerät, wenn auch nur kurz, von der Handlungs- auf die Gestaltungsebene.

Bei der *Parallelmontage* werden mindestens zwei Räume, Zeiten oder Handlungsbereiche abwechselnd miteinander in Beziehung gesetzt. Dieses alternierende Gegeneinanderschneiden (*Cross Cutting*) verdeutlicht zwangsläufig einen Zusammenhang, der vom Rezipienten zu erarbeiten ist. Meist kommt die parallele Inszenierung im Bereich actionartiger Suchaktionen oder Verfolgungsjagden – in der Art der im Split-Screen-Verfahren zusammengefassten Lola-Manni-Kontroverse, nur nacheinander alternierend (s. Abb. 55) – zum Einsatz, aber auch sublimere Raum-Zeit-Verbindungen können formuliert werden.

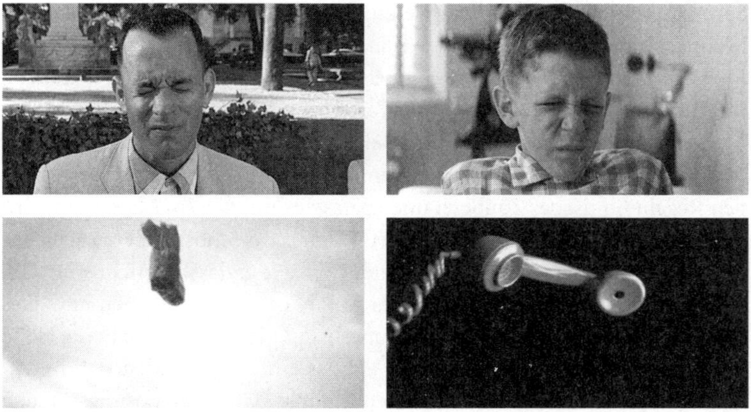

Abb. 66 – 69: Match Cut

Wenn der erwachsene *Forrest Gump* seine Augen in einem Bild schließt, um sie im nächsten wieder als Kind zu öffnen (Abb. 66–67, FG 4:31), liegt eine andere, beinahe variabel zu nennende Verknüpfung vor. Der erste Rückblick des Ich-Erzählers Forrest ist, da der gesamte Film auf die konventionelle Technik der Rückblende verzichtet, mit einem besonderen Montageschnitt gestaltet: dem *Match Cut*. Beim Match Cut wechseln Raum- und Zeitverhältnisse durch den Schnitt eindeutig sichtbar, zugleich bleiben allerdings grafisch-visuelle Informationen in den Anschlusseinstellungen gleich oder stimmen überein (*to match* = passen, übereinstimmen). Somit ist der Match Cut in gewisser Weise eine Form des Übergangs oder die Verbindung von sichtbarem und unsichtbarem Schnitt in einer Montageform: Objekte und Objektbewegungen – auch andere Kompositionselemente z. B. des Tons – werden in den verknüpften Einstellungen parallelisiert und als kontinuierliche, man könnte auch sagen, unsichtbar bleibende Handlungsfortführung der sichtbaren narrativen Rezipienten-Neuorientierung beigefügt. Forrest versucht sich an sein erstes Paar Schuhe zu erinnern und flugs bekommt er es Jahrzehnte vorher angepasst. Raum und Zeit haben sich zwar verändert, Forrest aber, und das will dechiffriert sein, ist irgendwie derselbe geblieben.

Am wohl berühmtesten Match Cut der Filmgeschichte ist das zweite Beispiel aus *Lola rennt* orientiert (Abb. 68–69, LR 33:23). In *Stanley Kubricks* *2001: Odyssee im Weltraum* (1968) wird am Ende der ersten Episode ein Knochen von einem prähistorischen Primaten triumphal, da er gerade damit getötet hat, in den Himmel geworfen und mit dem Schnitt in ein Raumschiff des 21. Jahrhunderts – freilich in Knochenform – verwandelt. Kubricks Knochen steht symbolisch für ein Werkzeug, das vom Menschen zur Erringung der angestrebten Macht eingesetzt wird. Der Raum hat sich beim Sprung über Jahrtausende zwar verändert, das Werkzeug aber existiert nur leicht verändert auch weiterhin wie auch der es bedienende machthungrige Mensch. Wenn nun *Tom Tykwer* zu einem so bekannten Zitat greift, muss, soll der Einsatz nicht als l'art pour l'art abgeurteilt werden, etwas ähnlich Magisches resp. Gewichtiges vermittelt werden wie im Original. Nun folgt ja das konjunktivische »Was wäre, wenn …« in *Lola rennt* gewissermaßen den Regeln filmischer Zauberei und spätestens mit diesem Match Cut wird dies dann auch überdeutlich markiert. Denn die erschossene Lola stellt am Ende der ersten Episode überraschenderweise fest, dass sie **nicht weg will**. Und da dies auch nicht im Sinne des Autors ist, darf sie bleiben und alles beginnt von vorne. Die gerade noch überhaupt nicht triumphal in die Höhe geschleuderte Plastiktüte mit dem Geld des Überfalls wandelt sich in den fliegenden Telefonhörer des Episodenbeginns: Ein neuer Lösungsversuch kann gestartet werden. Magisch ist das deshalb, da mit einem realistischen

Raum-Zeit-Kontinuum ab hier endgültig gebrochen wird. Alles ist in diesem Filmmärchen nun möglich – auch die zweite und dritte Chance.

Ist der Match Cut ein Montageelement zur Verknüpfung größerer Handlungszusammenhänge (Sequenzen), so wirkt der *Jump Cut* innerhalb der Szene. Aufgrund der hier sprunghaften (*to jump* = springen, überspringen, auslassen) Unterbrechung des realistischen Zeitflusses bzw. des Raumanschlusses wirkt der Jump Cut zunächst wie ein Verknüpfungs- oder Aufnahmefehler und irritiert von daher den Rezipienten in seiner Erwartung von Kontinuität. Und gerade hier, in der Distanz des irritierten Betrachters wird der Kommentar des Autors manifest. *Antonionis* Darstellung einer Fotosession in *Blow-up* (Abb. 70 – 72, BU 7:05 – 7:22) macht nicht nur in der Bildkomposition das absurde und begrenzte Glitzerspiel der Modewelt deutlich – man beachte die groteske Federboadiagonale und am rechten Bildrand den sichtbaren Abschluss der farbigen Wandrolle. Auch durch die kurzen Bewegungslücken im Posing des Models (*Jump Cuts*) wird deutlich, was hier geschieht: Unnatürliche Bewegungsmuster werden der Wirklichkeit zur Nachahmung vorgeschlagen: Das Ideal ist eine inszenierte Scheinwelt. *Tykwers* Jump Cuts in *Lola rennt* (Abb. 73 – 75, LR 12:12 – 12:15) sind dagegen Bild- resp. Montageresultat des filmischen Hauptmotivs. Die in Schüben ruckartig entschwindende *Lola* rennt in 20 Minuten um ihr Leben; kurze Lücken in der Erzählzeit verdeutlichen diese Dynamik der Situation und die Rhythmik der atemlosen filmischen Action.

Abb. 70 – 75: Jump Cut

Vollends zum rhythmischen Experiment kann der Einsatz von Short Cuts kulminieren. *Short Cut* heißt zunächst nur, dass Bilder von extrem kurzer Dauer – unter einer Sekunde – in eine Szene integriert werden können. Dabei können Erinnerungen oder fokussierte Wahrnehmungen von Figuren oder vom Erzähler blitzlichtartig präsentiert und, wie erwähnt, rhythmische Effekte erzielt werden. Schon der oben beschriebene Match Cut aus *Lola*

RENNT (Abb. 68 – 69) ist durch fortwährende, in immer kürzerem Abstand stattfindende Wiederholung der Bildfolge auch als Short Cut zu bezeichnen. Eindeutig ist dann aber das Beispiel in Abb. 76 – 84 (LR 7:43 – 7:57) aus demselben Film: Noch in der Exposition schildert Manni am Telefon, was nach seiner Vermutung der Obdachlose (76), der zufällig an Mannis 100.000 DM gekommen ist, wohl jetzt mit dem Geld machen wird. Eine beginnende Aufzählung von Reisezielen aus dem Off wird sofort in touristische Kurzbilder jener Orte umgesetzt, dann machen sich diese Bilder (77 – 81, 83) in immer schnellerem Wechsel quasi unkommentiert selbständig, werden vereinzelt durch ein Schwarz-Weiß-Bild (82) unterbrochen, das zum Schluss hin längere Phasen der Abbildung erhält und in Folge von Lolas Frage nach einem **Ronnie** (Off) schließlich als einzige Bildinformation, den Betrachter bedrohlich fixierend, stehen bleibt (84). Jene Ansammlung von Short Cuts verdeutlicht den Denkprozess des verzweifelten, fast panischen Manni. Der Form nach an die literarische Technik des Bewusstseinsstroms angelehnt, werden Mannis Assoziationen als rhythmisches Chaos für den Zuschauer nachvollziehbar (Introspektion/*Mindscreen*). Der Blick nach innen soll jedoch nicht nur mittels der Tourismusbilder belustigen, sondern auch die Gefahr verdeutlichen, vor der der Protagonist und der identifizierte Zuschauer jetzt stehen. »Ronnie« wird nämlich zum Statthalter der Lebensbedrohung – **Der bringt mich um, Lola**, wird Manni gleich sagen – und somit zur zentralen Motivation der folgenden Episoden. Manni, Lola und der Zuschauer vergessen ihn nicht mehr.

Abb. 76 – 84: Short Cut

Ein weiterer sichtbarer Schnitt soll diese Beschäftigung mit dem prägenden Gestaltungselement des Films beschließen. Ironischerweise ist dieser Schnitt, den man als Ursache einer ersten filmtheoretischen Beschäftigung mit der Montage in den zwanziger Jahren des letzten Jahrhunderts bezeichnen kann, in den heutigen Mainstreamprodukten des Spielfilms kaum noch aufzufinden. Und dennoch ist diese *Kollisionsmontage* oder *intellektuelle Montage* auch jenseits ihrer filmtheoretischen Bedeutung ein interessanter Untersuchungsbereich, da hier nicht nur die Möglichkeiten des sichtbaren Schnitts, sondern die der Montage insgesamt in beeindruckender Weise verdeutlicht werden können.

Regietheoretiker in der damaligen Sowjetunion (federführend: *Sergej M. Eisenstein*) erkannten das intellektuelle Potential der Montage bei deutlich sichtbarer Kontrastierung der Bildinhalte. Stark vereinfacht kann man das Prinzip folgendermaßen darstellen: Einstellung A, der Erzählung entnommen, wird mit Einstellung B, in keinem räumlich-zeitlichen Zusammenhang mit der Erzählung stehend, verknüpft. Die Erzählung wird also unterbrochen, um Inhalt A durch Inhalt B zu kommentieren. Im weiteren Verlauf der Erzählung hat sich dann der Blick des Zuschauers auf den Erzählinhalt durch diese Montageintervention verändert. Ein einfaches Beispiel (Abb. 85 – 87) zur Verdeutlichung: In *Eisensteins* OKTOBER wird auf dem Rätekongress ein Menschewik gezeigt, der die bereits begonnene Oktoberrevolution durch Vernunftappelle an die Delegierten aufhalten möchte (85). Die folgende Einstellung zeigt von Frauen gespielte Harfen (86). Alternierend werden nun Menschewik und Harfenspiel präsentiert, dazu kommt im narrativen Kontext des Rätekongresses ein bäuerlich aussehender Bolschewik, der das (alles) nicht hören möchte und sich die Pelzmütze auf die Ohren drückt (87).

Abb. 85 – 87: Intellektuelle Montage aus *OKTOBER* (Regie: S. Eisenstein)

Deutlich erkennbar wird hier der Erzählfluss unterbrochen, um eine Form der *filmischen Trope* zu gestalten. Ob nun als Vergleich (»der spricht wie weibliches Harfenspiel«) oder Metapher (»der weibische Harfengesang des Menschewiken«), der Auftrag an den Zuschauer, dieses nicht-diegetische Bild (86) als rhetorischen Autorenkommentar zu entlarven und mit der Handlung in Beziehung zu setzen, wird offenkundig. Die manipulative Kraft dieser Verknüpfung indes auch, denn die satirische Degradierung des reaktionären Menschewiken ist die Intention des Regisseurs. Der Zuschauer wird nach vollzogener Entlarvung der Trope mit einem Lachen belohnt und orientiert sich ansonsten am – auch staatlich verordneten – Bolschewiken (87).

Diese Form der narrativen Unterbrechung und Rezipientendistanzierung zur kognitiven Dechiffrierung, die natürlich inhaltlich viel komplexer als das obige Beispiel gestaltet werden kann, ist im Kontinuitätskino, das auf Einfühlung und Identifikation setzt, nicht opportun und es ist darum eben festzustellen, dass die intellektuelle Montage in den heutigen Kinoerzeugnissen beinahe vollständig fehlt. Erstaunlicherweise hat sich diese Art der Kontrastsetzung aber in den kleineren Formen eine auch bei Jugendlichen populäre Nische sichern können. In Video- und Werbeclips wird, mehr zur Unterhaltung denn zur politischen Aufklärung, gerne ›intellektuell‹ geschnitten. Man könnte also behaupten, dass Jugendliche diesen Schnitt bereits kennen. Doch unabhängig von der Bewusstheit dieser Erfahrung ist jene sichtbare Montageform gerade in didaktischer Hinsicht noch immer die beste Auswahl, wenn es darum geht, die narrativen, kommentierenden, letztlich auch manipulativen Möglichkeiten der Montage an einem Beispiel zu erläutern.

2.2 Auditive Gestaltungskategorien

Das Auditive im Spielfilm wird vom Betrachter in der Regel den visuellen Eindrücken untergeordnet und wirkungsspezifisch weitgehend unterschätzt. Es ist daher eine heilsame Lektion, wenn man sich einmal der Tortur aussetzt, einen Film ohne Tonspur zu rezipieren. Die so erzwungene ›gespenstische‹ Erfahrung einer reichlich diffus wirkenden Erzählung würde sicherlich dafür sorgen, dass der Betroffene fortan auditive Gestaltungsfaktoren in ganz neuem Licht betrachtet. Oft wird nämlich übersehen, dass der Aufbau von rezeptivem Raum- und Zeitgefühl hauptsächlich ein Verdienst des gelieferten Tons ist. Daher ist es in diesem Zusammenhang auch nicht verwunderlich, dass Kinder sich bei Ansicht einer Szenenfolge, die sie ängstigt, eher die Ohren als die Augen zuhalten.[28] Eine rein auditive Narration bleibt weitgehend im gesteckten Wirkungsrahmen, eine nur visuelle nicht. Denn auditive Gestaltungskategorien

> **überführen eine [...] (Bild-)Einstellung in das zeitliche Gerüst, den narrativen Kontext des Gesamtfilms und tragen auch durch ihre Aktualisierungstendenz [...] wesentlich zur *präsentischen Rede des Films* und Realismusillusion filmischer Wahrnehmung bei.**[29]

Im Gegensatz zur kleinsten visuellen Analyseeinheit der einzelnen Einstellung sind bei auditiver Analyse größere Zusammenhänge heranzuziehen. Zur Grundlage der Untersuchung werden zusammenhängende Handlungs-

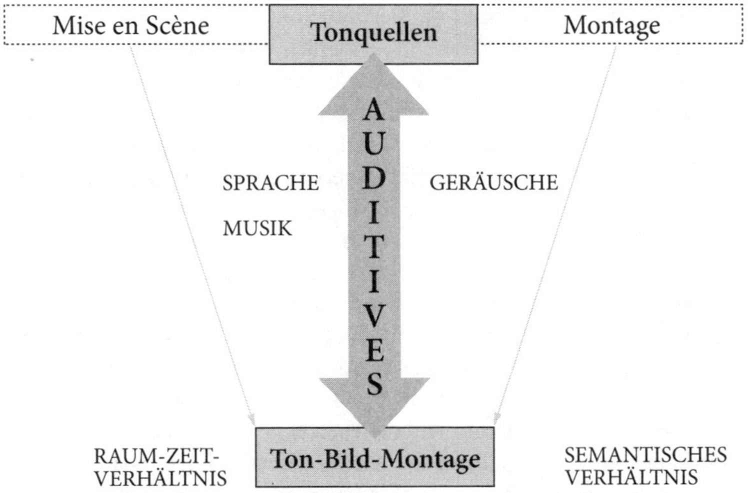

Abb. 88: Gestaltungskategorien auditiver Analyse

bereiche, die aus mehreren Einstellungen bestehen und auch ganze Szenen(-folgen) und Sequenzen umfassen können. Die Analyseschwerpunkte verändern sich gegenüber dem visuellen Pendant nicht: *Inhalt* (Tonquelle?), *Gestaltung* (z. B. Lautstärke, Verfremdung, Ton-Bild-Korrespondenz?) und die daraus resultierende *Wirkung* sind auch hier von Interesse. Im Folgenden sollen die in Abb. 88 dargelegten Teilbereiche der jeweils bedeutsamen *Tonquellen* und der Verknüpfungsformen der *Ton-Bild-Korrespondenz* kurz präsentiert werden.

2.2.1 Tonquellen

Die Tonspur eines Films transportiert verschiedene Tonquellen zum Rezipientenohr. Sprache, Geräusche und Musik sind wichtige Gestaltungskategorien auditiver Information und demnach in einer detaillierten Filmanalyse einzeln auszuweisen.

Geräusche oder auch *Sound-Effects* prägen die Atmosphäre der Filmbilder. Möglichst natürliche bzw. realistisch anmutende Geräusche verleihen, gepaart mit den entsprechenden Bildern, dem Film die audiovisuelle Einheit, die der Text in seiner Referenz zur außerfilmischen Wirklichkeit und im Bestreben um Realismusillusion benötigt. So rauscht der Wind in *Antonionis Blow-Up* in naturalistischer Weise durch die Bäume, ist die hektische urbane Geräuschkulisse zu Beginn von *Hitchcocks Der unsichtbare Dritte* (s. Abb. 1–4) durchaus realitätsnah eingefangen und quietscht das Windrad in der Exposition von *Leones Spiel mir das Lied vom Tod* in der

Monotonie, die ihm zu eigen ist. Solche, dem Zuschauer durch Erfahrung vertraute und darum oft kaum mit sonderlicher Beachtung geehrte Wirklichkeitsatmosphäre wird zumeist komplett im Studio (*Sound Design*) hergestellt. Sie ermöglicht es dem Rezipienten, vollständig in die Anderswelt des Films einzutauchen, und darf deshalb nicht als Kunstprodukt wahrgenommen werden. Andererseits gibt es gerade hier, in der künstlichen Gestaltung des Geräuschteppichs, große Möglichkeiten zur kommentierenden Einflussnahme, denn jede kleine Veränderung der Wirklichkeitsnähe wird rezeptiv wahrgenommen. Von der gespenstisch wirkenden vollkommenen Stille ohne jedes Geräusch bis hin zu extremer Übersteigerung natürlicher Töne durch Lautstärke oder Verfremdung: Die Geräuschkulisse ist immer auch ein dramaturgisch wirksamer Faktor und wird dementsprechend eingesetzt. *Antonionis* Wind weht eben plötzlich auch durch das Fotostudio (s.a. Kap. 2.2.2), das laute ›Atmen‹ des eben eingefahrenen Zuges in *Leones* Westernexposition ist ein deutlich markiertes rhythmisches Spannungselement, demgegenüber ist das monotone Lied des sich durchgängig drehenden Windrads in derselben Szene in einigen Momenten dramaturgischer Handlungsverdichtung vollkommen von der Tonspur getilgt.

Auch die *Sprache* kann als Geräusch zur atmosphärischen Grundierung bestimmter Handlungsinhalte bezeichnet werden. Gewiss ist dies ein besonderes, mit vielschichtigen Informationsaufgaben ausgestattetes Geräusch, welches mit der Frage »Wer spricht was wie?« analytisch erfasst werden kann. *Sender*, *Sprechinhalt* und *-modus* sind wesentliche Kategorien auditiver Sprachbetrachtung. Ob der Sprecher in der filmischen Gegenwart agiert oder aus einer anderen Raum-Zeit-Ebene, z. B. als Erzähler, als sprachliches Erinnerungsmotiv innerhalb eines Tagtraums etc. (zur *On-Off-Differenz* s. Kap. 2.2.2) in diese integriert wird, ist ein erstes Differenzkriterium der Untersuchung. Welche Inhalte auch nicht sichtbarer Handlungsbereiche vom Sprecher präsentiert werden, ein zweites. Schließlich ist von Interesse, wie, in welcher Sprache, Haltung und mit welcher Emotion der Sprechende seinen Inhalt äußert. Denn der Einsatz von Sprache macht neben dem inhaltlichen Informationswert – der auch in die Irre führen kann – immer auch Aussagen über den Sprecher selbst. Stimmlage, Sprechweise, Wortschatz, soziale und geografische Sprachfärbung charakterisieren die Figur ebenso wie eine in der Figur angelegte Haltung zu ironischer Distanznahme oder braver Aufrichtigkeit, zu heißblütiger Extrovertiertheit oder stoischer Gelassenheit. Die lakonische Reduktion, mit der die Charles-Bronson-Figur zu Beginn von *Spiel mir das Lied vom Tod* den drei Desperados mitteilt, dass sie **zwei Pferde zu viel** dabei hätten, charakterisiert ihn als ironisch distanzierten Mann der Tat, als grundsätzlich wortkargen Westerner und macht zugleich deutlich, dass der lange aufgeschobene Showdown nun unmittelbar bevorsteht. Der Vollständigkeit halber muss noch betont werden, dass Sprache auch in Form von Schriftzeichen in den Film integriert werden kann. Da Grapheme selbst aber lautlos sind, ist ihre Entzifferung oder Lautwerdung Aufgabe des Sehers und also ein Untersuchungsauftrag der visuellen Analyse.

Letztlich gilt die *Musik* als wichtige atmosphärische und kommentierende auditive Instanz in den Händen der Produzenten. Dieses Gestaltungselement ist notwendigerweise eines der Postproduktion. Äußerst selten liegt zum Zeitpunkt der Dreharbeiten eine komponierte musikalische Motivkette vor, auf die die Darsteller im Produktionsprozess unmittelbar reagieren können.[30] In der Regel erfolgt diese Reaktion musikalisch, also durch den Komponisten oder Regisseur auf den bereits geschnittenen Film. Dabei kann dann das ganze Spektrum musikalischer Intervention eingesetzt werden. Musik kann audiovisuelle Inhalte *illustrierend* unterstützen oder *kommentierend* erweitern: Stimmungen, dramaturgische Emotionen und Handlungsentwicklungen sowie psychische Empfindungen bestimmter Figuren hervorzuheben oder konterkarierend zu hinterfragen, ist Wirkungsauftrag der musikalischen Gestaltung. Manche Handlungsbereiche oder Figuren können dabei leitmotivisch, demnach wiederkehrend, musikalisch generiert werden. Auch musikalische Effekte (Berühmtheit beanspruchen die »Streicherdolche« von *Bernard Herrmann* in *Hitchcocks* PSYCHO) oder Pointen (z. B. ein Trommelwirbel beim Auftritt einer Figur) gehören mit zum Repertoire der Musikgestaltung.

Filmmusik als das älteste auditive Gestaltungselement des Mediums überhaupt – denn bereits die Stummfilme wurden musikalisch unterstützt projiziert – ist demzufolge entscheidend für die Interpretation der visuellen, sprachlichen und narrativen Informationen des Films. Erzähldramaturgische Kategorien wie Räume, Figuren und Handlungssituationen wirken immer auch durch den ihnen zugeordneten musikalischen Kode, weshalb dieses rezeptiv auswirkungsstarke Element eine besondere Beachtung verdient.

2.2.2 Ton-Bild-Montage

Das audiovisuelle Kontinuum des Films, dies wird in Kap. 2.2.1 deutlich, ist auch im Fall konzentrierter auditiver Quellenanalyse immer präsent. Den Informationen der Tonebene mag auf der Bildebene entsprochen werden oder nicht, nie aber ist bei Zielsetzung der vollständigen Dechiffrierung des Superzeichens die eine Sinnebene ohne die andere aussagekräftig genug. Ton und Bild sind eine Einheit und gehen Beziehungen miteinander ein, die mit dem Bild der Scherenbewegung stimmig verdeutlicht werden können. Jene *Ton-Bild-Schere* ist nämlich geöffnet (unterschiedlicher Bedeutungstransport der Sinnebenen) oder geschlossen (parallele Bedeutungen) und beides hat natürlich Auswirkungen auf die jeweilige Rezeption. Es ist klar und durch die Scherenmetapher bereits überdeutlich markiert, dass hier erneut ein Montageelement zur Anwendung gelangt: Die Verknüpfungen von Ton und Bild sind der zweite Wirkungsbereich jenes Gestaltungselements und im Vergleich zur rein visuellen Montage eines, das den ganzen Zeichenkorpus des Films umfasst.

Jene audiovisuelle ›Scherenbewegung‹ hat der Filmtheoretiker Siegfried Kracauer in **vier Typen der Synchronisierung**[31] unterteilt. Grundlage seiner Typisierung sind die zwei Arten der Ton-Bild-Relation: das *räumlich-zeitliche* und das *semantische* Verhältnis der beiden Informationsfelder. Bei der Raum-Zeit-Relation von Ton und Bild ist entscheidend, ob die Tonquelle im Bild zu sehen ist oder nicht. Ist die Tonquelle sichtbar, liegt *Synchronität* (*ON* the screen-Ton), ist sie nicht sichtbar, *Asynchronität* (*Off* the screen-Ton) vor. Die semantische Relation dagegen wird in *parallele* Entsprechung und *kontrapunktische* Differenz von Bild- und Toninformation unterschieden. Aus diesen vier Grundbedingungen formt nun Kracauer feste Typen, indem er räumlich-zeitliche mit semantischen Parametern vereint. So ist eine *synchron-parallele Ton-Bild-Montage* die weitgehend übliche Gestaltungsform der Figurendarstellung (Realismusillusion). Der Sprecher ist im Bild zu sehen, und was er sagt, entspricht seinen mimischen und gestischen Aktivitäten und den Reaktionen seiner Zuhörer. Nicht immer gilt für den Einsatz der Tonquellen das Synchronitätsprinzip, der überwiegende Anteil der Filmmusik ist sogar eher im Typus der *asynchron-parallelen Ton-Bild-Montage* zu verorten. Geräuschatmosphäre, Erzähler aus dem Off wie z. B. Forrest Gump im gleichnamigen Film, aber auch Abbildungen des zuhörenden Gesprächspartners in einer Dialogszene (Schuss-Gegenschuss) können hier ebenso subsumiert werden, immer vorausgesetzt, dass das gesprochene Wort, die begleitende Musik oder die Geräuschkulisse der visuell vermittelten Information weitgehend entspricht.

Besonders interessant, weil mit ambivalenten Sinneseindrücken operierend, sind die *kontrapunktischen Ton-Bild-Montagen*. Die Ton-Bild-Schere wird hier nun – gelegentlich weit – geöffnet und der so offenbarte semantische Widerspruch der Sinnesansprache muss vom Rezipienten entschlüsselt werden. Wenn Off-Erzähler Forrest Gump z. B. seine Freundin *Jenny*, deren Absturz zur Striptease-Tänzerin für den Zuschauer längst ersichtlich ist, als **Folk-Sängerin**, die ihren **Traum wahr** gemacht hat, bezeichnet (FG 34:38 – 36:30), ist das neben dem Verweis auf das kindliche Gemüt des Erzählers auch ein Element des verfremdeten Erzählens, weshalb dieser Film in der literarischen Tradition des Schelmenromans betrachtet werden kann. Äußerungen des Erzählers sind somit stets zu hinterfragen, mit den Bildinformationen abzugleichen und letztere vermitteln andere Wirklichkeiten als der naive Erzählerbericht. Dass *Forrests* Verzerrungen der Realität jedoch immer auch tiefe Erkenntnisse zeitigen, ist die satirische Textabsicht und gattungsspezifische Fähigkeit des Schelms und kann bzw. muss vom aufmerksamen Rezipienten aus der durch die Narration erzwungenen *asynchron-kontrapunktischen* Distanz erfasst werden.

Abb. 89 – 97: Rauschende Fotos – Parallelität oder Kontrapunkt?

Ein faszinierender Grenzfall zwischen Parallelität und Kontrapunktik, zwischen Figureneinfühlung und distanzierter Analyse, ist das Rauschen des Windes in *Antonionis Blow-Up* (Abb. 89 – 97, BU 1:04:40 – 1:05:42): Als der junge Fotograf nach fieberhafter Arbeit seine Fotovergrößerungen um sich versammelt (89, 97), wird die von ihm rekonstruierte Mordgeschichte in Bildern Stück für Stück von der Kamera eingefangen (90 – 96). Während dieser Fotostrecke im Film hört der Zuschauer den Wind durch die Bäume des Parks rauschen, in dem die Fotos aufgenommen wurden. Die *asynchrone* Geräusch-Bild-Verknüpfung kann nun einerseits als Innensicht des Protagonisten rezipiert werden, was auf der semantischen Ebene eine *Parallelität* der Bild-Ton-Korrespondenz im Sinne von gedanklicher Assoziation der Originalatmosphäre bei Betrachtung der fotografischen Reproduktion nahe legt. Andererseits kann die Inszenierung auch als Zusammenfassung der Handlung durch den Autor resp. einen auktorialen Erzähler verstanden werden. In diesem Fall wäre der Wind als *Kontrapunkt* zur Bildinformation zu interpretieren – denn in einem Fotostudio rascheln keine Bäume – und also ein Hinweis auf die Verschmelzung von Sein und Schein, Wirklichkeit und Fantasie, auf die Ambivalenz zwischen der Wahrnehmung und deren Interpretation. Bei kontrapunktischer Lesart liegt demnach ein formaler Autorenhinweis auf den philosophischen Überbau und Konflikt des Films vor, was dann spätestens an diesem Wendepunkt des Textes vom distanzierten Zuschauer erkannt wird und seine weitere Rezeption des Films entscheidend beeinflusst.

Dass *Antonionis* Ton-Bild-Montage beide Lesarten ermöglicht, sowohl die Empathie förderliche parallele als auch die kritisch-analytische des Kontrapunkts, ist ein Konzeptionsdetail zur Verdeutlichung der ausgewogenen Wirkungsmischung dieser intellektuellen Unterhaltung, was eben auch den großen Erfolg dieses Kunstfilms beim damaligen Publikum der Prä-68er-Ära sowie seine nach wie vor ungebrochene Anziehungskraft bis heute erklären kann.

2.3 Analyse unterstützende Materialien

Die in Kap. 2.1 und 2.2 vorgestellten audiovisuellen Gestaltungsfaktoren sind das sprachliche Fundament filmanalytischer Arbeit. Formen der Darbietung auf der Bild- und Tonebene des Filmtexts sind zu entlarven, ihre Beziehungen und Auswirkungen zu klären sowie die daraus entstehenden erzähldramaturgischen Funktionen (Kap. 3) für den Gesamttext zu erarbeiten.

Zur Erarbeitung und Erläuterung dieser inhärenten Faktoren einer Filmanalyse können eine ganze Reihe externer Materialien hinzugezogen werden, die sowohl die Textuntersuchung selbst ergänzen als auch die Gestaltung von Schülerreaktionen auf den Text und seine Ästhetik ermöglichen. Verschiedene Analyse unterstützende Texte, teils der Film-Vorproduktionsphase entnommen, teils eigenverantwortlich im Rahmen des jeweiligen Interesseschwerpunkts erstellt, ermöglichen Einblicke in Produktion, Rezeption und nicht zuletzt in Formen der sprachlichen Transformation filmischer Strukturen.

Texte der Vorproduktionsphase sind Exposé, Treatment, Drehbuch und gegebenenfalls Storyboard. Beim *Exposé* handelt es sich um einen Prosatext, der die wichtigsten Bereiche der Dramaturgie (Grundidee, Genre[s], Figuren, Konflikt, grobe Handlung) auf wenigen Seiten zusammenfasst. Ausführlicher, die Handlung bereits chronologisch in den filmischen Ablauf bringend, ist das *Treatment* gestaltet. Auf ca. dreißig Seiten werden die Filmerzählung, demnach der ›Blick der Kamera‹, und auch die Figuren(-motive) schriftlich fixiert. Im nächsten Schritt, dem *Drehbuch*, werden dann – nach dem Prinzip: Eine Drehbuchseite entspricht einer Filmminute – alle Handlungsbereiche in fester Plot-Reihenfolge durchnummeriert und mit Angaben zu Handlungsorten, Tageszeit, beteiligten Figuren, wichtigen Re-

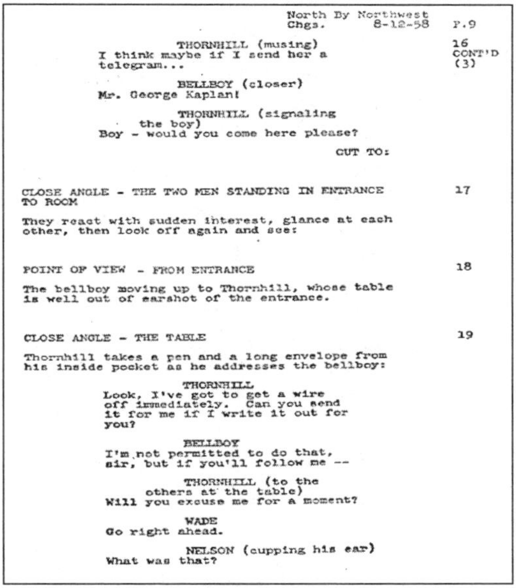

North By Northwest
Chgs. 8-12-58 P.9

THORNHILL (musing) 16
I think maybe if I send her a CONT'D
telegram... (3)

BELLBOY (closer)
Mr. George Kaplan!

THORNHILL (signaling
the boy)
Boy - would you come here please?

CUT TO:

CLOSE ANGLE - THE TWO MEN STANDING IN ENTRANCE 17
TO ROOM

They react with sudden interest, glance at each
other, then look off again and see:

POINT OF VIEW - FROM ENTRANCE 18

The bellboy moving up to Thornhill, whose table
is well out of earshot of the entrance.

CLOSE ANGLE - THE TABLE 19

Thornhill takes a pen and a long envelope from
his inside pocket as he addresses the bellboy:

THORNHILL
Look, I've got to get a wire
off immediately. Can you send
it for me if I write it out for
you?

BELLBOY
I'm not permitted to do that,
sir, but if you'll follow me --

THORNHILL (to the
others at the table)
Will you excuse me for a moment?

WADE
Go right ahead.

NELSON (cupping his ear)
What was that?

Abb. 98: Drehbuchseite aus *DER UNSICHTBARE DRITTE* (Lehman 1958)

quisiten, inhaltlicher Gestaltung (Regieanweisung), Dialogen, evtl. auch zur Kameraführung und zum Tonbereichen versehen (Abb. 98).

Das *Storyboard* schließlich ist ein ›Drehbuch‹ für die Kamera, in dem in Art und Weise eines Comics jede Einstellung bezüglich Größe, Perspektive, Achsenverhältnis und Kamerabewegung gezeichnet wird, was neben der spezifischen Kameraarbeit natürlich auch die Szenenmontage verdeutlicht (Abb. 99).

Diese Texte können die Analyse des filmischen Primärtextes unterstützen und als Formen literarischer Filmantizipation vom Lernenden und Rezipienten genutzt, gelegentlich in einer Form des Zurückschreitens gar erst erstellt werden. Der Rezipient ist dann auch entscheidend, wenn *Rezeptionsdokumente* zur Analyse herangezogen werden. Rezensionen, Filmkritiken, das Buch zum Film, evtl. Erhebungen bezüglich des Zuschauerzuspruchs oder der Publikumsstruktur können hier hilfreich sein. In diesem Kontext sind auch *Inter-* und *Paratexte* wie Trailer, Texte vom/über den Autor (Interviews, Essays, Biographien, Werkanalysen etc.), filmgeschichtliche Texte, Genreanalysen usw. mögliche und erhellende Vertiefungsmaßnahmen.

Beim Einsatz von *Filmprotokollen* übernimmt der Rezipient schließlich Aufgaben eines transkribierenden Berichterstatters des Films bzw. von Filmteilen. Filmprotokolle sind im didaktischen Bereich eine bevorzugte

Abb. 99: Storyboard zu *Lola rennt* (Tykwer 2003, 132)

Form der Wahrnehmungsfixierung und -strukturierung und de facto Instrumente wissenschaftlicher Filmanalyse. Diese Transkriptionen erfassen Mikro- und Makrostruktur des Films und trotz großer Innovationsfreude in diesem Sektor[32] haben sich insbesondere zwei Protokollformen zu Standards der Analyse unterstützenden Filmarbeit entwickelt. Beim *Einstellungsprotokoll* (Abb. 100) werden die Einstellungen einer Szene oder Sequenz durchnummeriert und zeitlich fixiert. Neben der Beschreibung des Einstellungsinhalts kann die Einstellung selbst als Bildinformation Teil des Protokolls sein, muss es aber nicht. Unbedingt jedoch zu protokollieren sind die wesentlichen Kamerakodes (Größe, Perspektive, Achsenverhältnis, Bewegung) und die Tongestaltung (Dialog, Geräusche, Musik) der jeweiligen Einstellung.

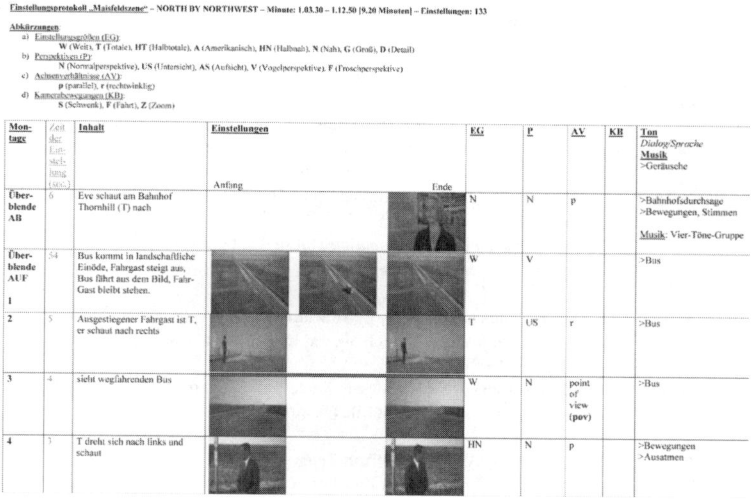

Einstellungsprotokoll „Maisfeldszene" – NORTH BY NORTHWEST – Minute: 1.03.30 – 1.12.50 [9.20 Minuten] – Einstellungen: 133

Abkürzungen:

a) Einstellungsgrößen (EG):
W (Weit), T (Totale), HT (Halbtotale), A (Amerikanisch), HN (Halbnah), N (Nah), G (Groß), D (Detail)

b) Perspektiven (P):
N (Normalperspektive), US (Untersicht), AS (Aufsicht), V (Vogelperspektive), F (Froschperspektive)

c) Achsenverhältnisse (AV):
p (parallel), r (rechtwinklig)

d) Kamerabewegungen (KB):
S (Schwenk), F (Fahrt), Z (Zoom)

Montage	Zeit der Einstellung (sec.)	Inhalt	Einstellungen Anfang … Ende	EG	P	AV	KB	Ton *Dialog/Sprache* Musik >Geräusche
Überblende AB	6	Eve schaut am Bahnhof Thornhill (T) nach		N	N	p		>Bahnhofsdurchsage >Bewegungen, Stimmen Musik: Vier-Töne-Gruppe
Überblende AUF 1	54	Bus kommt in landschaftliche Einöde, Fahrgast steigt aus, Bus fährt aus dem Bild, Fahr-Gast bleibt stehen.		W	V			>Bus
2	5	Ausgestiegener Fahrgast ist T, er schaut nach rechts		T	US	r		>Bus
3	4	sieht wegfahrenden Bus		W	N	point of view (pov)		>Bus
4	3	T dreht sich nach links und schaut		HN	N	p		>Bewegungen >Ausatmen

Abb. 100: Einstellungsprotokoll (Auszug) zur »*Maisfeldszene*« in *Der unsichtbare Dritte* (Kammerer 2009)

Wird beim Einstellungsprotokoll die Mikrostruktur des Films untersucht, so gibt das *Sequenzprotokoll* einen Überblick über den gesamten Film (Abb. 101). Der Protokollant unterteilt den Handlungsablauf in Sequenzen, also in zusammenhängende, zumeist Zeit und Raum variierende Handlungseinheiten, diese wiederum in Subsequenzen, formuliert dann die jeweilige zeitliche Dauer und einige inhaltliche Details (Ort, Figuren, Haupthandlungen). Ein Sequenzprotokoll dient mehr der groben erzähldramaturgischen Orientierung des Analytikers und ermöglicht ihm als makroskopische Gesamtsicht die Filmorganisation ›auf einen Blick‹. *Korte* spricht demzufolge von der **Minimalvoraussetzung für eine wissenschaftliche Analyse**[33] und fordert grundsätzlich die Anfertigung eines solchen Protokolls bei anvisierter Filmanalyse. Es ist wohl eher eine Frage des Analyseinteresses oder Schwerpunkts der Untersuchung, ob und wie umfangreich mit Protokollformen gearbeitet wird resp. werden muss. Und dennoch ist festzuhalten, dass die Anfertigung eines Einstellungsprotokolls zum einen durch das Handeln selbst die Terminologie der Filmästhetik und deren Anwendung übend schult, zum anderen im Sinne der Analyseperspektive trennscharfes und detailgenaues Sehen und Hören vom Rezipienten bei der Protokollierung kontinuierlich einfordert. Filmanalytische Schulung kann auf diesen doppelten Protokoll-Effekt kaum begründet verzichten.

Speziell das Einstellungsprotokoll kann dem Handelnden als vorbereiteter Computertext zur Verfügung gestellt werden. Wie überhaupt die

Min.Sek.	*Sequenzen/Teilsequenzen*
00.00	Titelvorspann
01.24	**Sequenz 1: Exposition**
01.24	*London*; „Swinging Sixties": Pantomimengruppe und Fotograf Thomas
04.54	*Fotostudio*; Thomas (Models, Maler Bill, dessen Freundin Patricia, zwei Mädchen): Mode – Kunst- und Kommerzirrealitäten
22.56	*Park*; Thomas, Liebespaar (Jane und älterer Herr): Heimliche Aufnahmen der Wirklichkeit
30.46	*Antiquitätenladen/London/Restaurant/Fotostudio*; Geschäfte Thomas' (Ladenbesitzerin, Agent Ron, Jane)
55.46	**Sequenz 2: Reproduktion der Wirklichkeit**
55.46	*Fotostudio*; Thomas entwickelt Film, vergrößert Bilder, antizipiert Kontext (Mord verhindert?)
66.40	*Fotostudio*; Thomas, zwei Mädchen: Mode, pubertäre Spiele und Striptease
74.14	*Fotostudio*; Thomas vergrößert Bild (Mord?)
77.04	**Sequenz 3: Die „Wirklichkeit" als Zeuge**
77.04	*Park bei Nacht*; Thomas (ohne Kamera) steht vor dem Toten
79.57	*Fotostudio/bei Bill*; Thomas (Bill, Patricia) ist nervös, faszinierter Voyeur des Beischlafs von Bill und Patricia, bemerkt Einbruch im Fotostudio; Gespräch mit Patricia über das zurückgelassene ‚aufgeblasene' Einzelbild („Sieht aus, als ob Bill es gemalt hätte."), Telefonat mit Ron
88.26	**Sequenz 4: Die Suche nach der (Er-)Lösung**
88.26	*London/im Musikclub*; Thomas findet über labyrinthische Wege zum Konzert der Yardbirds, sichert sich den Gitarrenhals als Trophäe und wirft ihn kurz darauf weg
93.35	*Bei Ron*; Thomas, Ron: berauschter Ron versteht Thomas' Anliegen nicht – Thomas, aufwachend am nächsten Morgen, geht in den …
98.59	**Sequenz 5: Die Wirklichkeit als Spiel**
98.59	*Park*; Thomas (mit Kamera) findet den Toten nicht wieder
101.43	*Park*; Pantomimengruppe, Thomas: Tennisspiel-Pantomime
106.21	**Ende**

Abb. 101: Sequenzprotokoll *Blow-up*

Hypertext ermöglichende Plattform des *Computers* viele Angebote zu produktionsorientierter Analysearbeit bereithält. Neben der leicht zu wiederholenden *Primärtextrezeption* können verschiedene Software-Angebote als Analyse unterstützende Materialien eingesetzt werden. Ob nun *Einzelbilder* extrahiert und bearbeitet (DVD-Software, Fotobearbeitung), *Filmszenen* aus dem Film gelöst oder aus unterschiedlichem Material neu erstellt (Schnittprogramm) oder interessante *Text-Bild-Film-Strukturen* (z. B. PowerPoint) gestaltet werden, der Nutzen des Computers für eine medienspezifische Analyse ist leicht ersichtlich und muss daher nicht en detail erläutert werden.

3 Erzähldramaturgie: Kategorien filmischen Erzählens

Spielfilme erzählen Geschichten, und sie leisten dies auf unterschiedliche Weise, indem sie sich medienspezifischer als auch medienunabhängiger Verfahren des Erzählens bedienen. Grundlegend für alle Erzählungen sind die beiden Ebenen der Handlung bzw. des Geschehens (das »Was«), also die Ebene der Mimesis, sowie der Darstellung (das »Wie«), also die Ebene der Diegese – beide sind auf spezifische Weise miteinander verknüpft und daher nur im heuristischen Sinne hier als getrennte Kategorien aufzuführen. Handlung als chronologisch in einer Verbindung stehende und vor allem motivierte Abfolge von Ereignissen, Vorgängen und Zuständen kann kausal, final oder kompositorisch motiviert sein. Bei der kausalen Verknüpfung muss ein Zusammenhang der einzelnen Elemente nach dem Prinzip Ursache – Wirkung erkennbar sein, was sicherlich eine der häufigsten Verknüpfungen darstellt. Darunter sind auch solche Ereignisse zu subsumieren, die bei ihrem Eintreten (in die Geschichte) zufällig, mit den bekannten Regeln zunächst als nicht erklärbare einzustufen sind, später jedoch, möglicherweise erst am Ende der Geschichte, eine kausale Erklärung zulassen. Von finaler Motivation ist vor allem in älteren Erzählungen, etwa im Epos oder auch im Märchen, zu sprechen, wenn eine höhere, etwa eine göttliche, Instanz den Gang der Handlung maßgeblich bestimmt, wie dies beispielsweise durch Beschluss der Götter, durch Orakelspruch oder Weissagungen in der *Ilias* oder in den Artus-Epen häufig der Fall ist. Bei der kompositorischen Motivation sind die einzelnen Geschehnisse, Vorgänge und Zustände nicht in der oben beschriebenen Weise miteinander verknüpft, indem sie *unmittelbar* zum Fortgang der Handlung beitragen, sondern auf einer Meta-Ebene, auf der Ebene der Bedeutung.[34]

Jede Handlung ist bestimmt von einer Ausgangssituation, aus der sich eine Komplikation und daraus eine Auflösung entwickelt. Träger der Handlung sind Figuren, die, je nach ihrem Stellenwert innerhalb einer Geschichte, in einer groben Unterteilung als Helden, Gegenspieler oder Helfer einzustufen sind. (Mit-)Entscheidend für den Fortgang der Geschichte sind die Komplexität der einzelnen Figuren – sind es beispielsweise mehrdimensionale, widersprüchliche Figuren oder eher einfache, widerspruchsfreie –, zum anderen die Wandlung bzw. Nichtwandlung einer bzw. mehrerer Figuren im Verlauf der Handlung sowie schließlich die Dimensionen der Figurenmerkmale, d. h., der äußeren, inneren und sozialen Merkmale. Eingebettet sind Handlung und Figuren in ein Zeitkontinuum sowie in Räume und deren

Wechsel, die konstitutiv für das Agieren der Figuren sind. Die Kategorie der Handlung impliziert indes nicht nur Ereignisse, die durch das Agieren der Figuren initiiert und vorangetrieben werden, sondern auch Elemente des Vorgangs (etwa ein Wirbelsturm) und Zustands (beispielsweise eine steil abfallende, serpentinenreiche Straße), die eine Reaktion der Figur bzw. Figuren im Sinne des Agierens erfordern bzw. ermöglichen. Solche Vorgänge und Zustände sind für narrative Texte häufig konstitutiv, da sie die zu erzählende Geschichte auslösen, vorantreiben, erklären oder auch anreichern bzw. ihrer Entwicklung eine andere Wendung geben (können).

Dies alles sind Beschreibungen für medienunabhängige Faktoren und haben daher Gültigkeit sowohl in dramatischen, in epischen als auch in filmischen Texten. Darüber hinaus ist es plausibel, an dieser Stelle auf die dritte »Naturform« der Poesie, die Lyrik, hinzuweisen, wie es einige Filmwissenschaftler in filmtheoretischen und -analytischen Texten unternehmen, u. a. mit Verweisen auf die Poesie von Bildern, die metaphorische Verflechtung von bestimmten Bild-, Farb- und Raumelementen und vor allem auf die im Zusammenspiel mit der Musik, aber auch mit bestimmten Schnittfolgen und -mustern erkennbare Rhythmisierung von Bilderfolgen bis hin zu Transformationen von lyrischen Texten in das Medium Film. Bei allen berechtigten Hinweisen auf medienunabhängige Faktoren und Strukturen, die dem Spielfilm ebenso eigen sind wie den traditionellen sprachbasierten Gattungen, darf nicht übersehen werden, dass der Film zum einen gewiss ein Gattungsmix aus lyrischen, dramatischen und vor allem epischen Dimensionen darstellt, dass er zum anderen aber auch eine dem visuellen Symbolsystem eigene, andere Art des Erzählens und ebenso des Dramatisierens und Poetisierens von Geschichten verfolgt.

(Rein) Schriftsprachliche Erzählungen müssen und können nur im arbiträren Zeichensystem ihre Informationen kommunizieren. Im Unterschied dazu bedient sich der Spielfilm sowohl des arbiträren Zeichensystems – verwiesen sei hier etwa auf die Figurenrede, aber auch auf Inserts, Off-Kommentar sowie auf alle Gegenstände, die in den Filmbildern als mit Schriftzeichen versehene auftauchen, von der Speisekarte über das Ortsschild bis zu eingeblendeten Zeitungsschlagzeilen u. v. m. – als auch der motivierten Zeichen, die eindeutig die Leitfunktion übernehmen; hinzu kommen, jenseits des Gesprochenen, die akustischen Zeichen, so dass Filmzeichen gewissermaßen multimediale Komplexzeichen sind (s. a. Kap. 1.2 u. Abb. 16). Während daher die sprachliche Beschreibung einer Handlung nicht sie selbst ist, ebenso wenig wie die sie bestimmenden Figuren und Räume, sondern als vermittelte, als realitätsillusionierende etwas lediglich bezeichnet, dabei etwas Nichtsprachliches (beispielsweise einen Baum, einen PKW) in etwas Sprachliches verwandeln muss und lediglich sprachliche Äußerungen (nämlich die Figurenrede) direkt abbilden kann, bedient sich die filmische Beschreibung der unmittelbaren mimetischen Darstellung der Figuren, Räume und Gegenstände.

3.1 Zeigen und Verbergen: die Bühne

Vor allem in der frühen Filmtheorie ist daher immer wieder die Nähe des Films zum Drama betont worden, da die Gegenwärtigkeit und Unmittelbarkeit des Zeigens eine prägnante Parallele sei und der Film – hier war vor allem der Stummfilm Stichwortgeber – die dramatisch-theatralische Wirkung, etwa durch entsprechende Aufnahme-Techniken, sogar noch steigere. Dennoch: Im Unterschied zum Drama auf der Bühne ist eben diese Gegenwärtigkeit in ihrer Ganzheit und ihrer während eines Stückes gleichbleibenden Entfernung vom bzw. Nähe zum Rezipienten aufgelöst: Die filmische Bühne lebt gerade vom ständigen, nur einen Augenlidschlag in Anspruch nehmenden Wechsel ihrer Beschaffenheiten und Dimensionen und vermittelt über die verschiedenen Kameraeinstellungen ständig neue, eben wechselnde Sichten auf ihre Figuren, Gegenstände, auf den Raum, der zudem als filmischer Bühnenraum prinzipiell unbegrenzt ist. Die prinzipielle räumliche Unbegrenztheit, die Möglichkeit der beliebig häufigen Orts- und auch Zeitwechsel, gewissermaßen die Unbegrenztheit der erzählten Welt, bedingen eine Verwandtschaft des Films mit epischen Texten, insbesondere mit dem Roman. Der sich ständig ändernde Bildausschnitt, der vor allem in den Extremen der Weit- bzw. Detail-Einstellung etwas sichtbar machen kann, das dem gewöhnlichen Blick verborgen bleibt, zwingt die Aufmerksamkeit des Rezipienten vehement auf den jeweiligen »Punkt«, auf die gewählte Kadrierung. Gleichzeitig ist der Zuschauer immer wieder dazu aufgefordert, den Off-Raum zu konstruieren und so auch das mit zu sehen bzw. wahrzunehmen, was außerhalb des Frame sich gerade ereignet bzw. ereignet hat oder sich gleich ereignen wird. Insofern ist die Ausschnitthaftigkeit, das Framing der Bilder, immer auch ein Verweis auf die Erfordernis bzw. Möglichkeit einer doppelten Wahrnehmung durch den Rezipienten: Er muss immer wieder gewärtig sein, dass ihm die Bilder u. U., mal länger, mal kürzer, mehr verbergen, als sie zeigen bzw. aussagen. Was im Drama etwa mittels der Teichoskopie diesem Verbergen ähnelt, gleichwohl jedoch sprachlich »sichtbar« gemacht und nur sparsam und in wenigen Stücken eingesetzt wird, ist absolut konstitutiv für fast jeden Film, der gerade daraus u. a. ein großes, der Mehrheit der Zuschauer im Akt des Betrachtens zumeist kaum bewusst werdendes, Potenzial des Ausagierens von Fantasie, Emotion und analytischer Kombinatorik zieht.

So lebt beispielsweise die Eröffnungsszene in *Spiel mir das Lied vom Tod* (s. Kap. 1, Abb. 5 – 9) geradezu von der Kombinatorik des Zeigens und

Verbergens und von der Präsentation der Bühne des Geschehens im schnellen und häufigen Wechsel von Ganzheit und extrem engem Ausschnitt: Die erste Einstellung (Abb. 5) zeigt mit Blick auf eine sich wie von unsichtbarer Hand mit quietschendem Geräusch öffnende Tür wenige Sekunden lang einen Ausschnitt des Bühnenraums Bahnhof; nach einem Schnitt kommt die Hand des Bahnhofsvorstehers ins Bild, die sich angesichts des (gehörten) Geräusches beim Schreiben auf der Schiefertafel verlangsamt (6a); der darauf einsetzende langsame Zoom rückwärts mit minimalem horizontalem Schwenk macht das Neugierde, vor allem aber Angst ausstrahlende Gesicht dieses alten Mannes in Groß- bis Nahaufnahme ansichtig, der sich zur Kamera wendet und zur für den Zuschauer nicht mehr sichtbaren Tür blickt (6b). Etwas Überraschendes und Bedrohliches baut sich – für den Zuschauer (noch) nicht sichtbar – auf, was sich nach dem Schnitt auf die nächste Einstellung, wiederum in der Kombination von Sichtbarem und Nicht-Sichtbarem, intensiviert: Beinahe unerträglich langsam schwenkt die Kamera in Großaufnahme hoch vom Sporen bewehrten, die Tür mit der Hacke zuschlagenden Stiefel (7a) einer (unbekannten) Person, über deren Bein, über die Hüfte mit der großkalibrigen den Bildrahmen überschreitenden Waffe (7b), den Oberkörper hoch, um schließlich, in leichter Untersicht, beim unbeweglich-maskenhaft erscheinenden Gesicht mit zwei kalt blickenden Augen stehen zu bleiben (7c). Dieser verächtliche Blick gilt – so legt es die Logik des Geschehens dem Rezipienten nahe – dem alten, gebrechlichen Bahnhofsmenschen, der wohl Todesängste ausstehen muss, was sich nach dem Schnitt bei der nächsten Einstellung weitgehend bestätigt. Aus diesen und mehreren nachfolgenden, auch mittels der Einstellungsgrößen forcierten extrem anmutenden Wechseln bzw. aus diesem Zusammenspiel von Zeigen und Verbergen schöpft die insgesamt für einen Western eher unspektakuläre Handlung der Szene ihr Spannungspotenzial. Auch die mehrere Male, allerdings nur für wenige Sekunden, sichtbare Ganzheit der Bühne (9) tritt immer wieder hinter den Fokus auf die einzuführenden Figuren zurück – unerbittlich führt die Kamera den Blick des Zuschauers in die intime Nähe der Figuren und weg vom Raum in seiner Spielhandlungs-Dimension, was sich allerdings wenig später entschieden ändern wird.

Dann erst, nach mehreren Einstellungen bzw. Schnitten, nachdem drei für die erste Sequenz bedeutsame Protagonisten vorgestellt wurden, wird dem Zuschauer der (Ein-)Blick in die ganze Bühne sukzessive mittels mehrerer Panorama-Einstellungen gewährt: Er erkennt die Beschaffenheit als gottverlassene, vom Zerfall und von Eintönigkeit bestimmte Lokalität einer einsamen Bahnstation am Schienenstrang, der sich im Irgendwo am Horizont zu verlieren scheint. Diese Eintönigkeit und Einsamkeit, akustisch im nervig quietschenden Windrad, das längere Zeit für den Rezipienten als Geräuschursache unsichtbar bleibt, nachdrücklich unterstrichen, werden als prägende Ingredienzen dieses gesamten Bühnenraums der ersten Sequenz dem Zuschauer erst allmählich sichtbar gemacht. Zugleich, und dies erscheint im Hinblick auf das Genre Western nicht unerheblich, ist schon innerhalb dieser ersten Sequenz, was den Handlungsraum anbelangt, das variierende Spiel *Sergio Leones* mit Genrekonventionen erkennbar, die aus vielen (klassischen) Western bekannt sind und möglicherweise vom Zuschauer auch erwartet werden: Häufig ist die Eröffnungseinstellung, der *Establishing Shot*, mittels einer Weit-Einstellung der erzählerische Hinweis auf die unendliche Weite und auch Bedeutsamkeit der Landschaft des Wilden Westens, aus der der Protagonist der Geschichte auftaucht, in der er am Ende auch wieder verschwinden wird. Diese Landschaft erscheint oft schön und anmutig, häufig aber auch feindlich und bedrohlich, immer jedoch (über-)mächtig und lässt in vielerlei Varianten das Spannungsverhältnis zwischen Freiheit und Domestizierung, zwischen Ursprünglichkeit und Zivilisation augenscheinlich werden, in dem der Westerner lebt und an dem er auch zugrunde gehen kann. Insofern ist schon die Dramaturgie des elenden Bühnenraums in der Eröffnungssequenz von *Spiel mir das Lied vom Tod* ein erster Hinweis darauf, dass in diesem Western mit der für das Genre gewohnten »Überhöhung« der Landschaft eher parodistisch umgegangen und der Zuschauer im weiteren Verlauf des Films möglicherweise einen (ironischen) Abgesang auf den Western sehen wird.

3.2 Wer erzählt den Film?

Eine der grundlegenden Kommunikationssituationen epischer Texte ist – und dies gilt als entscheidendes Unterscheidungsmerkmal zu den meisten dramatischen Texten bzw. zum Theater – das Vorhandensein eines *vermittelnden* Kommunikationssystems, realisiert in der Instanz des fiktiven Erzählers und seines fiktiven Rezipienten. Diese Erzählinstanz ist verantwortlich für die gesamte Gestaltung des Erzählvorgangs, und die künstlerischen und literarischen Qualitäten eines erzählenden Textes, und damit dessen Wirkung, gehen zum großen Teil auf den bewussten Einsatz dieses vermittelnden Erzählers, auf dessen Fähigkeiten zurück, die zu erzählende Welt auf vielfältige Weise zu gestalten. Im Unterschied dazu benötigt das Drama bzw. das Theater prinzipiell kein vermittelndes Kommunikationssystem, sondern lebt von der Unmittelbarkeit des inneren Kommunikationssystems, realisiert in den dramatischen Figuren und ihren Interaktionen, die dem Rezipienten ebenso unmittelbar präsentiert werden wie die Schauplätze, ihm also sinnlich präsent sind. Jedoch relativieren verschiedene Theaterkonzeptionen der Moderne, spezifisch des 20. Jahrhunderts, diese absolute Tendenz der Unmittelbarkeit: So gibt es beispielsweise in der Konzeption des epischen Theaters *Brechts* eine Reihe von Elementen, die auf eine (zusätzliche) fiktive Instanz innerhalb der Unmittelbarkeit des dramatischen Geschehens hinweisen. Es sind dies alles diejenigen Elemente, die nicht im Modus dramatischer Selbstdarstellung und Figurenrede erscheinen, wie etwa die auf verschiedene Weisen eingeblendeten Informationen zum Inhalt und Kommentare über Szenenabläufe oder auch Publikumsanreden vor dem geschlossenen Vorhang durch einen Erzähler, etwa den Prologsprecher. Aber auch das Agieren des Schauspielers soll das Prinzip des Epischen realisieren: Er zeigt eine Rolle bzw. Figur und verkörpert sie nicht und ist somit gehalten, gewissermaßen zu »erzählen«, dass sich etwas so oder so zutragen könnte bzw. zugetragen habe. Damit erweist sich die traditionelle Unmittelbarkeit des dramatischen Bühnengeschehens als doppelbödig, da es die Ebene der Vermittlung mit einschließt.

Aus dem bisher Erläuterten geht hervor, dass im Film beide Gattungen gewissermaßen vereint sind: Analog zum Theater erscheinen die Schauplätze und miteinander agierenden Figuren dem Rezipienten unmittelbar, als sinnlich wahrnehmbare und müssen nicht in der Vorstellung (re-)konstruiert werden, sie sind, auch akustisch, gegenwärtig. Auch in den Produktionsbedingungen gibt es Parallelen: Wie das Dramaturgiebuch für das Theaterstück ist auch das Drehbuch für den Film eine schriftsprachliche Vorstufe des Endproduktes. Zugleich jedoch ist das dramatische Geschehen im Film nicht ein sich im Hier und Jetzt ereignendes wie im Theater, sondern es hat bereits (am Drehort) stattgefunden und wird auf der Leinwand durch einen Erzählakt audiovisuell repräsentiert. Dazu bedarf es einer vermittelnden Erzählinstanz, die gewissermaßen verbürgt, dass sie an den Orten des Geschehens »anwesend« war und alles, was auf der Leinwand für den Rezipienten sicht- und hörbar ist, gesehen und gehört hat. Die technische Beschaffenheit und sozusagen reale Grundlage dieser Instanz ist die Kamera, mit der die fiktive Erzählinstanz ihre Perspektive und alle weiteren Vorstellungen, was und wie zu erzählen ist, konstruiert. Darin wir deutlich, dass

> **die kinematografischen Abbildungsverfahren [...] als Vermittlungstätigkeit zu kategorisieren [sind], die das dargestellte Geschehen als ein vermitteltes ausweist [...], und im Verhalten der Kamera zum Abgebildeten und in der Organisation von Raum und Zeit durch die Montage artikuliert sich eine dem fiktiven Erzähler wortsprachlicher Texte vergleichbare Vermittlungsinstanz, die das Erzählte aus je subjektivem Blickwinkel und in je spezifischer raumzeitlicher Organisation präsentiert.**[35]

Die besondere Situation des Films, in der Spannung zwischen dem präsentischen Gestus der Bilder, ihrem authentischen, sinnlichen Status, und dem Vergangenheitsgestus des Erzählens eine Geschichte zu präsentieren, macht zwar die Zugehörigkeit zu dramatischen *und* epischen Texten deutlich, rückt ihn jedoch gleichzeitig prinzipiell entschieden an die epischen Gattungen heran. Dies impliziert, dass Filmanalyse mit einer Reihe von Kategorien zu leisten ist, die aus der Erzähltextanalyse stammen, etwa die Kategorien Stimme, Zeit und Modus mit ihren entsprechenden Unterkategorien. Zusammenfassend kann daher festgehalten werden, dass

> ***die narrative Sprechsituation* [...] *sich beim Film in der Abbildung anderer, nämlich dramatischer Sprechsituationen* [*vollzieht*]. Und erst im Akt dieser Abbildung [...] entwickelt die filmische Erzählerinstanz ihre eigene, spezifische Sprache: Distanz, Perspektive oder Bewegungsverhalten der Kamera begründen [...] im Film das, was im sprachlichen Erzähltext die Erzählerrede im Akt der sprachlichen Repräsentation des Erzählten leistet: die Organisation der Beziehung des Erzählers zum Erzählten (Erzählsituation, Perspektivierung, Kommentierung, Zeitstrukturierung etc.).**[36]

Sieht man einmal von der besonderen Form des *Voice Over* (zumeist der Erzählerstimme aus dem Off) ab, muss der Film, im Gegensatz zum sprachlichen Text, prinzipiell jedes Ereignis im Modus dramatischer Selbstdarstellung präsentieren – er muss gewissermaßen alles zeigen, denn ihm fehlt der von Ereignissen *berichtende* Erzähler. Damit sind auch die Verfügungsvarianten des Erzählers, die sprachliche Erzähltexte aufweisen, deutlich reduziert. Dies hat zur Folge, dass die Bedeutung der Erzählsituationen des Films gegenüber dem sprachlichen Text geringer, gleichwohl für die Erzähldramaturgie nicht völlig ohne Folgen ist.

Waren es in den Filmen der Stummfilmzeit die mehr oder weniger zahlreichen Zwischentitel, so ist in der Geschichte des Tonfilms die markanteste Gestalt des Erzählers der sich über Voice Over zu erkennen gebende *explizite* Erzähler, wie er beispielsweise mehrfach, die gesamte Lebensgeschichte des Protagonisten begleitend, in *Forrest Gump* zu finden ist. Schon in der ersten Sequenz, als Forrest, an der Bushaltestelle sitzend, einer anderen auf den Bus Wartenden von seinen vielen Schuhen erzählt, wird dieses Erzählen in der direkten *Figuren*rede nach dem Schnitt in der nächsten Einstellung bzw. Szene (FG 4:31) zum Off-Erzählen, um wenige Sekunden später wieder in die Figurenrede (des Arztes) überzuwechseln (s. Kap. 2, Abb. 66, 67). Die Erzählerstimme präsentiert sich somit als *homodiegetische* Stimme, eine Stimme, die einer an der Handlung beteiligten Figur gehört. In der unmittelbar darauf folgenden Szene (FG 5:12 – 6:26) begleitet erneut Forrests Stimme aus dem Off die Szenerie. Ergänzt wird dieser Kommentar filmästhetisch durch eine weitere Besonderheit der Erzähldramaturgie: Als Forrest im Off die Herkunft seines Namens erläutert, wechseln die Filmbilder auf eine weitere Erzählebene (FG 5:19 – 5:42). Diese im flimmernden Schwarz-Weiß mit deutlichen Brauntönen gehaltenen Bilder eines berittenen Ku-Klux-Klan-Haufens, dessen Anführer Namensgeber für Forrest gewesen sein soll, können als Erinnerung Forrests an einen von ihm selbst gesehenen Film gedeutet werden, die ihm soeben, im Erzählvorgang, als *Mindscreen* wieder ansichtig werden. Indes kann dieser Einschub auch als (ironischer) Kommentar eines auktorialen Gesamterzählers verstanden werden, der sich an dieser Stelle bemüßigt fühlt, Forrests verharmlosendes Sprechen über die Rassisten mittels der Bildsequenz, im wahrsten Sinne des Wortes, augenscheinlich werden zu lassen. Eine weitere Szene dieses Zuschnitts findet sich nach der Ankunft Forrests in Vietnam, als sich seine Stimme aus dem Off anhebt (FG ab 41:26), den soeben kennen gelernten Vorgesetzten, Leutnant Dan, zu beschreiben: Während der Rede über die ruhmreichen Vorfahren des Leutnants (FG 41:31 – 41:43) kommentieren in schnellen Schnitten aufeinander folgende Bilder in jeweils beinahe gleicher Mise en Scène einen tödlich getroffenen, auf den Rücken fallenden Soldaten in vier Kriegen: dem amerikanischen Unabhängigkeitskrieg, dem Bürgerkrieg, dem Ersten und Zweiten Weltkrieg (Abb. 102 – 105). Die Bilderfolge und Bildästhetik konterkarieren auf diese Weise den tendenziell bewundernden Ton im Sprechen Forrests, indem sie auf die Sekunde des Todes als historisch immer gleich bleibende Situation des elenden und einsamen Sterbens eines Menschen fokussieren. Insofern erzählen diese Bilder gegen die im Militär und in Teilen der übrigen Gesellschaft weit verbreitete Rede vom hohen Wert des »Sterbens fürs Vaterland«, vom (militärischen) Ideal des Heldentodes. Die in den Bildern mit ihrer schnellen Schnittfolge sichtbar werdende routinisierte Sterbesituation, intensiviert durch den historisierenden Zeitraffer, sperrt sich gegen jegliche pathetische Vereinnahmung – die Bilder *erzählen* eben anderes.

Abb. 102 – 105: Kommentiertes Sterben: Mindscreen oder auktoriale Erzählerstimme?

Auch hier bleibt die Frage danach, ob diese Bilder wiederum als *Mindscreen* die Bild-Vorstellungen im Kopf des Off-Erzählers Forrest oder aber den Kommentar der Erzählerinstanz des Films darstellen, der auf diese Weise simultan das Gesprochene be- und vor allem umwertet, offen und ist auf der Strukturebene des Films nicht zu klären: Die deutende Fantasie des Rezipienten ist daher gefordert.

Eine weitere Form des Erzählerkommentars ist am Beispiel von *LOLA RENNT* zu benennen: Im Vorspann werden zwei Sentenzen von T. S. Eliot und von Sepp Herberger als Insert präsentiert (LR 00:15 – 00:30). Sie schicken dem Film das Motto vom Ewig-Gleichen, von der Rückkehr des Suchenden zum Ausgangspunkt seiner Suche voraus und fungieren als (lenkender) *heterodiegetischer* Erzählimpuls für die (nun folgende) Geschichte. Auch die anschließende Voice Over-Stimme, die in einer Art Prolog (LR 1:42 – 2:32) als *heterodiegetischer* Erzähler, der außerhalb der Geschichte steht, erneut über Grundfragen menschlichen Seins und Tuns philosophiert, gibt dem Zuschauer gewissermaßen einen *verbalen Establishing Shot* oder Blickwinkel mit auf den Weg in die zu erzählende Geschichte.

Die obigen Ausführungen legen nahe, die Modi filmischer Erzähler genauer zu betrachten, denn die Stimme aus dem Off, der Voice Over-Erzähler ist eher die Ausnahme. So realisiert sich die Ich-Erzählsituation in der *subjektiven Kamera*, in der die auf Augenhöhe der Reflektorfigur in den Schauplatz hineinblickende Kamera ihren Erzählmodus dokumentiert, indem sie ihre Reflektorfigur völlig verschwinden lässt, die Bewegungen dieser Figur mit vollzieht und damit auch verwackelnde Ausschnitte erzeugen kann. Technisch realisiert sich dieses Erzählen häufig mittels einer Handkamera oder einer *Steadicam* (vgl. a. Kap. 2.1.1). Der Versuch, analog zu sprachlichen Ich-Erzählungen einen Film durchgängig in der Ich-Situation

Abb. 106 – 108: Personales Erzählen

zu erzählen, wie dies etwa in *Die Dame im See* (1946) unternommen wurde, kann als gescheitert, weil vom Zuschauer nicht angenommen bezeichnet werden, und so bleibt die subjektive Kamera auf einzelne Einstellungen oder auch kürzere Szenen beschränkt. Dies bedeutet, dass zum einen die Er-/Sie-Form des Erzählens und zum anderen die personale bzw. auktoriale Erzählsituation die vorherrschenden im Film sein müssen.

Die personale Erzählsituation (s. Abb. 106–108) ist dadurch bestimmt, dass die Kamera die Perspektive einer der Figuren einnimmt, sei es im Anschnitt, indem sie sich neben oder schräg hinter die Figur stellt (106), sei es, indem sie die Figur direkt von vorne in den Blick nimmt, eine bestimmte Wahrnehmungstätigkeit der Figur, etwa das Blickrichten bzw. mit den Augen Fixieren, einfängt (107) und in der nachfolgenden Einstellung das zu Sehende aus der Perspektive dieser Figur präsentiert (108) und damit für eine bestimmte Zeit lang die Position der subjektiven Kamera einnimmt. Unübersehbar ist aber auch, dass das filmische Erzählen, im Vergleich zum sprachlichen Erzählen mit dessen Techniken des inneren Monologs, der erlebten Rede oder der Psycho-Narration, nur bescheidene Möglichkeiten der Darstellung von Innerlichkeit besitzt, **weil filmische Rede auf die phototechnisch erfassbare Außenhaut der Dinge, auf die Welt des Sichtbaren angewiesen ist.**[37] Der filmische Erzähler ist daher darauf angewiesen, mit seiner Kamera einen Bewusstseinsprozess einer Figur in einen figurenspezifischen Wahrnehmungsprozess zu übersetzen, der wiederum nur als Blick *von außen* auf die Menschen und Dinge realisierbar ist. Dies führt beinahe zwangsläufig dazu, anzuerkennen, dass **die auktoriale Außensperspektive […] die dem Film nächstliegende, dem bildsprachlichen Medium unmittelbare entsprechende Erzählperspektive [ist].**[38] Die auktoriale Erzählsituation, realisiert in der potenziell allwissenden Kamera, die immer mehr als die Figuren wahrnehmen, erkennen, zeigen und wissen kann, ist denn auch der Normalfall filmischen Erzählens und sozusagen der Grundgestus dieses Erzählens. Einige filmische Techniken sind markante Erzähler-Signale dafür: Beispielsweise markiert das durchgängig simultane und zudem noch drei Varianten des Geschehens bereithaltende Erzählen der Geschichte in *Lola rennt* (LR ab 4:33) eine ausgeprägte auktoriale Erzählsituation, hinter der die beiden Hauptfiguren fast zu verschwinden drohen. Dieser Erzähler ist nicht nur eine referierende (*unpersönliche* auktoriale), sondern über die gesamte Geschichte hinweg eine entschieden kommentierende (*persönliche* auktoriale) Erzählerinstanz.[39]

Auch die Technik der Groß- bzw. Detail-Einstellungen in der Eingangsszene von *Spiel mir das Lied vom Tod* (s. Abb. 109–112) zeigt – hier gerade im Kontext der umgebenden Einstellungen (109) – wie entschieden sich der Erzähler in die Szene sozusagen kommentierend einmischt, indem er das sichtbar macht, was für *alle* am Schauplatz Anwesenden in der ins Bild gebrachten Perspektive *so* nicht sichtbar, nicht wahrnehmbar ist und somit nur der Wahrnehmung des Zuschauers zugänglich ist (110 – 112).

Gleichwohl reicht diese formal-grundsätzliche Unterscheidung und Fixierung nicht aus, da die filmische Erzählinstanz bei aller vordergründigen auktorialen Festlegung in vielen Varianten erzählen kann, was sich in ihrer Stellung zu den Figuren, ihrer Fokussierung recht genau ablesen lässt. So ist beispielsweise in *Spiel mir das Lied vom Tod* die Verteilung der Fokussierung des Erzählers auf fünf Protagonisten ein deutliches erzähldramaturgisches Indiz dafür, sich nicht an *eine* personale Perspektive binden zu wollen, sondern sozusagen Ubiquität und Allwissenheit zu demonstrieren. Dies hat u. a. auch zur Folge, dass man nur sehr bedingt von *einer* (Haupt-)Handlung sprechen kann, sondern eher von mehreren relativ gleichgewichtigen Handlungen, die ihre jeweils dominierenden Protagonisten haben, deren Wege sich immer wieder kreuzen und am Ende auch zusammenlaufen. Auch die Anlage der einzelnen Protagonisten, der geheimnisvoll bleibende Fremde **Mundharmonika** – so wird er von Cheyenne im Film genannt –, Frank, Cheyenne, Morton sowie der Protagonistin Jill McBain als Figuren (s. Kap. 3.6) sowie die Ausstattung von »Mundharmonika«, Cheyenne, Jill McBain sowie Frank (gemeinsam mit Morton) mit je einer eigenen Erkennungsmelodie ist ein – in diesem Falle: akustischer – Hinweis auf die Position der Erzählerinstanz.

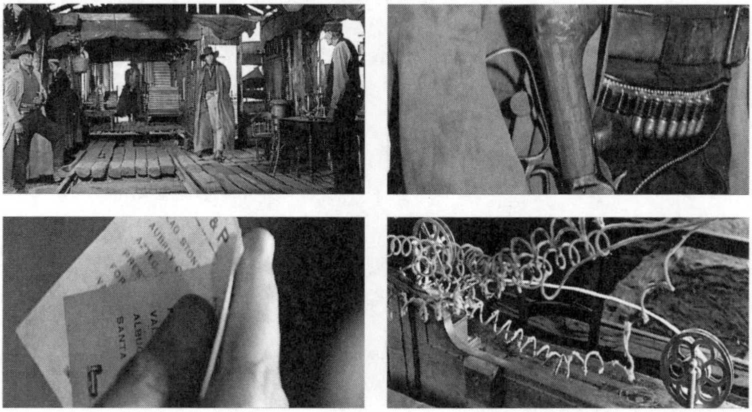

Abb. 109 – 112: Auktoriale Kommentierung durch den filmischen Erzähler

Auf andere filmästhetische Weise und daher auch nicht so deutlich markierend zeigt sich der Erzähler als *tendenziell* referierender, also unpersönlicher auktorialer Erzähler in *Blow-Up*. Obwohl in diesem Film der Fotograf Thomas der Hauptprotagonist ist, der keinen in etwa gleichwertigen Gegenspieler hat und somit im Geschehen prominent ist, bleibt der Erzähler in den meisten Szenen deutlich auf Distanz zu seinem Helden, was sich in der überdurchschnittlichen Anzahl von Halbtotalen, Amerikanischen und Halbnahen neben einer Reihe von Totalen und Weiten niederschlägt. Gleichwohl gibt es eine Reihe von Szenen, in denen der filmische Erzähler – es sei hier auf die markanten Jump Cuts in der Fotosession hingewiesen (BU 7:05 – 7:22 – s.a. Kap. 2.1.5) – als persönlicher auktorialer in Erscheinung tritt und an dieser Stelle (wie an einigen anderen Stellen auch) eines der Leitthemen des Films, mittels dieser Erzähltechnik in den Fokus nimmt: Das fragwürdige, unzuverlässige Verhältnis von augenscheinlicher Wirklichkeit und fotografisch konstruierter Wirklichkeit. Auch die für jeden Film immens wichtige *Establishing Scene*, die Eröffnungssequenz, die dem Zuschauer größtmögliche Orientierung und Information geben soll, widmet sich in einer Parallelmontage (s. Kap. 2.1.5) ungewöhnlich lange simultan ablaufenden Ereignissen, die am Ende ineinander übergehen: Es ist die Kontrastierung von einer fröhlich-johlend durch London rennenden, clownesk anmutenden (Pantomimen-)Gruppe Jugendlicher/junger Erwachsener (Abb. 113) mit dem hart dagegen gesetzten London der Obdachlosen, Ausgegrenzten (Abb. 114), unter denen sich der erst allmählich vom Erzähler ins Bild gerückte Protagonist herauskristallisiert, dessen Weg vom Obdachlosenasyl weg sich schließlich mit dem der Gruppe kreuzt.

a b

Abb. 113 – 115: Anfang und Ende in *Blow-Up*

Die Perspektive der Eröffnungssequenz ist also zuerst einmal deutlich auf den Schauplatz London gerichtet und markiert dessen Wichtigkeit für die zu erzählende Geschichte. Auch wenn im Folgenden der Erzähler fast keine Szene ohne seinen Helden Thomas gestaltet, verharrt er in einer eigentümlichen Distanz zu ihm, so dass er eher als Typus, als Vertreter der Mod-Generation denn als unverwechselbar individuelle Figur der Erzählung erscheint. Fast scheint es, als wolle der filmische Erzähler ein Stück weit in den narrativ-diegetischen Modus schlüpfen, ohne deswegen zum Voice Over greifen zu müssen, darin liegt vielleicht die erzähldramaturgische Besonderheit von *Blow-Up*. Auch das Ende des Films verstärkt diese Tendenz nochmals, als die Lufttennis spielende Pantomimengruppe aus dem Beginn des Films wiederum in der gleichen Fröhlichkeit auftritt und Thomas für einen kurzen Moment in ihr Spiel mit einbezieht. Die letzte Einstellung des Films (Abb. 115) schließlich manifestiert nachhaltig die Distanz des Erzählers zum Protagonisten, der einsam und verloren in einer Totalen, zugespitzt in der Vogelperspektive, zurückbleibt (a) und endlich ganz verschwindet (b).

Auf je spezifische filmästhetische Weise verfahren *Sophie Scholl*, *Forrest Gump* und *Der unsichtbare Dritte* insofern anders, als sie entschiedener den Duktus der personalen Erzählsituation betonen. So folgt der Erzähler in *Sophie Scholl* seiner Protagonistin – im Establishing Shot schon ins Bild gebracht – sozusagen auf Schritt und Tritt und demonstriert seine personale Perspektive, indem er sie in allen (!) Szenen der Geschichte sichtbar macht und diese Nähe zudem mittels überdurchschnittlich vieler Nah- und Groß-Einstellungen, vorzugsweise in den Verhören, sowie einer Reihe von Detaileinstellungen (vgl. Abbildungen in Kap. 2.1.1) dem Zuschauer signalisiert. In *Forrest Gump* bindet sich der filmische Erzähler mittels der Rahmenerzählung an eine dramatis personae, seinen Helden, der seine Lebensgeschichte aus *seiner* Perspektive zu erzählen beginnt, was der Erzähler in einem Miteinander von narrativem (mittels der Off-Stimme Forrests) und dramatischem Modus (mittels des szenischen Geschehens) filmisch realisiert. Der durchgehend personale Duktus dieses Filmerzählers kommt in der Bindung an den Wissens- und Erlebens- bzw. Erfahrungshorizont des Binnenerzählers Forrest zustande, so dass der deutlich auktoriale Gestus in den beiden oben erwähnten je nach Verstehensweise allerdings diesbezüglich nicht eindeutigen Szenen zum Ku-Klux-Klan bzw. zur familiären Militärtradition Leutnant Dans die Ausnahme bleibt.

Auch *Der unsichtbare Dritte* perspektiviert über den gesamten Film hinweg betrachtet, mit deutlichen Wechseln, personal, wie man an der »Maisfeldszene« (Abb. 116–120, DuD 1:03:31–1:12:50) exemplarisch zeigen kann: Aus großer Distanz, in einer Weit-Einstellung und vogelperspektivisch (116), markiert der Erzähler seinen (auktorialen) Standpunkt, indem er den gesamten Handlungsraum des zu erzählenden Ereignisses vorstellt. Diesen »olympischen« Standpunkt beginnt er nach dem ersten Schnitt aufzulösen, wenn aus einer leichten Untersicht Thornhill in einer Totalen ins

Bild kommt (117). Mit der nächsten Einstellung nimmt der Erzähler die personale Perspektive konsequent ein (118), die er mit zwei Ausnahmen – einer eingeschleusten ironisierenden kurzen Showdown-Zitation (119) und einer zum Schmunzeln reizenden Ansicht des von einem LKW eingestaubten Thornhill (120) – bis zum Schluss der Sequenz einhält, bis hin zur sich bewegenden subjektiven Kamera, womit er den Zuschauer das Ereignis gewissermaßen hautnah miterleben lässt.

a b

Abb. 116–120: Wechselspiele: auktorial – personal

Als Fazit ist festzuhalten, dass man, ungeachtet der aus der Beschaffenheit dieses Mediums herrührenden prinzipiellen auktorialen Erzählsituation, bei den meisten Spielfilmen von einem tendenziell vorherrschenden auktorialen *Duktus* der Erzählerinstanz sprechen kann, der mehr oder weniger deutlich ausgeprägt ist. Jedoch gibt es innerhalb dieses Prinzips eine große Bandbreite des Wechsels sowie der Abschwächung bis hin zur tendenziell vorherrschenden personalen Erzählsituation. Gerade die Möglichkeit des filmischen Erzählers, (beinahe beliebig) oft und schnell die Erzählsituation zu wechseln bzw. innerhalb einer Szene oder Sequenz diesbezüglich zu nuancieren, erlaubt es ihm, den Rezipienten in Ereignisse, Vorgänge und Befindlichkeiten bzw. Sichtweisen von Figuren hineinzuziehen oder aber ihn auf Distanz zu halten. So ist denn auch Perspektivenvarianz das vorherrschende Erzählprinzip der Mehrheit aller Filme.

Eng verknüpft damit ist als szenenübergreifendes Organisationsprinzip die *Perspektivierung* des Erzählens hinsichtlich der Informationsvergabe durch den filmischen Erzähler, die in drei Kategorien gegliedert werden kann: in die Kategorie der weitgehend *uneingeschränkten* Informationsvergabe, der *relativ eingeschränkten* Informationsvergabe und schließlich der *heterogen fluktuierenden* Informationsvergabe[40], die in den meisten Spielfilmen vorherrschend ist und bedeutet, dass der Zuschauer in einigen Situationen mehr, in anderen wiederum weniger weiß als die Hauptfigur(en), und in der die Informationen häufig auf mehrere Figuren verteilt sind. Alle drei Kategorien sind auf unterschiedliche Weise konstitutiv für den Aufbau von Spannung bzw. für den Wechsel von Spannungsaufbau und -lösung. In der uneingeschränkten Informationsvergabe ist der Rezipient in der Regel besser informiert als der Held der Handlung oder sogar als mehrere bzw. alle Figuren der Geschichte. Besonders im Genre des Thrillers (hitchcockscher Prägung) tritt dieses Verfahren der Informationsvergabe häufig in Erscheinung und ist mit dem Begriff *Suspense* belegt, einer Form der besonders konditionierten Spannung: So ist der Zuschauer beispielsweise in der »Maisfeldszene« in *Der unsichtbare Dritte* mit deutlichem Mehrwissen versehen als Thornhill und die lange erste Einstellung aus der Vogelperspektive (s. Abb. 116) intensiviert die Bedeutung dieses Wissens nochmals. In dieser keinerlei Schutz bietenden menschenleeren Landschaft trifft der Protagonist ein, der keine Ahnung hat, dass er sich in Lebensgefahr begibt, der Zuschauer aber sehr wohl. In dem Augenblick, als für beide Beteiligten, den Zuschauer und seinen Helden erkennbar wird, dass das Flugzeug Thornhill nach dem Leben trachtet, ist der Wissensvorsprung aufgebraucht und beide verfügen über identische Kenntnisse. Das überraschende Moment für beide Beteiligten, das plötzlich angreifende, später dann abstürzende und explodierende Flugzeug, gewissermaßen die Konfrontation und das glückliche Ende dieses Bedrohungsszenarios, ist in diesem Fall nicht an das geringere Wissen des Zuschauers im Vergleich zum Protagonisten geknüpft, sondern bedeutet für beide eine Situation des *Surprise*. In der Suspense-Situation dagegen fiebert der Zuschauer mit der betroffenen Figur insofern mit, als er von der Ambivalenz der (Auf-)Lösung weiß, nämlich der Katastrophe, in die die Situation den Helden stürzen kann, aber auch von der möglichen glücklichen Fügung, die ihn unbeschadet aus der Situation herausführen kann. Dieses gegenüber der Figur größere Wissen, vermittelt durch (auktoriale) Fingerzeige des filmischen Erzählers, erzeugt ein widersprüchliches Miteinander des Beteiligtseins im Rezipienten, nämlich Distanz zu und Einfühlung in die betroffene Figur. Dagegen ist der Zuschauer bei der oben beschriebenen Surprise-Situation ganz mit der Figur in das Ereignis involviert.

In *Spiel mir das Lied vom Tod* herrscht, bezogen auf den gesamten Film, das Prinzip der heterogen fluktuierenden Informationsvergabe vor; so ist beispielsweise, bezogen auf den Rache-Handlungsstrang, die Information des Zuschauers im Hinblick auf »Mundharmonikas« Handeln deutlich defizitär, denn er weiß im Unterschied zu seinem Helden nicht, warum dieser langsam, aber zielstrebig auf die Konfrontation mit Frank zusteuert. Dem Rezipienten ist längere Zeit nicht einmal klar, ob »Mundharmonika« auf solch eine *finale* Begegnung zusteuert. Diese Situation der Spannungsschöpfung bzw. -steigerung folgt dem Prinzip des *Mystery*, um während des

Showdown gegen Ende des Films, als der Grund für »Mundharmonikas« Rache als Szene eingespielt wird, in das Prinzip des *Surprise* zu wechseln – hier erst erfährt der Zuschauer in einer überraschenden Wendung, in diesem Fall zusammen mit der zweiten Hauptfigur dieses Handlungsstrangs, Frank, warum »Mundharmonika« unerbittlich auf diesen Showdown zusteuerte.

3.3 Plot und Story

Filmische Erzählungen beruhen auf einem *Plot*, d.h. auf einer Filmtextvorgabe, die als Summe aller audiovisuellen Elemente in einer gestalteten Form dem Rezipienten als Text oder Information zur Verfügung gestellt wird. Da Erzählen ein kommunikativer Akt, besser: Prozess, ist, muss und will der Zuschauer aus dem kommunikativen (Erzähl-)Angebot der Filmtextvorgabe die *Story* konstruieren, die mehr ist als die einfache Summe der Plot-Elemente: Er muss – und dies geschieht während der Rezeption häufig unbewusst und vor allem unter dem Diktum die Geschwindigkeit der Bilderfolgen nicht selbst bestimmen zu können – blitzschnell, je nach Plotangebot, Chronologien und Kausalitäten herstellen, antizipieren, rekonstruieren, kurz: ordnen und Leerstellen füllen und damit die eigentliche Geschichte in seinem Kopf entstehen lassen. Gerade der narrative Spielfilm verlangt mit seinen oft nur augenblicksartig eingestreuten (Bild-)Informationen, mit seiner Kadrierung und vor allem mit seinem elliptischen Erzählen, forciert durch die Montage, immer wieder eine genaue Beobachtung und intensive Wahrnehmung sowie die fantasiegeleitete Verknüpfung von vielen Einzelheiten, um den Fluss und die Kohärenz der Story entstehen zu lassen. So ist beispielsweise in der Eröffnungsszene von *Spiel mir das Lied vom Tod* der nur wenige Sekunden sichtbare Hinweis auf der Schiefertafel, dass der Zug zwei Stunden Verspätung in die eine und vier Stunden in die andere Richtung hat, die entscheidende Voraussetzung dafür, dass die Kamera ergiebig und ausführlich die drei Outlaws bei ihren grotesken Tätigkeiten, mit denen sie die unendlich lange Wartezeit überbrücken, vorstellen kann, wenngleich dieses stundenlange Warten auf (immerhin) einige Minuten Filmzeit zusammenschrumpft. Indes muss diese Kohärenz der Vorgänge erst im Kopf des Rezipienten hergestellt werden.

Noch komplexer sind diese Unternehmungen zur Konstruktion der Story, wenn beispielsweise (unverhofft und scheinbar unmotiviert) Parallelhandlungen installiert werden, wie es mit der zweiten Sequenz in *Spiel mir das Lied vom Tod* geschieht, in der es nur wenige Plot-Elemente gibt, die in irgendeiner Beziehung zu denen der ersten Sequenz stehen: Nach dem Shootout an der Bahnstation stellt das Massaker auf der McBain-Farm keine kausal oder final motivierte Fortführung dar, sondern eine Parallelhandlung – möglicherweise auch zeitlich parallel; sie indes stellt den an der Bahnstation noch abwesenden, jedoch nachgefragten Gegenspieler des Protagonisten »Mundharmonika« dem Zuschauer als den vor, als der er im gesamten Film gezeigt wird. Es handelt sich um Frank, einen eiskalten, skrupellosen Mörder, der in dieser Sequenz bzw. in der Erschießungsszene genauso handelt, wie er es vor vielen Jahren mit der Familie »Mundharmonikas« anstellte – dies jedoch erfährt der Zuschauer wiederum erst in der letzten Sequenz, in einer der letzten Szenen des Films. Auch die Tatsache, dass »Mundharmonika« nun gekommen ist, um diesen Killer aufzuspüren und ihn in eine Konfrontation, in den Showdown, zu zwingen, ist als zentraler Teil der Gesamt-Story erst allmählich zu konstruieren. Das Massaker auf der Farm ist für den aus der ersten Sequenz heraus initiierten Handlungsstrang sozusagen überflüssig, ist indes als Exposition für den zweiten Handlungsstrang wiederum unerlässlich. Der Zuschauer muss daher nicht nur innerhalb der einzelnen Szenen und Sequenzen die jeweiligen Teil-Storys konstruieren, sondern häufig parallel sozusagen auf einer zweiten Ebene, an der Gesamt-Story stricken. In den beiden erwähnten Sequenzen ist es nur ein einziges Plot-Element, der beide Male ausgesprochene Name **Frank**, das ein kleines Puzzle-Teil für diese Gesamt-Story bereitstellt.

So sind die Plot-Elemente, ihr Kompositionsschema ein Angebot an den Rezipienten, die gehörten und gesehenen Elemente mit seinem Wissen und seinen Vorstellungen zu verbinden, um das Sinnpotenzial von Filmtexten aufzunehmen bzw. den eigenen Filmtext zu konstruieren. In *Sophie Scholl – die letzten Tage*, in der dritten Szene (SoS 2:32 – 5:55) sind die in schneller Schnittfolge und fünf gleichen Einstellungen gezeigten Gesichter der Mitverschworenen (Abb. 121 – 126) in der geheimen Flugblattwerkstatt als zunächst nonverbale Reaktion auf Hans Scholls Bemerkung (Abb. 121), den Rest der Flugblätter verteile er am nächsten Tag in der Uni, zu verstehen. Zugleich bilden sie einen Hinweis für den Rezipienten, aus

Abb. 121 – 126: Plot-Bausteine für den Aufbau der Story

dieser kurzen Bilderfolge schließen zu können, dass Hans in diesem Augenblick wohl etwas Ungeheuerliches geäußert hat, bevor dies dann mit der Bemerkung eines Beteiligten: **Bist du verrückt?** (126), auch verbal bestätigt und durch mehrere weitere Redebeiträge verstärkt wird.

Zu Beginn des Films (SoS 0:43 – 1:38) waren noch zwei lebensfrohe junge Frauen zu sehen – eine davon ist Sophie Scholl –, die vergnügt einen amerikanischen Song aus dem Radio mitsangen, dabei gelegentlich auch kicherten, während schon die zweite Szene, der Weg Sophies zum konspirativen Treff, akustisch mit entsprechender Musik und auch farbdramaturgisch mittels vorherrschenden dunklen Grautönen unterstützt, diese fröhlich-freundliche Einstimmung auf die Geschichte zurücknimmt, ja konterkariert. Die Zeiten und das lebensgefährliche Vorhaben lassen solche Fröhlichkeiten von nun an nicht mehr zu, was sich im weiteren Verlauf der Geschichte, in den Verhören, der Gerichtsverhandlung und schließlich im Gang zum Schafott sozusagen auch von selbst verbietet. Für die Konstruktion und Entfaltung der Story sind jedoch gerade diese erste Szene und die ersten Einstellungen des Films besonders am Ende nochmals bedeutsam, weil sie den für heutige Jugendliche bzw. junge Erwachsene schwer vorstellbaren Kontrast zwischen jugendlicher, unbeschwert erscheinender Lebenslust und -perspektive dieser Frau und der barbarischen Unerbittlichkeit des Terrorregimes noch deutlicher konturiert: In der Retrospektive erscheinen diese ersten Einstellungen für die Konstruktion der Gesamtstory noch bedeutsamer.

Für solches Verstehen bzw. solche, aber auch mögliche andere Konstruktionen der Story bedient sich der Zuschauer dreier Formen seines Wissens, die er aktivieren muss und die je nach Alter, Bildungsgrad, Rezeptionsgewohnheiten und -erfahrungen usw. individuell sehr unterschiedlich ausgeprägt sind: zum einen seines generellen Weltwissens, zum anderen seines (allgemeinen) narrativen Wissens, d. h. des Wissens darüber, wie Geschichten mit welchen Settings erzählt werden können, sowie seines spezifischen Filmwissens, wozu u. a. das Wissen über Elemente der Filmsprache und über Genres gehört. Zur Aktivierung dieser Wissensformen hält der Film die notwendigen Plot-Elemente bereit.

So wird der Rezipient von *Sophie Scholl* schon zu Beginn des Films vom Insert geführt, das auf den dokumentarischen Hintergrund der zu erzählenden Geschichte hinweist und ihm damit signalisiert, dass es sich so oder so ähnlich ereignet habe und dass damit für ihn der Realismusgehalt des filmisch Dargebotenen von vorneherein entschieden höher ist als bei *Spiel mir das Lied vom Tod*, *Forrest Gump*, *Der unsichtbare Dritte*, *Lola rennt* oder *Blow-Up*. Dies bedeutet auch, dass der Zuschauer bei einem solchen Film keine von der Alltagserfahrung und in diesem spezifischen Fall auch von seinem historischen Wissen zu massiv abweichenden Geschehnisse und Handlungen, etwa fantastischer Provenienz, duldet, während er auf der anderen Seite erwartet, dass Fahrzeuge, Kleidung, Wohnungseinrichtungen, Aussehen der Gebäude sowie technische Gerätschaften (etwa die mechanische Schreibmaschine) im 1940er-Jahre-Design gezeigt werden. Sein allgemeines narratives Wissen sagt, dass in einer solchen Geschichte, gleichgültig ob sprachbasierte oder filmische Erzählung, die Handlung kausal motiviert und ohne größere Umschweife und Nebenhandlungen auf den Ausgang hin angelegt ist. Diesem Duktus hat die Erzähldramaturgie des Films zu folgen, so erwartet es der Zuschauer.

Filmisches Wissen ist immer auch Genrewissen, das bei der Konstruktion der Story Pate steht. So weiß der Zuschauer, dass in einem Western wie *Spiel mir das Lied vom Tod* Waffen und der zielsichere Umgang mit ihnen, die allmähliche Besiedelung der Westküste in Richtung Pazifik, auch mit Hilfe des Eisenbahnbaus, die unermessliche Weite der Landschaft und ihrer z. T. bizarren Formationen, die Gründung von Siedlungen, Saloons als zentrale Anlaufpunkte für Geselligkeit und Unterhaltung in verschiedensten Formen bis hin zu actionreichen (Massen-)Schlägereien genretypische Merkmale eines solchen Films sind. Er weiß auch um Genremerkmale wie den Gegensatz zwischen für alle gleichermaßen gültigem Gesetz und dem mittels Colt durchgesetzten Recht des nur seinem Ego folgenden Starken; er weiß um die aus allerlei, auch nichtigen, Anlässen entstehenden Schießereien bis hin zum finalen Showdown und um zahlreiche weitere Genreelemente, die in unterschiedlichsten Kombinationen auftreten, aber durchaus variiert und abgewandelt werden können. So weiß er auch, wenn er sich auf *Der unsichtbare Dritte* einzulassen gewillt ist, dass für einen als *Thriller* gekennzeichneten Film, vielleicht auch mit Kenntnis des für dieses Genre wahrscheinlich bedeutendsten Regisseurs Hitchcock, das Verbrechen, die Intrige, die Wandlung des Gewöhnlichen, Alltäglichen, Harmlosen ins Doppelbödige, ins Böse und Bedrohliche genauso typische Genremerkmale sind wie die Ambivalenz der Welt und die Figur des unschuldig Beschuldigten als häufig identifikationsstiftendem Protagonisten.

Die Genreerwartung und das Genrewissen werden dabei gewiss nicht immer lupenrein bedient, im Gegenteil: Genres und ihre Subgenres sind ständigen Spannungen zwischen Tradition und Innovation unterworfen, und gerade der Genre-Mix, die Hybridformen, haben in der jüngeren Filmgeschichte deutlich zugenommen. So ist beispielsweise *Lola rennt* eine solche Hybridform, die andere traditionelle Genres spielerisch zitiert und sich anverwandelt – Komödie, Western, Thriller, Comic, Melodram, Videoclip – und zugleich das traditionelle Erzählen im Sinne einer kausallinearen Handlungsstruktur aufbricht, allerdings nicht ohne auf ein allzu dick aufgetragenes (und daher möglicherweise mit einem Augenzwinkern versehenes) Happy End zu verzichten. Dieser Film verweigert, ganz im Gegensatz etwa zu *Sophie Scholl*, auf ein Erzählen, das alle filmischen Mittel, die Plot-Elemente, so in den Dienst einer Realitätsillusionierung zu stellen versucht, dass das Erzählen als inszeniertes, montiertes Konstrukt dem Zuschauer weitgehend verborgen bliebe – im Gegenteil: *Lola rennt* stellt sein Genre-Spiel und sein Erzählen als Fantasie-Konstrukt beständig aus.

3.4 Akt – Sequenz – Szene – Einstellung

Aus der Frühgeschichte des Films nicht wegzudenken und dort mittels Schwarzblende jeweils mit dem Insert **I. Akt, II. Akt, III. Akt** oder gegebenenfalls erweitert zu **IV. Akt, V. Akt** – exemplarisch sei hier auf *Eisensteins Panzerkreuzer Potemkin* verwiesen – im wahrsten Sinne des Wortes augenscheinlich werdend, ist die Reminiszenz des Films an die Dramaturgie des klassischen Dramas offensichtlich, was in dieser Deutlichkeit indes recht bald aufgegeben wird. Und dennoch: Viele Drehbuchratgeber, vor allem die in hohen Auflagen vertriebenen, setzen auch heute paradigmenhaft für den (Hollywood-)Erfolgsfilm, den klassischen narrativen Spielfilm, auf die Dreiakt-Struktur als grundlegende dramaturgische Regel, ganz im Sinne des traditionellen geschlossenen Dramas. Vor allem *Syd Field* hat mit seinem 1991 erstmals auch auf Deutsch erschienen *Handbuch zum Drehbuch* für viele Filmemacher und Drehbuchschreiber Maßstäbe gesetzt und unterwirft dabei die Dramaturgie rigiden Strukturen. So geht er von 120 Minuten durchschnittlicher Spielfilmlänge aus, setzt für die Dauer des ersten Aktes 30 Minuten, für den zweiten 60 Minuten und für den dritten Akt wieder 30 Minuten an, was einem Umfang von 120 Seiten fürs Drehbuch entspreche, da eine Seite Drehbuch etwa eine Minute Filmlänge bedeute. Die einzelnen Akte folgen dabei der Triade Exposition – Konfrontation – Auflösung.[41]

Selbst wenn man solchen rigiden Formalisierungen nicht folgen will, so ist es durchaus hilfreich, diese Dreiakt-Struktur als dramaturgische Analysegröße zu Hilfe zu nehmen, denn in der Tat folgen viele (populäre) Spielfilme und auch Fernsehfilme der Dreiaktstruktur als Grundmuster. Diese Struktur besagt, dass im ersten Akt Handlungszeit und -ort, die Hauptfigur(en), ihre Situation und Motivation, die zentrale Frage sowie der Konflikt eingeführt werden. Dieser Konflikt bedarf eines auslösenden Ereignisses und enthält mindestens einen *Plot Point*, ein Ereignis, das der Geschichte eine bestimmte Wendung bzw. Richtung gibt, sie vorantreibt und den zweiten Akt gewissermaßen vorbereitet. So erstreckt sich der erste Akt in *Sophie Scholl* über die Verhaftung von Hans und Sophie Scholl auf einer Treppe im Universitätsgebäude durch den Hausmeister bis zum Abtransport durch die Gestapo ins Münchner Gestapogebäude (SoS bis 17:20). Das Entdecktwerden und die Verhaftung (SoS 13:22–13:49) sind zugleich der Plot Point für den zweiten Akt, wobei als ein erster, sehr früher Plot Point schon im Entschluss Hans Scholls gesehen werden kann, nicht mehr Flugblätter nur per Post an bestimmte Personen zu schicken, sondern im öffentlichen Gebäude, in der Universität, massenhaft zu verteilen; dieses Vorhaben und das explizite Angebot Sophies, ihren Bruder dabei zu unterstützen, gibt dem bisher ausgeübten Widerstand und damit dem Fortgang der Geschichte eine neue, gefahrvollere Wendung, die den Tod Sophies und der anderen durch das Fallbeil, das dramatische Ziel, wahrscheinlicher macht.

Der zweite Akt ist bestimmt von der Zuspitzung des Konflikts, den Konfrontationen des bzw. der Protagonisten mit unterschiedlichen, sich immer bedrohlicher, auswegloser entwickelnden Schattierungen des Problems bzw. Konfliktes bis hin zu einem erneuten Plot Point, der den dritten Akt motiviert, in dem sich der Konflikt bis zur Klimax steigert und schließlich, häufig eruptiv und sehr aktionsreich bis hin zu emotional bewegend, zur Auflösung kommt. Im Fall *Sophie Scholl – Die letzten Tage* wird der zweite Akt, der über eine Stunde Spielzeit in Anspruch nimmt (SoS bis 1:21:15), bestimmt von den verschiedenen Verhören Sophies durch den Gestapobeamten Mohr, in denen es zu mehreren regelrechten Argumentationsduellen, zu einem intellektuellen Kräftemessen zwischen den Beiden kommt, bei denen zu Beginn Sophie souverän und faktenreich die Fragen und Anwürfe Mohrs beantwortet bzw. entkräftet. Allerdings gerät sie zunehmend ins Hintertreffen, als – das Entlassungsschreiben muss von ihr nur noch unterschrieben werden – just in diesem Augenblick das Verhör aufgrund neuer Erkenntnisse der Gestapo wieder aufgenommen wird und dem Zuschauer in dessen Verlauf immer deutlicher wird, dass Mohr im vollen Bewusstsein seiner Macht ein Stück weit mit Sophie spielte und nicht davon ausging, sie tatsächlich zu entlassen. Der Zuschauer muss erkennen, dass die Schlinge sich immer mehr zuzieht und die Unwahrscheinlichkeit ihres Überlebens zum Menetekel wird.

Ein erster Plot Point ist die Wendung Sophies, als sie, von Mohr auf die Unmöglichkeit des Alleingangs ihres Bruders bei einer früheren Flugblattverteilung, die Hans inzwischen, so Mohr gegenüber Sophie, zugegeben habe, hingewiesen wird: Jetzt wechselt sie vom (gekonnten) Leugnen sozusagen in die Offensive, gibt ihre Beteiligung zu und fügt zugleich an, dass sie stolz darauf sei (SoS 42:56). Ab hier wird der Blick auf den dritten Akt schon geöffnet, denn aufgrund dieses Geständnisses und Bekenntnisses muss es zum Prozess kommen, der die Wendung markiert und den dritten Akt einleitet (SoS ab 1:21:13), in dem die Lösung des Konflikts auf grausame Weise, mit dem Todesurteil und der Hinrichtung der Protagonistin, demonstriert wird. Als den zweiten Plot Point des zweiten Aktes kann man die Situation bezeichnen, in der sich Sophie von ihrer Zellengenossin verabschiedet und diese das Papier hochnimmt, auf das Sophie mehrmals das Wort **Freiheit** geschrieben hat: Dieses trotzig dokumentierte Verständnis Sophies von menschenwürdigem Dasein signalisiert dem Zuschauer, dass es auch im Prozess, in dem es um Leben und Tod gehen wird, für die Protagonistin kein Zurück mehr hinter das erreichte Denken geben kann, was ihren sicheren Tod bedeuten wird.

Auch *Forrest Gump* folgt, ungeachtet seiner komplexen Erzählstruktur, dem Dreiaktschema: Der erste Akt reicht bis zum College-Abschluss Forrests (FG bis 30:23) und umfasst seine Kindheit und Ausbildung, gewissermaßen seine Vorbereitung auf die Eingliederung und das Leben als Erwachsener in die amerikanische Gesellschaft und entfaltet in diesen 30 Minuten die Besonderheiten der Figur Forrest. Der zweite Akt erzählt von den verschiedenen Lebensstationen des Helden: von der Ausbildung zum Marine, dem Einsatz in Vietnam, der Zeit als begnadeter Ping-Pong-Spieler, der erfolgreichen Karriere als Shrimps-Fischer, Geschäftsmann und Wohltäter und schließlich von seiner in der gesamten amerikanischen Medienöffentlichkeit bestaunten Karriere als Läufer. Den dritten Akt schließlich (FG ab 1:54:23) markiert die erneute Begegnung mit Jenny, das Zusammenleben mit ihr und dem in diese Beziehung mitgebrachten kleinen Forrest jun. und schließlich ihren Tod. Am Ende sitzen Vater Forrest und Sohn Forrest jun. gemeinsam an der Bushaltestelle und schauen in das Bilderbuch *Curious George*, das Buch, das schon den Lebensweg Forrests seit dessen Kindertagen begleitete und in der ersten Sequenz des Films als Utensil aus dem Koffer des Protagonisten dem Zuschauer ansichtig wurde.

Tykwers Lola rennt weicht nicht nur wegen des Prologs, sondern auch in der gesamten Erzählung von dieser geschlossenen dreiaktigen Struktur ab. Während man zunächst durchaus von einem ersten Akt, einer Exposition (LR bis 10:25), sprechen könnte, erscheint ab diesem Punkt das Strukturelement Akt für das nachfolgende Geschehen unpassend, da die offene Form der episodenhaften Handlung in einer Dreifach-Version einschließlich der jeweiligen (Auf-)Lösung, des Endes, solcherlei Zuschreibung unsinnig macht, so dass auch in der Retrospektive nicht mehr von einem ersten Akt die Rede sein sollte.

Gelegentlich folgen jeweils einzelne Sequenzen bzw. Szenen dem Dreiaktschema oder auch dem Fünfaktschema. So ist beispielsweise die »Maisfeldszene« in *Der unsichtbare Dritte* (DuD 1:03:32 – 1:12:50) eine Szene, die erzähldramaturgisch nach diesem Drei- bzw. Fünfaktschema aufgebaut ist. Ein umfangreicher erster Akt (DuD bis 1:08:45), gewissermaßen eine ausgedehnte Exposition mit einer extrem langen ersten Einstellung (52 Sekunden) einschließlich des Konfliktaufbaus – wann kommt der Killer und wie wird er Thornhill begegnen bzw. nach dem Leben trachten? –, mündet nach der Abfahrt des bis dahin (außer Thornhill) in der Szene einzigen anwesenden Menschen in den zweiten Akt (DuD ab 1:08:46): die für den Protagonisten und den Zuschauer überraschende Wendung, die der Angriff auf Thornhill mittels des Flugzeugs darstellt, das zuvor weit entfernt nur am Horizont und ganz nebenbei wahrzunehmen, indes schon die ganze Zeit über präsent war. Der verwunderte Hinweis des an der Haltestelle Wartenden, warum der Pilot seine Pestizide auf schon abgeerntete Felder verteile, ist als markanter Plot Point für den zweiten Akt zu diskriminieren. Dieser zweite Akt ist ausgefüllt mit dem Kampf zwischen Thornhill und der übermächtig erscheinenden Maschine und endet doch mit dem Sieg Thornhills, der den Übergang zum kurzen dritten Akt (DuD 1:11:59 – 1:12:50) markiert und mit dem Auto-»Diebstahl« Thornhills endet. Das Schema der Fünfaktigkeit hier anzulegen, bedeutet, den ersten Akt (DuD 1:03:31 – 1:05:05) als Exposition im engeren Sinn aufzufassen, nämlich als Vorstellung des Protagonisten und seine Orientierung im Handlungsraum. Mit dem Auftauchen des ersten Autos – der Killer könnte damit ja ankommen – wäre dann der zweite Akt mit der Diktion »erregendes Moment« eingeleitet (DuD 1:05:06 – 1:08:45), so dass der Wendepunkt, der dritte Akt (DuD 1:08:46 – 1:09:30), mit der Fokussierung des Protagonisten auf das Flugzeug als von ihm und dem Zuschauer jetzt erkannter (angreifender) Gegner beginnt. Als retardierendes Moment und damit als vierter Akt (DuD 1:09:31 – 1:11:56) ist der Versuch Thornhills zu markieren, den todbringenden Schüssen des mehrmals im Tiefflug heranrasenden Flugzeugs zu entkommen. Somit fiele der fünfte Akt wieder mit dem dritten Akt der Dreiaktstruktur zusammen (DuD 1:11:59 – 1:12:50). Beide Schemata können für die Analyse der dramaturgischen Struktur mit jeweils plausiblen Überlegungen an diese Sequenz angelegt werden.

Neben diesem eher als Großgliederung zu bezeichnenden dramaturgischen Element des Aktes spielen die anderen Segmentierungseinheiten, *Szene* und *Sequenz*, zusammen mit der Grundeinheit *Einstellung* als dem kleinsten und am eindeutigsten zu definierenden dramaturgischen Element, eine zentrale Rolle. Die Einstellung ist zuallererst die technisch bestimmte Grundeinheit eines jeden Films und ist definiert als Abstand zwischen zwei Schnitten; zugleich ist sie definiert als Einheit des gewählten Bildausschnitts (vgl. Kap. 2.1.1). Sie ist Teil der Dramaturgie des Films, da jede einzelne Einstellung von der vorangehenden den Handlungs- und Erzählimpuls aufnimmt und an die nachfolgende weitergibt und auf diese Weise am Geflecht der Handlung mitwirkt. Indes bedeutet dies nicht in jedem Fall, dass eine solche Verbindung im Sinne einer linearen und kausalen Fügung hergestellt wird, sondern auf unterschiedliche Weise (z. B. durch Ab- oder Überblendung usw.) als episodische Reihung erscheinen kann, deren Verknüpfungsdimensionen möglicherweise erst zu einem späteren Zeitpunkt der Geschichte vom Rezipienten erkannt werden. So ist beispielsweise schon die in der ersten Einstellung des Prologs in Tykwers *Lola rennt* ins Bild gesetzte Uhr mit einem rasenden Zeiger (LR ab 01:08) nur vage in Bezug zu den nachfolgenden Einstellungen zu setzen – der einzige Anhaltspunkt wäre zunächst der partielle Zeitraffer der nachfolgenden Szenen. Allerdings im Hinblick auf die Thematik der Zeit, die den beiden Protagonisten in allen drei Versionen der Geschichte bedrohlich davonfliegen wird, gewinnt diese Einstellung im Nachhinein an Plausibilität für die Handlung.

Erzähl*dramaturgisch* interessanter als die Einstellung sind die Gliederungssegmente Szene und Sequenz. Die Szene ist als ein durch zeitliche und räumliche Kontinuität gekennzeichnete Segmentierung zu definieren, deren Anfang und Ende durch die zeitliche Diskontinuität bestimmt wird. Zu beachten ist indes, dass die Kontinuität oder Einheit des Ortes auch den mittels Schnitt oder einer fahrenden bzw. schwenkenden Kamera sich erweiternden, verändernden Raum umfasst, während erst der abrupte Orts- und auch Zeitwechsel einen Szenenwechsel bedeutet. Insofern ist das Verhältnis zwischen Einstellung und Szene deutlich zu beschreiben. In der Regel setzt sich eine Szene aus einer mehr oder minder großen Zahl von Einstellungen zusammen, jedoch kann eine Szene auch nur aus einer einzigen Einstellung bestehen. Anders verhält es sich mit der Einheit Sequenz: Sie ist auf der handlungslogischen Ebene – ähnlich wie der Akt – anzusiedeln und deutlicher von den beiden anderen Segmentierungsgrößen abzugrenzen. Die Sequenz ist nicht einfach Teil des filmspezifischen Diskurssystems – dazu gehören die Einstellungen und Szenen –, sondern ist

> die handlungslogische Segmentierung […] der Geschichte, dies freilich […] mit dem Ziel, handlungslogische Einheiten auf der Ebene des Diskurses zu identifizieren und den Diskurs entsprechend zu segmentieren. Zwar korrespondieren technische, zeitliche, räumliche und konfigurative Segmente mit handlungslogischen Segmenten […]. Das ändert aber nichts daran, dass die Rekonstruktion handlungslogischer Einheiten auf der Ebene der Geschichte stattfinden muss.[42]

So können etwa die Ereignisse an der Bahnstation bis zum Shootout in *Spiel mir das Lied vom Tod* nur als Teil der Eröffnungssequenz betrachtet werden, denn erst mit der nachfolgenden Darstellung des Massakers auf der McBain-Farm konstituiert sich die gesamte Eröffnungssequenz, da nun erst ein entscheidender Handlungsstrang der gesamten Geschichte – »Mundharmonika« sucht Frank, der ihn ausschalten will, sonst hätte er nicht seine Leute an die Bahnstation mit dem entsprechenden Tötungsauftrag geschickt – handlungslogisch korrekt etabliert worden ist (SLT bis 23:04).

Etwas anders verhält es sich mit dem Showdown (SLT 2:16:37 – 2:22:52) zwischen »Mundharmonika« und Frank. Er beginnt mit dem Blick Cheyennes aus dem Fenster auf den Schauplatz vor dem Haus und damit ohne abrupten Ortswechsel und auch ohne Zeitdiskontinuität – und dennoch beginnt hier eine neue Szene und vor allem eine neue Sequenz: Erst in dieser Showdown-Situation wird dem Zuschauer und auch Frank selbst gewahr, warum »Mundharmonika« die (tödliche) Konfrontation mit ihm will. Die *Backstorywound*, die seelische Verletzung des Helden, die sein Verhalten motiviert und die *vor* der eigentlichen Filmgeschichte angesiedelt ist, wird nun als ein zentrales Motiv für die Geschichte des gesamten Films aufgedeckt. Verbunden ist damit die »Einlösung« des Filmtitels. Obwohl die vor der Filmgeschichte liegende Ausgangshandlung von der Szenenabfolge und der Chronologie der Handlung nicht zum Ereignis des gerade ablaufenden Showdown gehört und über eine auf zwei Abschnitte verteilte Rückblende in das Duell eingeschleust wird, ist sie von der handlungslogischen Ebene her unentbehrlich und formt damit die gesamte Szenenfolge erst zur Sequenz.

Wieder etwas anders verhält es sich mit der »Maisfeldszene« in *Der unsichtbare Dritte*: Sie kann zunächst als eine (einzige) Szene verstanden werden, als ein Orts- und Zeitkontinuum, was sich auch im weitgehend zeitdeckenden Erzählen abbildet. Darüber hinaus, und dies ist gewiss als eine Besonderheit zu vermerken, bilden Szene und Sequenz ebenfalls eine Einheit – hier fallen filmischer und narrativer Diskurs zusammen.

Aus diesen Überlegungen heraus kann festgehalten werden, dass Einstellungen und Szenen nicht einfach die gegenüber der Sequenz kleineren Segmentierungsmerkmale und auch nicht deren Bestandteile sind, sondern dass Sequenzen durch handlungslogische Kategorien als Form der narrativen Strukturierung gelten müssen (s. a. Kap. 2.3), wenngleich in bestimmten Fällen eine Deckung von Szene und Sequenz, selten auch von Einstellung und Sequenz, durchaus auftreten kann.

3.5 Zeitverhältnisse

Wie jeder narrative Text organisiert auch der Film das Erzählen auf zwei Ebenen der Zeit: auf einer ersten Zeitachse der Geschichte als Zeit des Erzählten, auf einer zweiten Zeitachse des Diskurses als Zeit des Erzählens – und diese ist im Film mittels der Länge eindeutig festgelegt. Die Relation der beiden Achsen gibt Aufschluss über die Zeitstruktur, über das Erzähltempo, d. h. über den Grad der Dehnung, Raffung und Deckung. Die Organisationsformen der Zeitstruktur im Film sind also im Grundsatz dieselben wie in sprachlichen literarischen Texten, allerdings mit einer entscheidenden Differenz, die medieninhärent ist: *Innerhalb* einer Szene, bedingt durch den dramatisch-mimetischen Modus, kann der Film – verzichtet der Autor auf technische Varianten wie Zeitlupe und Zeiraffer – nur *zeitdeckend* erzählen: Er benötigt also das Mittel des Schnitts (der Montage), um aus der Zeitdeckung herauszukommen. Wie in vielen Romanen bedient sich der Spielfilm in aller Regel der *Zeitraffung*, wobei er, angepasst an die Seherwartungen und -gewohnheiten des Publikums, um die 120 Minuten als Erzählzeit in Anspruch nimmt und daher häufig entschiedener rafft als der Roman. Dies hat überdies zur Folge, dass im Film häufig *Ellipsen*, Zeitsprünge, auftreten. Zeitraffung bzw. Ellipsen können direkt markiert werden, etwa durch Inserts oder Voice Over, sie können auch, etwa durch einen im Bild sichtbaren Wechsel von Tageszeit und Jahreszeit usw., indirekt markiert werden oder auch völlig unmarkiert bleiben. Im letzteren Fall erachtet der Erzähler das ausgelassene bzw. übersprungene Geschehen für die Handlungsprogression bzw. -logik als unbedeutsam.

So bleibt beispielsweise der Umfang, die Spanne der erzählten Zeit in *Spiel mir das Lied vom Tod*, *Der unsichtbare Dritte* und *Blow-Up* weitgehend unbestimmt und vage, während für *Forrest Gump*, *Lola rennt* und *Sophie Scholl* die erzählte Zeit recht genau zu bestimmen ist. In Sophie Scholl gibt es mittels dreier Inserts (**18. Februar 1943, 20. Februar 1943, 22. Februar 1943**) direkte Markierungen und aus der Handlungsstruktur kann erschlossen werden, dass die erzählte Zeit am 17.2.1943 beginnt und am 22.2.1943 mit der Hinrichtung endet. Das erste Datum ergibt sich daraus, dass Hans Scholl beim konspirativen Treff sagt: **Die [restlichen Flugblätter, d. Verf.] verteile ich morgen an der Uni** (SoS 4:09). Bei diesem Verteilen erscheint der Datumshinweis **18. Februar 1943**, und dies ist der Tag der Verhaftung. Der 22.02.43 ist der Tag des kurzen Prozesses und auch der Tag der Hinrichtung. Letzteres wird aus der filmischen Handlung nicht mit letzter Sicherheit sichtbar, lediglich die Uhrzeit wird durch den Vollstreckungsbeamten in Figurenrede zu Protokoll gegeben: **Es ist genau 17 Uhr** (SoS 1:48:10). Allerdings kann der Zuschauer möglicherweise mittels seines Weltwissens über die Widerstandsgruppe, bekannt unter dem Namen *Weisse Rose*, den genauen Hinrichtungstag erschließen. Auch dieser Film rafft, denn er erzählt in weniger als zwei Stunden die Ereignisse von sechs Tagen, jedoch wird diese Raffung mittels der tendenziell unsichtbaren Schnitte und der chronologischen Reihung der Ereignisse für den Zuschauer kaum sichtbar, zumal die Verhöre sowie der Prozess, die einen großen Raum des Films einnehmen, längere zeitdeckende Abschnitte beanspruchen.

Wesentlich größere Zeitabschnitte und damit sichtbarere Zeitraffungen sowie Ellipsen weist *Forrest Gump* auf, dessen erzählte Zeit von den 1950er bis in die frühen 1980er Jahre reicht. Historisch konkrete Hinweise sind die eingeschnittenen Szenen – einige davon besonders markant durch das Schwarz-Weiß –, in denen u. a. die Präsidenten Kennedy, Johnson und

Nixon zu sehen sind sowie, innerhalb der Spielfilmszenen gegen Ende des Films, der Grabstein von Forrests Frau Jenny, der das Datum **March 22. 1982** (FG 2:04:33) trägt. Da Forrest seine Lebensgeschichte rückblickend-raffend erzählt, während er an der Bushaltestelle sitzt, und mehrmals als dort »real« Erzählender zwischen seinen erzählten Lebensstationen auftaucht, ergibt sich eine doppelte Zeitstruktur: Die erste und letzte Sequenz bilden den Rahmen des Erzählens, und auch innerhalb dieses Rahmens gibt es, vor allem im letzten Teil, Raffungen, denn hier befinden wir uns auf der ersten Erzählebene, der Rahmenerzählung als der »eigentlichen« Handlungsebene, da der Erzähler Forrest von der Bank an der Bushaltestelle aufsteht, Jenny aufsucht, sein Kind zum ersten Mal sieht usw. Im ersten Teil des Rahmens besteht sein Handeln lediglich aus dem Erzählen seiner Lebensgeschichte, es gibt keinen Ortswechsel und die beim Erzählen verstreichende Zeit wird durch die wechselnden Zuhörer/innen angezeigt, die der Zuschauer bei den kürzeren Einschüben mit dem plaudernd sichtbaren Protagonisten wahrnimmt. Mehr und anderes unternimmt Forrest nicht. Die Binnengeschichte des Helden – immerhin handelt es sich um die Lebensgeschichte vom kleinen gerade einzuschulenden Jungen bis zum Enddreißiger – muss Raffungen und eine Reihe von Ellipsen enthalten, ansonsten ist diese Geschichte nicht in gut zwei Stunden erzählerisch zu bewältigen.

Am ausgeprägtesten sind die verschiedenen filmischen Möglichkeiten, Zeitverhältnisse zu gestalten, ja sogar mit ihnen zu spielen, in *Lola rennt*. Zum einen ist mittels Simultantechnik – Lola in ihrer Wohnung, Manni in einer Telefonzelle irgendwo im Stadtzentrum Berlins – die Gleichzeitigkeit zweier miteinander in Beziehung stehender Ereignisse deutlich markiert, ergänzt durch die weitgehend in Schwarz-Weiß gehaltenen Einblendungen. Diese, wiederum simultan angelegt, erzählen Ereignisse aus der Vorgeschichte der beiden Protagonisten, die zu der bedrohlichen, vertrackten Jetzt-Situation geführt haben. Zum anderen spielen verschiedentlich eingestreute Zeitlupen, also Zeitdehnungen, eine nicht unerhebliche, die Spannung für den Zuschauer erhöhende dramaturgische Rolle: Sie konterkarieren gewissermaßen die rasende und mit 20 Minuten bis zur geplanten Geldübergabe an Mannis Auftraggeber absolut eng bemessene Zeit. Darüber hinaus gibt es für die Sequenz der Geldbeschaffung bzw. der zu realisierenden Geldübergabe, und damit für den zentralen Handlungsstrang des Films, eine weitgehende Deckung zwischen Erzählzeit und erzählter Zeit, ungeachtet zahlreicher Schnitte resp. Szenenwechsel: Von der Zeitangabe Mannis, dass er in 20 Minuten das Geld übergeben müsse (vgl. LR 8:30) bzw. vom eigentlichen Beginn der durch Lola eingeleiteten Aktion (vgl. LR 9:02 bzw. endgültig: 10:21) bis zum Ende, der Aussichtslosigkeit, angesichts der Einkesselung durch Polizeikräfte (vgl. LR 29:00) zu entkommen und das Geld übergeben zu können, vergehen ziemlich genau die von Manni benötigten 20 Minuten. Setzt man das Ende etwas später an, am Tod der Protagonistin durch eine Kugel aus einer Polizeiwaffe (vgl. LR ab 29:24), ergibt sich die gleiche Zeitspanne. Die sich anschließenden zwei weiteren, in einigen wichtigen Details veränderten Versionen der Aktion »Geldbeschaffung und Folgen«, die von zwei kurzen Zwischenspielen eingeleitet werden, bewegen sich wiederum jeweils in der gleichen Zeitschiene: Die erste Wiederholungsversion dauert etwa 16 Minuten, die zweite ca. 20 Minuten. Die für alle drei Versionen gleiche Vorgeschichte bzw. Ausgangssituation signalisiert, dass der filmische Erzähler mit seinen drei Varianten des Fortgangs und Endes der Geschichte andeutet, dass es für diese *eine* Geschichte durchaus mehrere Handlungs- und Lösungsmöglichkeiten gebe, für die er sich gewissermaßen die Zeit nimmt, sie zu kommunizieren. Auf den gesamten Film hin gesehen – die Erzählstrategie erinnert an Kurosawas *Rashomon*, ohne allerdings dessen Perspektivenwechsel beim mehrmaligen Erzählen des gleichen Ereignisses zu imitieren – bedeutet diese Aneinanderreihung der drei Versionen (desselben Handlungsstrangs) eine deutliche Verschiebung des Verhältnisses von Erzählzeit und erzählter Zeit zugunsten einer Zeit*dehnung*. Dies ist umso bemerkenswerter, als der Film thematisch und gewissermaßen leitmotivisch dem Prinzip der davonlaufenden Zeit, der Atemlosigkeit und des Time-Is-Money (and Life!) folgt und dies mit der zumeist in Sprintmanier durch Straßen und Treppenhäuser hetzenden Protagonistin Lola ins Bild setzt, menetekelhaft begleitet vom unerbittlich vorrückenden Uhrzeiger – Zinnemanns *Zwölf Uhr mittags/High Noon* lässt grüßen, wenn auch zwischendurch in der Kuckucksuhr ironisch zitiert und verfremdet. Insofern markiert das dreimalige Erzählen eines Teils der Geschichte eine auf manchen Zuschauer provozierend wirkende Gemächlichkeit des Erzählens. Diese wirkt, intensiviert durch die zahlreichen Zeitlupenbilder, wie ein subversiver Gegenentwurf zum Thema »davoneilende Zeit« in der hektischen Großstadt Berlin. Zugleich kann diese Gemächlichkeit auch als ein erzähldramaturgisches Spiel des Erzählers mit geglaubten Eindeutigkeiten und Gewissheiten gesehen werden – getreu den nicht ganz so ernst zu nehmenden philosophierenden Betrachtungen des Off-Kommentators im Prolog: **Der Mensch […] Wer sind wir? Woher kommen wir? Wohin gehen wir? Woher wissen wir, was wir zu wissen glauben? Wieso glauben wir überhaupt etwas? Unzählige Fragen, die nach einer Antwort suchen.**[43] Eine vergnügliche, sich mancher Zitationen aus der Filmgeschichte bedienende und dabei höchst unzuverlässige Antwort gibt diese Film-Erzählung in einem Genre-Mix aus Großstadtfilm, Thriller, Familiendrama, Road-Movie, Comic-Streifen, Märchen, Komödie u. a.m.

Immer dann, wenn innere (Bewusstseins-)Vorgänge von Figuren zu erzählen sind, fallen Erzählzeit und erzählte Zeit auseinander und evozieren eine Zeitdehnung – darin unterscheiden sich Film und sprachlicher Text nicht. Während allerdings der sprachliche Text mit Formulierungen wie beispielsweise: »Sie erinnerte sich daran, wie sie in ihrer Kindheit …«, und mit recht eindeutig zu markierenden und dadurch auch möglichen schnellen Wechseln zwischen Außen- und Innenwelt hin und her springen kann, muss der Film dies aufwändiger umsetzen, will er beim Rezipienten keine Verwirrung auslösen. Dies hat zur Folge, dass solche Wechsel zwischen Innen und Außen in den meisten Filmen deutlich weniger als in sprachlichen Texten oder auch gar nicht vorhanden sind. So entbehren *Der unsichtbare Dritte*, *Sophie Scholl* und *Blow-Up* gänzlich dieser Erzählstrategie, während sie in *Lola rennt*, *Forrest Gump* und in *Spiel mir das Lied vom Tod* erzähldramaturgisch konstitutiv ist, wenn auch in unterschiedlicher Intensität und Ausprägung. In *Forrest Gump* etwa wird zum einen mittels der mehrmaligen Wendungen in die Innensicht Forrests die Chronologie der (Rahmen-)Ereignisse, der Handlung auf der ersten Erzählebene, *anachronisch* vermittelt: Der erzählende Forrest rekonstruiert seine Lebensgeschichte in inneren Bildern und macht sie dann sozusagen in einer Art Doppelstimme – als diese Erinnerungen partiell begleitender Off-Kommentator sowie als in Filmszenen übersetzte mentale Ereignisse – sichtbar bzw. hörbar. Zum anderen ergibt sich durch diese Erzählkonstruktion eine massive Zeitdehnung, die allerdings im direkt erzählten Kommentar, der auf der Bank an der Bushaltestelle parallel zu den gespielten Szenen stattfindet, ein Stück weit wieder aufgehoben wird, so dass sich in diesem Film ein komplexes Ineinander von Zeitdeckung, -raffung und -dehnung ergibt.

In *Spiel mir das Lied vom Tod* hingegen wird die Chronologie der Handlung erst gegen Ende, im Showdown, durchbrochen, als die Vorgeschichte eingespielt wird, die für den Protagonisten »Mundharmonika« das Movens zu seinem mit Frank gesuchten Duell bildet und die nun erst dem Zuschauer offeriert wird. Vor »Mundharmonikas« innerem Auge läuft das grausame Spiel des Sadisten Frank ab, als dieser – und dieses Ereignis ist viele Jahre her – den Knaben »Mundharmonika« zwang, das **Lied vom Tod** zu spielen und dabei den eigenen Bruder zu tragen, der mit einem Strick um den Hals auf »Mundharmonikas« Schultern steht und erst durch den Zusammenbruch des Jungen zu Tode kommt. Diese innerhalb des anstehenden Duells zwischen »Mundharmonika« und Frank eingeblendete Szene bildet gewissermaßen den Schlüssel für das Agieren des Protagonisten »Mundharmonika« innerhalb des gesamten Films. Darüber hinaus bringt sie in der deutschen Fassung den Titel des Films im wahrsten Sinne des

Wortes zur Sprache – daher bedarf es hier auch eines die Handlungssukzession unterbrechenden Moments, einer Zeitdehnung, deren Bedeutsamkeit und Wirkung nochmals durch eine Reihe von Zeitlupenaufnahmen verstärkt wird.

Abb. 127 – 138: Zeitverhältnisse: Deckung, Raffung und Dehnung

Das Ineinander von Deckung, Dehnung und Raffung bei der Darstellung von Bewusstseinsvorgängen, eine im Film eher selten anzutreffende Erzähltechnik, findet sich in *Lola rennt* in einem Teil (Abb. 127 – 130, LR 4:30 – 6:29) der ersten Sequenz: Während der telefonische Dialog zwischen Lola und Manni zeitdeckend verläuft (127, 129), unterliegen die von beiden Figuren im Gespräch jeweils einander aus der Erinnerung mitgeteilten, in Schwarz-Weiß gefilmten Ereignisse, die zur vertrackten Situation Mannis geführt haben, dem Prinzip des Zeitraffers (128, 130). Der für Mannis Situation entscheidende Teil des erinnerten Vorgangs wird danach zeitdeckend (der Handlungsbereich der Flucht vor den Kontrolleuren) sowie zeitdehnend (Mannis Gang in Zeitlupe mit mehrmaligen Erinnerungs-*Short Cuts* der Tasche) in Schwarz-Weiß erzählt (Abb. 131 – 134, 138, LR 6:28 – 7:13), was für die Ausgangssituation der Szene, den Telefondialog, ebenfalls eine Zeitdehnung bedeutet. Für den Zuschauer wird dies dadurch deutlich, dass der Dialog zwischen Lola und Manni für kurze Zeit aussetzt, lediglich kurz unterbrochen vom mehrmaligen, in clipartigem Bilderwechsel eingeschnittenen Ausruf Lolas und Mannis (**die Tasche!**, Abb. 135–137). Insgesamt markiert dieser gerade einmal zwei Minuten lange Ausschnitt ein wahrlich filigranes Ineinander der drei grundlegenden Zeitprinzipien.

3.6 Figurendramaturgie

Für die Handlung eines sprachlichen Erzähltextes bzw. eines Films sind *Figuren* und Figuren*konstellation* elementar, denn häufig sind bestimmte Figurenmerkmale wie sprachliche Äußerungen, Verhalten usw. sowie Kommunikationsmodi von verschiedenen Figuren untereinander ursächlich für die Faktoren Komplikation und Auflösung der Handlung. Die Figur, auf die sich die zentrale Komplikation einer Handlung bezieht, wird als Held/in bezeichnet, wobei dies nicht mit einer positiven Wertung als Möglichkeit der Identifizierung verbunden sein *muss*, sondern durchaus die Möglichkeit der Distanzierung für den Leser bzw. Zuschauer mit einschließt. Zur Charakterisierung von Figuren stehen drei grundlegende Formen zur Verfügung, die häufig jeweils mehr oder weniger dominant, zumeist in einer bestimmten Mischung vorliegen: die *Selbstcharakterisierung*, *Fremdcharakterisierung* sowie die *Erzählercharakterisierung*.[44] In der Selbstcharakterisierung bestimmt sich die Figur durch ihr Handeln, Reden, ihre Kleidung, Mimik, Körpersprache usw., während in der Fremdcharakterisierung eine Figur durch eine oder mehrere andere beschrieben bzw. beurteilt wird. Die Erzählercharakterisierung schließlich umfasst die Beschreibung und Beurteilung durch den filmischen Erzähler, der mittels bestimmter Kameraperspektiven, Farbwahl, Licht-Schatten-Verhältnissen oder auch, direkt vernehmlich, mittels eines Off-Kommentars eine Figur oder auch mehrere charakterisiert.

Während sprachliche Erzählungen, vor allem moderner Provenienz, einen Schwerpunkt von Handlungsmotivationen aus dem Innenleben ihrer Figur(en) heraus bestimmen (können) und dieses über Gedankenbericht, erlebte Rede usw. dem Leser nahe bringen, geschieht dies im Film – medienbedingt – weitgehend über die direkte visuelle und auditive Präsenz, u. U. ergänzt durch ein Voice Over. Diese sinnliche Präsenz der verschiedenen Figuren, seien es Haupt- oder Nebenfiguren, erstreckt sich auf Aussehen, Kleidung, Körpersprache, Mimik, Gegenstände (im eigenen Besitz etwa) und Räume (etwa der Arbeitsplatz, die eigene Behausung), aber auch auf Sprache, kognitive Fähigkeiten, emotionale Reaktionen, soziale Zugehörigkeit und besondere Werte und Normen sowie Besonderheiten des Charakters. Zu unterscheiden sind darüber hinaus die Komplexität sowie die Entwicklung von Figuren.[45] Ein- oder Mehrdimensionalität bestimmen die Komplexität einer Figur, Statik oder Dynamik den Entwicklungsgrad, wobei es jeweils unterschiedliche Abstufungen gibt. So ist beispielsweise Thomas in *Blow-Up* eine relativ statische Figur, die am Ende der Geschichte trotz der für sie aufwühlenden und zugleich rätselhaft bleibenden Entdeckung eines »Foto-Mordes« und trotz der mysteriösen Begegnung mit der geheimnisvollen, möglicherweise auf irgendeine Weise verstrickten Fremden nicht aus ihrem routinisierten (Fotografen-)Alltag herauskommen kann und vermutlich auch nicht will. Dennoch: Angesichts der Erfahrung von Thomas, dass das, was wir per Augenschein wahrnehmen, nicht das Gleiche ist, was die Kamera und deren zigmal vergrößerbare Wahrnehmung (*Blow-Up*!) ansichtig machen kann, wird am Ende der Geschichte zumindest eine Irritation bei ihm angedeutet. Er scheint nachdenklich und befremdet zu sein über das In-den-Tag-Hineinleben der Londoner Clique und ihr unbekümmertes Verhältnis gegenüber einer Wirklichkeit, die für ihn bis zum Zeitpunkt der mysteriösen »Foto-Wirklichkeit« auch nicht hinterfragt werden musste. Diese sich lediglich andeutende veränderte Sicht Thomas' auf Wirklichkeit(en) kann das Statische dieser Figur nicht aufheben, ist indes eine Perspektive auf ihre mögliche Entwicklung sozusagen über die Filmgeschichte hinaus und ein zentraler Mosaikstein für die Deutung des Endes dieses Films als einem offenen.

Auch die Mehrheit der Figuren in *Spiel mir das Lied vom Tod* weist einen geringen Komplexitätsgrad und keine Entwicklung auf. Zwar verkörpern »Mundharmonika« und Frank das Grundschema Held – Gegenspieler, aber dieses übliche Schema ist nicht das den Film durchgängig dominierende und den Fortgang der Handlung (einzig) bestimmende, sondern es erscheint, abweichend vom Mainstream des Genres, durchbrochen und gewissermaßen auf fünf Figuren verteilt. Dies wiederum ermöglicht drei für die Geschichte konstitutive Handlungsstränge, die miteinander verknüpft werden und jeweils ihre tragenden Figuren haben: den Bau der Eisenbahnlinie zum Pazifik (Morton und Frank), den Bau der Eisenbahnstation auf »Sweetwater« (Jill McBain, »Mundharmonika« und Cheyenne) und die Rachehandlung (»Mundharmonika« und Frank). Frank und Cheyenne sind die Prototypen von Westernhelden, die als Outlaws einer sich dem Ende zuneigenden Zeit dem Untergang geweiht sind, deren Geschäfte sich zu überleben beginnen und die daher auch untergehen müssen. Morton dagegen ist eine ob ihres körperlichen Gebrechens der Knochenmarktuberkulose deformierte Figur aus der neuen Zeit des sich entfaltenden Kapitalismus, die allerdings genauso eindimensional angelegt ist, indem sie über Leichen geht, um ihre Geschäfte und ihren Traum mit eisernem Willen zu verfolgen. Indes: Morton verfährt strategisch geschickter als Frank, er *lässt* morden oder, wesentlich unspektakulärer und für ihn ungefährlicher, er bedient sich seiner ökonomischen Potenz, um andere zu ruinieren und als Konkurrenten auszuschalten (s. a. Kap. 4.1). Diese Figuren folgen einfachen und eindeutig konturierten (Lebens-)Mustern, sind statische Figuren, wobei die Sympathien des Zuschauers gerade durch die einfache Strukturierung ihrer Charaktere eindeutig ausfallen: Frank ist der eiskalte Mörder, Morton sein Arbeit- und Auftragsgeber und mit beider Untergang kann man sozusagen einverstanden sein, während man dem »guten«, auch Emotionalität und Fairness – **meine Leute verüben keine Massaker** – demonstrierenden Banditen Cheyenne durchaus Sympathie entgegenzubringen gewillt ist. Auch »Mundharmonika« ist Sympathieträger, nicht nur, weil er mit dem Revolver überlegen umzugehen weiß – dies als genretypisches Merkmal eines Westernhelden genügte allein (noch) nicht –, sondern über weitere Fähigkeiten und Charaktereigenschaften verfügt, die im Kontext der Geschichte positiv-konstruktiv zu sehen sind. So etwa, wenn er Jill McBain beim Aufbau der Station tatkräftig hilft oder das Kopfgeld, das er für Cheyennes in gegenseitiger Absprache inszenierte Gefangennahme erhalten hat, uneigennützig für die Ersteigerung der Farm von Jill McBain einsetzt und damit gegen Morton und dessen Helfer ein provozierendes Signal setzt.

Abb. 139 – 140: Zeitenwandel: alte Helden und neue Heldin

Dennoch ist auch »Mundharmonika«, der am Ende des Films allein wieder von dannen zieht und die Sesshaftigkeit verweigert, eine Figur, die von der Zeit überholt wird; hier wird das im klassischen Western durchaus übliche Schema am Ende einer Western-Geschichte, den Protagonisten wieder in die Weite der Landschaft zu entlassen und damit die genrebestimmende Antithetik von Freiheit und Domestizierung ins Bild zu setzen, variiert: Die letzten Einstellungen des Films rücken die weibliche Protagonistin, Jill McBain, in den Mittelpunkt. Sie überwand den herben persönlichen Schicksalsschlag, stemmte sich nach anfänglicher Mutlosigkeit gegen ihre Gegner und erlebt nun die Ankunft des ersten Zuges in der im Aufbau befindlichen Station. Sie ist die einzige der Hauptfiguren des Films, die eine Entwicklung aufweist, von der Prostituierten aus New Orleans zur Baumeisterin der neuen Stadt und Eisenbahnstation »Sweetwater«. Man sieht sie am Ende des Films Anweisungen gebend mitten unter den ausnahmslos männlichen Eisenbahnarbeitern (Abb. 139) und der Zuschauer hört sie auch nachdrücklich – ihre Erkennungsmelodie begleitet ihren Auftritt und beendet den Film zunächst auch akustisch. Erst bei beginnendem Abspann kommt mit »Mundharmonika«, der langsam in die Hügel davonreitet, den toten Cheyenne auf einem Beipferd mitführend, nochmals das gewohnte Ende eines traditionellen Westerns ins Bild (Abb. 140), auch akustisch unterstützt durch die Cheyenne-Erkennungsmelodie – gleichwohl ist diese visuell-auditive Komposition nur noch als (wehmütig-ironisches) Zitat zu begreifen. Dies indes verstärkt den eindrücklichen Auftritt und das selbstbewusste, auf die Zukunft gerichtete Handeln der im Western ansonsten eher als Liebesobjekt und Beiwerk gehandelten weiblichen Protagonistinnen. Waren schon im gesamten Film einzelne Szenen bzw. Situationen wie etwa der überaus theatralisch-gedehnt ins Bild gesetzte Showdown zwischen Frank und »Mundharmonika« sowie die gleich im Auftakt des Films vorgeführten drei Outlaws in ihrem Aussehen und markant skurrilen Verhalten usw. durchaus als ironisierende Genre-Zitationen zu lesen, so verstärkt die Figurenkonstellation und der Fokus des Erzählers auf die weibliche Protagonistin am Ende die Ambivalenz dieses Italo-Westerns: Alle (Gründungs-)Mythen der amerikanischen Geschichte, die sich immer wieder im Genre Western abbilden, werden zitiert, aber zugleich auch partiell gebrochen und fragwürdig, so dass auch über die Figurendramaturgie eine Deutung des Films als Höhepunkt *und* Abgesang des (Italo-)Westerns auf der Hand liegt.

Auch *Sophie Scholl* wird als eine Figur präsentiert, die sich zwar schon am Beginn des Films angesichts der gefährlichen Unternehmungen als mutige und entschlossene Protagonistin zeigt, aber im Verlaufe des Verhörs in der direkten verbalen Konfrontation mit dem ermittelnden Gestapo-Mann Mohr, dem Gegenspieler, entscheidend weiterentwickelt. Wie sie im ersten Teil des Verhörs in gelassen und überlegt wirkender Gegenrede alle von Mohr gegen sie ins Feld geführten Verdachtsmomente zurückweist, so geht sie im Verlauf des zweiten Teils des Verhöres, als ihr das unterschriebene Geständnis ihres Bruders, Alleintäter gewesen zu sein, vorgelegt wird, in die Offensive (SoS ab 42:55) und begründet ihre Überzeugung für die Teilnahme an den Widerstandsaktivitäten. Auch in der Verhandlung vor dem Volksgerichtshof führt sie den argumentativen Kampf gegen die Staatsmacht

Abb. 141 – 142: Sophie Scholls Veränderung

weiter, wohl wissend, dass sie sich damit der Todesstrafe aussetzen wird. Sie reift damit im Verlaufe der nur wenige Tage umfassenden Geschichte des Films von einer fröhlichen Studentin – erinnert sei hier an die erste Szene (Abb. 141) – zur ernsten, nunmehr sehr erwachsen wirkenden jungen Frau, die sich auch ihrem Schmerz, ihrer Angst und ihrer Verzweiflung hingeben kann, wie in verschiedenen Szenen sichtbar wird (Abb. 142). Dies verhindert auch, dass sie zu einer eindimensionalen Figur, zu einer Art Superheldin gerät.

Die in diesem Film herrschende Figurenkonstellation folgt einem einfachen, überschaubaren Muster, indem die Konstellation Heldin – Gegenspieler in der direkten Konfrontation Sophie Scholl – Mohr den größten Teil des Films bestimmt, so dass die anderen Beteiligten (Hans Scholl, Schmorell, Graf u. a.) im Verlaufe des Films immer deutlicher zu Nebenfiguren werden. Zugleich ist der personalisierte Konflikt der beiden ein Konflikt zweier Weltanschauungen und Menschenbilder. Das Rededuell der beiden Hauptfiguren, das die Geschichte vorantreibt, wird gespeist von den grundlegend verschiedenen Werten und Normen, die beide vertreten, wobei auch die Figur des Gestapo-Schergen Mohr zumindest ansatzweise widersprüchlich und mehrdimensional angelegt ist: Er hegt eine gewisse Bewunderung für Sophies Intelligenz, Geradlinigkeit und Mut, so dass er zu Lohner gesagt haben soll, **solche Leute braucht Deutschland eigentlich. Man müsste euch halt gründlich umerziehen** (SoS 49:15). Und gegen Ende des Verhörs, das immer mehr zur weltanschaulichen Auseinandersetzung zwischen dem Nationalsozialisten Mohr und der Humanistin Sophie Scholl mutiert, macht Mohr ihr das Angebot, einen Zusatz ins von ihr schon unterzeichnete Protokoll aufzunehmen, in dem vermerkt würde, dass sie zwar die Richtigkeit des Vorgehens ihres Bruders anerkenne, dass sie jedoch nur mitgemacht habe (SoS 1:09:01 – 1:09:23). Auf ihren Einwand hin, dass dies nicht stimme, unternimmt Mohr einen weiteren Versuch, indem er ihr ein vorgefertigtes Widerrufsprotokoll vorhält, das sie nur noch unterschreiben müsse. Als Sophie auch dies ablehnt, wirkt Mohr betroffen. An diesen Punkten wird sichtbar, dass Mohr Sophie vor dem zu erwartenden Todesurteil bewahren will und damit punktuell vor der Konsequenz seiner Verhörergebnisse zu-

Abb. 143 – 144: Äußere Figurenmerkmale

rückzuschrecken scheint, was ihn zu einer komplexeren Figur macht, als es die vorangegangenen Verhörteile hatten ahnen lassen.

Forrest Gump ist ganz auf den Protagonisten Forrest zugeschnitten, was schon die ersten Minuten der Geschichte vermuten lassen: Der Fokus des filmisches Erzählers ist auf seinen Protagonisten gerichtet, der als eine Figur eingeführt wird, die nicht nur von den äußeren Merkmalen her sonderbar erscheint[46]: Der Zuschauer ist zunächst irritiert über das Ensemble von beigem Anzug, kariertem Hemd (Abb. 143), heruntergelaufenen Sportschuhen und Ringelsocken – die beiläufig erscheinende Großaufnahme eben dieser Schuhe und Socken (Abb. 144) unterstützt die Irritation nachhaltig. Indes ist es nicht nur die äußere Erscheinung dieser Figur, die befremdet, denn die erste Einstellung zeigt, wie dieser Mann eine soeben an seinem rechten Schuh gelandete Vogelfeder vorsichtig aufhebt und andächtig betrachtet. Auch der folgende Vorgang mutet seltsam an: Er zieht aus seinem kleinen alten Koffer ein Bilderbuch mit dem bezeichnenden Titel *Curious George* heraus und legt die Feder ebenso sorgfältig-vorsichtig zwischen zwei Seiten, um danach das Buch wieder zurück zu legen, den Koffer zu schließen und versonnen in Richtung Kamera zu schauen. Ein Erwachsener, der in seinem kleinen, nur wenige Dinge fassenden Koffer ein Bilderbuch stets griffbereit hat und eine unscheinbare Vogelfeder derart rührend zur Kenntnis nimmt und einsammelt, muss sich etwas von kindlicher Naivität bewahrt haben, muss jemand sein, der anders denkt und lebt, als es das Erfahrungs- und Weltwissen des Rezipienten für gewöhnlich einem erwachsenen Mann zuzuordnen bereit ist. Vollends sichtbar wird die Tatsache, dass die Geschichte eines ungewöhnlichen Menschen, ja, vermutlich eines Toren, eines Anti-Helden erzählt wird, wenn dieser mit einer Passantin, die sich neben ihm auf der Bank niederlässt, um auf den nächsten Bus zu warten, Kommunikation aufnimmt. Die Direktheit und Unbekümmertheit, mit der er die unmotiviert erscheinende namentliche Selbstvorstellung mit dem eigenartigen Singsang in der Stimme: **Mein Name ist Forrest, Forrest Gump** (FG 3:12) vornimmt, verbunden mit dem im Film später mehr als zwei Dutzend Mal wiederholten Satz: **Meine Mama hat immer gesagt** (FG 3:29 u. a.), signalisieren dem Zuschauer, dass soeben ein Held die Bühne der zu erzählenden Geschichte betreten hat, der nicht im Mainstream der souveränen, Sexappeal ausstrahlenden, beruflichen Erfolg verkörpernden (Hollywood-) Helden segeln wird. Inwieweit dieser Protagonist sein Leben meistern kann bzw. bisher gemeistert hat, erscheint zumindest zu diesem Zeitpunkt der Geschichte ungewiss, denn der Rezipient kann (noch) nicht eindeutig entscheiden, ob die Naivität eher eine berechnend-inszenierte oder eine tatsächliche ist. Unter diesem Vorbehalt steht auch ein Leitspruch Forrests, der aus dem Mund seiner Mutter stammt und ihm zum verbindlichen Daseinsmotto geworden ist: **Das Leben ist wie eine Pralinenschachtel, man weiß nie, was man kriegt** (FG 3:32).

Es ist also eine Reihe von akustischen, wortkodierten und vor allem unterschiedlichen visuellen Zeichen, die der Zuschauer gewissermaßen zu einem Ganzen zusammenfügen muss, um zu erkennen bzw. zumindest zu ahnen, dass er sich auf die Geschichte eines Toren einzulassen hat. Erst in der zweiten Sequenz, wenn es um die Einschulung Forrests geht, kommt der geringe IQ des Protagonisten durch einen Schulleiter, auch zahlenmäßig, zur Sprache. Später, als Forrest im Off die Abschlusszeremonie auf dem Campus kommentiert, dass er nach fünf Jahren auf dem College – und dort war er nach eigenem Bekunden lediglich ein sehr guter Football-Spieler – nun sein Diplom erhält, gewinnt das Agieren des Toren, nicht zum letzten Mal im Verlauf dieser Geschichte, eine massiv satirische Dimension, da es den Fokus auf eine vermeintlich erhabene Institution der amerikanischen Gesellschaft, auf die Universität, richtet. Dies ist beste pikarische Erzähltradition, nämlich aus der (vermeintlich oder wirklich) naiven Sicht heraus gesellschaftliche Normen und Werte zu dekonstruieren und der (Medien-) Gesellschaft samt ihrer politischen Klasse den Spiegel vorzuhalten. Dies zu leisten, ist dem Pikaro, dem Anti-Helden, vorbehalten.

Forrest ist von seinen intellektuellen Fähigkeiten und seiner Weltsicht her eine statische, recht eindimensionale Figur, die ihre An- und Einsichten aus der Erinnerung an das, was die Mutter einst an Werten und Verhaltensweisen vermittelte, schöpft. Dennoch: Es gibt auch die Dimension des Dynamischen in dieser Figur, die ihr dazu verhilft, eine bekannte, reiche und vor allem öffentliche Person zu werden. Sie ist zuallererst mit der Fähigkeit Forrests verknüpft, ungeheuer schnell und ausdauernd laufen zu können. Damit diese an einigen Stellen märchenhaft-fantastisch anmutende Fähigkeit, die nicht als mühsam antrainierte, sondern als angeborene erscheint, in der Geschichte wirksam werden kann, bedarf Forrest verschiedener Helfer (**lauf, Forrest, lauf**): In seiner Kindheit (Abb. 145) und Jugend (Abb. 146) ist es Jenny, später sind es Bubba und Leutnant Dan, und es sind bestimmte äußere Ereignisse wie beispielsweise der Feuerüberfall im Dschungel Vietnams.

Abb. 145 – 146: Jenny, die Helferin

Verbunden ist diese besondere Fähigkeit des Protagonisten mit einer einfältigen Sicht auf die Dinge und Vorgänge um ihn herum. Immer wieder ertönt aus dem Off der kindliche Tonfall des Ich-Erzählers Forrest und konstruiert eine Diskrepanz zwischen Gesprochenem und in den Filmszenen Gezeigtem: So kommentiert er beispielsweise seine Patrouillen-Einsätze in Vietnam mit den Sätzen: **Ich hab sehr viel von der Gegend da zu sehen gekriegt. Wir haben immer ganz, ganz lange Wanderungen gemacht**, und: **Das Gute an Vietnam war, dass man immer irgendwas vorhatte. Und es gab auch immer irgendwas zu tun** (FG ab 42:39), während die kurz darauf folgenden Bilder einer »Wanderung« von der Explosion einer Handgranate erzählen, die in einen Stollen geschleudert wird. Solche Diskrepanz erzeugt Distanz des Rezipienten gegenüber dem Erzählten und vor allem gegenüber dem Protagonisten, wie sie aus der Tradition des pikarischen Erzählens bekannt ist. Der unbekümmert-naive Erzählerbericht Forrests legt sich in einer Reihe von Szenen derart grotesk über das, was die Bilder erzählen, dass die Figur nicht zur widerspruchslos identifikationsstiftenden gerät, sondern eher ambivalent erscheint. Forrest weiß nicht wie andere Pikaros der Literaturgeschichte die gesellschaftlichen Verhältnisse und Bedingungen mit allen erlaubten und unerlaubten Mitteln jeweils aktiv für den eigenen Vorteil (durchaus auf Kosten der Mitmenschen) zu nutzen und verfügt auch nicht über das dafür häufig notwendige Misstrauen gegenüber den Zeitgenossen und ihren Handlungen. Dagegen erfüllt er unbekümmert eine Reihe von (Sekundär-)Tugenden wie Anpassungsfähigkeit, Konsumverzicht, sexuelle Enthaltsamkeit, selbstlose Aufopferungsbereitschaft als Soldat u.ä., die gemeinhin als konstitutiv für die Erfüllung des amerikanischen Traums gehalten werden. Gleichwohl markiert auch das *Setting*[47] dieses Protagonisten seine Nähe zum Pikaro: Es sind zum einen die Herkunft des Helden aus eher niederem Stand, das Aufwachsen in einer vaterlosen Familie und als Einzelkind im tiefsten Süden der USA fernab jeder Urbanität sowie seine schon als Kind und Jugendlicher oft schmerzhaft erfahrene Außenseiterposition. Zum anderen ist es seine wenig ausgeprägte Individualität, die ihn zum Spielball von Umständen und Zufällen und zum Objekt von Interessen anderer macht. Und es ist das partielle Scheitern des privaten Glücks durch den frühen Tod seiner über alles geliebten Jenny, der Mutter seines Sohnes, mit dem er am Ende des Films als Alleinerziehender zurück bleibt, was ihn in der Summe möglicherweise zu einer modernen Mischung aus Pikaro und jungem Parzival macht.

Ganz anders präsentiert sich der Held Thornhill in *Der unsichtbare Dritte*: Schon zu Beginn verkörpert er den smarten, konservativ-korrekt gekleideten, redegewandten, selbst in bedrohlichen Situationen nicht um einen flotten Spruch verlegenen Geschäftsmann in Führungsposition, der seiner Sekretärin alles vermeintlich Wichtige in einem nicht enden wollenden Redefluss in deren Notizblock diktiert (Abb. 147). Wie im Werbe-Business üblich, herrscht immer Termindruck und Hektik – im Film dadurch ins Bild gesetzt, dass das Diktat im Gehen im Menschengewimmel der Stadt und während einer Fahrt im Taxi geschieht. Die mittels einer Lüge, die dem Zeitdruck Thornhills geschuldet ist, zur Schau gestellte Cleverness bei der Ergatterung eines Taxis erregt beim Zuschauer gewiss zwiespältige Gefühle zwischen Bewunderung und Stirnrunzeln (s. a. Kap. 1). Damit nicht genug: Thornhill, der alle brenzligen Situationen in der Abenteuer an Abenteuer reihenden Geschichte am Ende souverän meistert, ist auch ein Muttersöhnchen. Schon innerhalb der ersten Sequenz wird dies angedeutet, als Thornhill sich mit Geschäftspartnern im Hotel trifft und, von einem der Männer auf seine Nervosität angesprochen – **was ist los Roger, Sie sind so nervös** (DuD 05:03) –, zu erkennen gibt, dass es ihn beunruhige, seiner Sekretärin den Auftrag gegeben zu haben, seine Mutter anzurufen, die jedoch nicht erreichbar wäre, was er übersehen habe. Die Mutter also erwartet seine regelmäßigen Anrufe, und er fühlt sich verpflichtet, ein folgsamer Sohn zu sein. Diese Dominanz der Mutter wird in einigen weiteren Situationen sichtbar, so beispielsweise, als Thornhill die geheimnisvolle Villa, in die er entführt wurde, zusammen mit der Polizei nochmals aufsucht und seine Mutter nicht nur mit von der Partie ist, sondern beim Betreten der Villa an der Spitze der Personengruppe eintritt (Abb. 148).

Abb. 147 – 148: Figurencharakterisierung: der Protagonist Thornhill

Diese Figurencharakterisierung ist erstes Indiz für eine Variante des Genres Thriller, für eine Thriller*komödie*. Hierzu trägt auch das traditionelle Motiv der Verwechslung bei, das die Initiation und den Ausgangspunkt für die Thornhill'schen Abenteuer bildet (Abb. 149 – 150, DuD 4:26 – 6:18). So tauchen als erste, für den Zuschauer nur flüchtig wahrnehmbare Indizien einer möglichen Verwechslungsgeschichte zwei identisch erscheinende Männer in der Hotellobby auf (Abb. 149), deren Wege sich kreuzen (DuD 4:26 – 4:29) und von denen der eine »Kaplan« sein könnte, von dem im Folgenden fortwährend die (geheimnisumwitterte) Rede ist. Der Zuschauer wird nämlich erst beim Treffen der CIA-Agenten in deren Hauptquartier darüber aufgeklärt (DuD 36:55 – 39:44), dass ein »Kaplan« gar nicht existiert, sondern als falsche Spur von der CIA konstruiert wurde, um den gegnerischen Geheimdienst vom wirklichen Agenten abzulenken.

Abb. 149 – 150: Inszenierung des Verwechslungsmotivs

Gewiss ist Thornhill mittels seiner Selbstcharakterisierung vorherrschend ein eher identifikationsstiftender Protagonist, aber er ist zugleich auch eine komplexe Persönlichkeit mit manchen Schwächen. Sein wichtigster Gegenspieler, der Gangster Vandamm, ein mondän-kultivierter Bösewicht (Abb. 151), der zwar für Thornhill zum Dreh- und Angelpunkt aller Ereignisse gerät, tritt jedoch ebenso wenig als scharf und ausgiebiger konturierte Figur in Erscheinung wie ein weiterer Gegenspieler Thornhills, der Geheimdienst-Chef, genannt der »Professor« (Abb. 152). Beide sind indes für das ›Stationendrama‹ Thornhills wichtige Antreiber, zumal sie jeweils selbst untereinander Gegenspieler sind und Thornhill ganz bewusst als Spielball bzw. Schachfigur einsetzen.

Abb. 151 – 154: Gegenspieler und/oder zwiespältige Charaktere: Vandamm, »Professor« und Eve Kendall

Der neben Thornhill am ausführlichsten und komplexesten ins Bild gesetzte Charakter ist zweifellos die attraktive, undurchsichtige und sich zugleich eigenartig kühl und leidenschaftlich gebende Eve Kendall, die nach knapp einem Drittel der Geschichte überhaupt erst die Filmbühne betritt (Abb. 153, DuD 42:51). Sie spielt eine Doppelrolle zum einen als (Doppel-) Agentin und als Gegenspielerin sowie zugleich als Helferin Thornhills und entsprechend zwiespältig erscheint sie – bis auf wenige Augenblicke des Liebesgeflüsters umgibt sie immer ein Nimbus des Geheimnisvollen, Unnahbaren und ihr Gesicht erscheint dem Zuschauer zuweilen maskenhaft (Abb. 154). In Erinnerung an den biblischen Mythos – auch der sprechende Name »Eve« sei hier angeführt – ist sie die Verführerin, die Thornhill in eine Falle lockt und in Lebensgefahr bringt und somit das Bild einer Schlange abgibt. Gleichwohl leidet sie selbst unter ihrem doppelten Spiel, gefährdet ihr eigenes Leben und findet am Ende auf den rechten Weg zurück, weshalb sie auch für den Zuschauer nachvollziehbar für Thornhill eine würdige Ehefrau abgibt. Ihr zwiespältiger Charakter sowie ihre doppelte Aufgabe ist indes ein entscheidendes Movens für den Fortgang der Handlung und somit von zentraler Bedeutung.

4 Filmsymbolik: Motivierte Mehrdeutigkeit

Symbolik schafft Umwege: Eine Metaebene der Verständigung wird hier beschritten. Der auch im Alltag dominierende Gebrauch des Wortes Symbol ist der eines ikonischen (bildhaften) Zeichens mit besonderer Konnotation, einer Abbildung mit mehr oder weniger versteckter Zusatzbedeutung.[48] Die Umschreibung eines *Sinn-Bildes* drängt sich somit auf, eines bildkräftigen Zeichens, **das über sich selbst als Offenbarung veranschaulichend und verdeutlichend auf einen höheren [...] Bereich verweist**[49] und dessen eigentliche, also jenseits des wahrnehmbaren Zeichens existierende tiefere Bedeutung vom Rezipienten erschlossen werden muss. Solche Umwege der Verständigung wählt auch der Film gerne und dies keineswegs nur im Kontext des semiotisch präferierten konventionellen, nichtmotivierten Zeichens; vielmehr sind auch dem Text selbst, im Sinne des Kon- und Kotextes der symbolischen Darbietung, semantische Hinweise zu entnehmen, die bei der Dekodierung des mehr bedeutenden Zeichens hilfreich sind.

Allerdings ist symbolische Darstellung im Film, da hier doch eine unkomplizierte und schnelle Verständigung mit dem Publikum angestrebt wird, zumeist nicht allzu komplex konstruiert. Schwierige oder kühne Symbole kommen nur vereinzelt und im populären Spielfilm, der große Zuschauergruppen ansprechen möchte, eigentlich so gut wie nicht vor. Und dennoch ist diese Form des Mehrbedeutens ein wichtiger Bereich filmanalytischer Texterschließung. Kommt es doch hier durch die vollzogene zeichenhafte Verdichtung zum Transport umfangreicher und auch gewichtiger Inhalte, die ohne diese auditive oder visuelle Konzentration kaum adäquat zu vermitteln wären. Darüber hinaus ermöglichen diese Sinnbilder nicht selten eine zweite Deutungsebene für Teile der Filmkomposition oder den gesamten Film und eröffnen so, möglicherweise erst im zweiten (Analyse-)Blick und den darauf folgenden Lektüren, eine gänzlich anders gelagerte Filmerfahrung.

In diesem Zusammenhang sollen nun symbolische Mehrdeutigkeiten unserer Auswahlfilme betrachtet und bezeichnet werden. Symbole werden im Folgenden **als Zeichen oder Hinweise auf allgemeine, übergreifende Bedeutungen und Sinnkonzepte**[50] sowie als narrativ geprägte bzw. textintern konstruierte Bedeutungsüberschüsse verstanden, deren Grenzen zu benachbarten Phänomenen (Allegorie, Emblem, Metapher, Metonymie, Synekdoche) gelegentlich weit geöffnet sind.[51] Zunächst werden verschiedene Erscheinungsformen *symbolischer Filmrede*, dann das symbolisch wirksame *Leitmotiv* erläutert.

4.1. Symbole

Namen, Requisiten, Figuren, Handlungen, Orte, etc. sind häufig polyvalent aufgeladen[52] und daher wesentliche Inhalte für einen tieferen, die Mehrdeutigkeit entlarvenden Blick. Außerdem können, wie erwähnt, auch die technisch-narrative Machart eines Films sowie der Intertext eines Genres zusätzliche Dechiffrierungsangebote bereithalten: So ist z. B. *Lola rennt* ein Spiel über die Möglichkeiten des Lebens resp. des Films, *Forrest Gump* nach Struktur und Erzählhaltung auch als Satire auf die USA zu lesen, verbirgt beispielsweise der *Italo-Western* eine hochgradig stilisierte Kapitalismuskritik im Gewand der historischen Go-West-Urbanisierung, ist der *Suspense-Thriller* dagegen eine auf Ambivalenzen begründete Spannungsfabel über eine Heldenreise zwischen den Welten.

Zunächst soll nun der Fokus auf eine besonders beliebte Form der symbolischen Mehraussage im Film gelegt werden: die sprechenden *Namen.* So werden dem empfänglichen Publikum z. B. in *Hitchcocks Der unsichtbare Dritte* über die Namensgestaltung charakterliche Hinweise bezüglich der jeweiligen Figur vermittelt und zugleich wird, streng am Thrillerprinzip der Ambivalenz orientiert, eine eindimensionale Zuschreibung der Charaktere im Sinne einer Gut-Böse-Dualität unterwandert. Roger O. Thornhill (mit der »Null« in der Mitte, die **nichts** bedeutet, und den so erzielten Initialen ROT, was als Fäulnis, aber auch Unfug übersetzt werden kann) ist als erwachsenes Kind und Spieler die neurotische Identifikationsfigur des Zuschauers. Um ihn herum agieren mit Eve Kendall (Verführung im Vornamen und *candle* als Licht spendende Kerze dahinter; freilich kann ob ihres doppelten Spiels auch *can* wie Mülltonne und *doll* wie Puppe assoziiert wer-

Abb. 155–158: Requisiten

den), Philip Vandamm (das *damn* für verdammen resp. ablehnen ist nicht zu überhören, wird aber durch das adelige *van* erheblich abgemildert) und dem unsichtbaren George Kaplan (der auch im Deutschen gebräuchliche Kaplan, also Kapellengeistliche, ist hier keine geistliche Figur, sondern ein lautlicher Geistesblitz des US-Geheimdienstes) reichlich zwiespältige Figuren und ein Name ohne Leib, der das alles zusammenhält. Die Ambiguität dieses Thrillers ist seiner Figurenkonstellation direkt ins Taufregister geschrieben.

Als weiterer wichtiger Untersuchungsbereich ist der Einsatz verweisender *Requisiten* zu bezeichnen. Requisiten werden ebenfalls zur Figurencharakterisierung genutzt, fungieren häufig aber auch innerhalb der Handlungsdramaturgie als narrativ wirksame Hinweise oder Kommentare. Um mit den bereits eingeführten Initialen Thornhills (ROT) zu beginnen, werden diese als Aufdruck auf einem Streichholzmäppchen eingeführt, damit das Requisit selbst am Ende des Films als Warnhinweis dramaturgisch genutzt werden kann (Abb. 155–156, DuD 48:11 und 2:00:22). Die Anwesenheit des Streichholzmäppchens symbolisiert dann metonymisch eine mögliche Rettung für die hoffnungslos verstrickte Eve Kendall.

Mehr verbunden als verstrickt ist (der ungläubige) Thomas in *Blow-Up* mit dem zentralen Requisit des Fotoapparats. Durch diesen Apparat sieht er die Welt in verkürzter und häufig inszenierter Weise (Abb. 157–158, BU 13:31 f.). Jener technische, ästhetisierte Blick hat ihn reich gemacht und so bedingt das Objekt auch seine kadrierte und flache Sichtweise auf das wirkliche Leben: Oberflächenbearbeitung statt Tiefgang, Zwei- statt Dreidimensionalität, medial verfremdete ersetzen wirkliche Erlebnisse. Das Thema des Films ist folglich eng verbunden mit dem Hauptgegenstand und bevorzugten Handlungsobjekt der Erzählung. Als Thomas am Ende des Films den Fotoapparat zur Seite legt, um einen imaginären Tennisball zu werfen, wird schließlich über subjektiven Ton klar, dass er längst der scheinhaften Welt der Inszenierung erlegen ist. Die bestimmte Inhalte ein- und andere ausschließenden Scheuklappen des Kameraauges kann und will er nicht mehr ablegen. Thomas wird selbst zur ›Kamera‹ und der von ihm wahrgenommene Mord im Park wird so rückblickend – man kann es zumindest so auslegen – zum »aufgeblasenen«, rein gedanklich inszenierten Schauerstück.

Auch *Forrest Gump* besitzt eine Vielzahl aussagekräftiger Objekte. Den bedeutsamen Rahmen um seine Geschichte legt indes ein Symbol, das nur zu Beginn und am Ende des Plots eine Rolle spielt. Gemeint ist die Feder (Abb. 159, FG 0:16–2:39), die am Anfang vom Himmel herabschwebt (a), vor Forrests Füßen landet (b), von diesem in ein Bilderbuch, das er immer bei sich trägt, gelegt wird und dort vorerst den Film über unsichtbar verweilt. Am Filmende schließlich (Abb. 160, FG 2:09:00 f.), als Forrest seinen

Sohn zur Bushaltestelle begleitet, fällt sie aus besagtem Buch erneut vor seine Füße (a), wird vom Wind erfasst und fliegt in den blauen Himmel (b), worauf der Abspann eingeleitet wird.

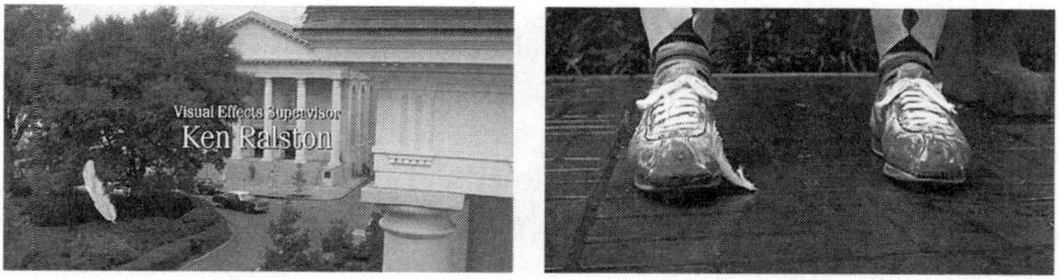

a b

a b

Abb. 159 – 160: Requisit »Feder« (*Forrest Gump*)

Was könnte dies nun bedeuten? Zunächst ist hier nach der Herkunft der Feder zu fragen. Da Teilchen eines Vogels könnte sie als Synekdoche bezeichnet werden, die zusätzliche Attribute wie Flug, grenzenlos frei, Leichtigkeit, Übersicht etc. transportiert, welche ohne Weiteres auf Forrests Lebensgeschichte zu übertragen sind. Andere Einsatzgebiete der Feder, wie z. B. ihre Verwendung als Schreibutensil (Forrest als Autor seiner Lebensgeschichte) oder, leicht erweitert, ihre Bedeutung im Verb »abfedern« (das Leben meint es zumeist gut mit Forrest), könnten sinnstiftend herangezogen werden und dennoch ist spürbar, dass da mehr sein muss. Durch die narrative Kreisbewegung der Platzierung – Anfang und Ende des Films rahmen Forrests Erzählung in On und Off – wird die Feder zum Symbol für die zwischen ihrem Auftreten erzählte Geschichte. Forrests Lebensgeschichte, seine Biographie kommt und geht mit dem fliegenden Symbol und wird demnach zur Feder. Dass noch viele andere, im Kontext des Films stimmige Assoziationen das Symbol begleiten (s. o.), unterstreicht die gelungene Objektauswahl der verantwortlichen Autoren.

In *Spiel mir das Lied vom Tod* unterstützen dann eine ganze Reihe erzählender Requisiten einen auffälligen Symbolcharakter des Films. Eine der *Figuren* selbst wird hier nämlich zum Sinnbild, zum zentralen sogar, wenn man die kulturkritische Aussage des Italo-Westerns in den Mittelpunkt des Interesses stellt. Der mit Geld nur so gespickte Eisenbahnmagnat Morton (engl. *mortal*: sterblich, tödlich, Tod) ist nämlich eine traurige Gestalt: Durch Knochenmarktuberkulose von Tag zu Tag schwächer werdend, ist sein einziges Lebensziel jenes, dass seine Eisenbahnstrecke Richtung Pazifik noch zu seinen Lebzeiten fertig gestellt wird. Daher heuert er Ganoven für die Drecksarbeit der Landaufkäufe, Bestechungen, alles in allem: zur schnellen Beseitigung von Schwierigkeiten an und deshalb ist er ein zwar an den gesetzlosen Taten selbst nicht direkt beteiligter, letztlich aber immer unmittelbar verantwortlicher Krimineller und Mörder.

Morton gerät *Leone* zur Allegorie des Kapitalismus'. Und die ihm zugeordneten Attribute machen die beißende Kritik des Autors überdeutlich: ein am Hals sichtbares Stützkorsett, Krücken und Deckenstangen zur mühsamen Fortbewegung (Abb. 161–162, SLT 1:04:49 f.) – es sind diese aussagekräftigen Requisiten, die aus dem Symbol jener Wirtschaftsordnung ein bemitleidenswertes Monster machen. Sein Handlungsziel, nicht aus Menschenliebe, sondern aus Eigennutz, ist der Pazifik, mit dem er die verquere Hoffnung auf eine Befreiung von seinen Leiden und eben inneren Frieden verbindet. Sein tragikomisches Ende dagegen ist qualvoll und findet an einem Wasser von ungleich kleinerem Ausmaß statt, als es das symbolische Gemälde in seinem Salonwagen verspricht (Abb. 163, SLT 1:46:05). Tödlich getroffen stirbt er in einer Dreckpfütze (Abb. 164, SLT 2:08:27). Die antikapitalistische Aussage der Autoren könnte somit drastischer und moralischer nicht sein: Der Kapitalismus ist eine unheilbare Krankheit und die großen Taten des Kapitals werden von egozentrischen Machtträumen angetrieben und verschleißen unzählige, im Weg stehende Existenzen. Am Ende aber ist der Tod nicht bestechlich und führt die Schreibtischtäter in den Schmutz ihrer verbrecherischen Lebensleistung zurück. Freilich ist das ein

Abb. 161–164: Figur Morton (SPIEL MIR DAS LIED VOM TOD)

überspitztes, gewissermaßen tiefschwarzes Kapitalismusbild, das *Leone* hier ausstellt, aber eines, das historisch im ideologischen Umfeld des Jahres seiner Herstellung (1968) zu betrachten ist und zudem gemildert wird durch das Mitleid, welches die beinahe ohnmächtig handelnde Figur des Morton fortwährend beim Zuschauer auslöst.

Überhaupt sind *Handlungen* von Figuren und größere, auch leitmotivisch wiederkehrende, *Handlungsbereiche* des Plots wichtige Gestaltungsbereiche symbolischer Aussage. So wird z. B. mit dem die einzelnen Handlungsstränge verknüpfenden Element in *Spiel mir das Lied vom Tod*, dem Bau der Eisenbahnstrecke, neben dem bereits geschilderten Pazifiktraum der Figur Morton auch noch eine andere Aussage formuliert: das sich abzeichnende Ende des Wilden Westens. Und in einer Form der (tragisch-ironischen) Konsequenz fordert das Drehbuch dann auch, dass die letzten Vertreter dieser absterbenden Epoche, nämlich Frank (Revolverheld) und Cheyenne (Bandit), durch ihr eifriges Handeln den Bahnstreckenbau vorantreiben und so gewissermaßen beim Schaufeln ihres eigenen Grabes mithelfen. Denn keiner von ihnen wird den Film überleben, was in Cheyennes Fall qua Namensbezeichnung auch die Gruppe der Ureinwohner mit einschließt.

Eine dagegen für das US-amerikanische Selbstverständnis repräsentative Handlung übt *Forrest Gump* fortwährend aus. Sein aus unterschiedlichen Gründen notwendiges Rennen und die damit verbundene Formel des **lauf, Forrest, lauf** sind nämlich ironisch gebrochenes Sinnbild des *american way of life*, der das Handeln oft dem Denken und Reflektieren überordnet. Und natürlich rennt Tor Forrest von einem Erfolg zum nächsten; selbst wenn er zwischendurch Gefahr läuft, ins Grübeln zu kommen, und nicht mehr weiter weiß, erfindet er kurzerhand die erste Jogging-Laufgruppe und führt sie durch die Wüste.

Sophie Scholls Faustschlag auf die Hitlerbriefmarke ist als symbolische Handlung bereits erwähnt worden (s. Kap. 2.1.1, Abb. 25), eine andere verweisende Aktivität ist die des Hände waschenden Polizisten Mohr (Abb. 165, SoS 1:11:43). Nach seinem erfolglosen, möglicherweise strafmildernden, Angebot eines Schuldeingeständnisses wäscht sich Mohr die Hände in Unschuld und zitiert so aus der christlichen Ikonographie Pontius Pilatus.

Keinesfalls unschuldig penetriert Thomas in *Blow-Up* ein Model mit der Kamera (Abb. 166, BU 9:14). Von der Bildinszenierung bewusst als Beischlaf oder Vergewaltigung angelegt, ist der Kameraphallus des Teleobjektivs kaum zu übersehen und die körperliche Erregung des Fotografen nicht zu überhören. Ganz bei sich ist die Figur ohnehin nur dann, wenn sie sich in ihr Fotolabor zurückziehen und anliegende Fotoarbeiten durchführen kann. Dies ist Thomas‹ Welt, hier kann er die eingefangene Wirklichkeit

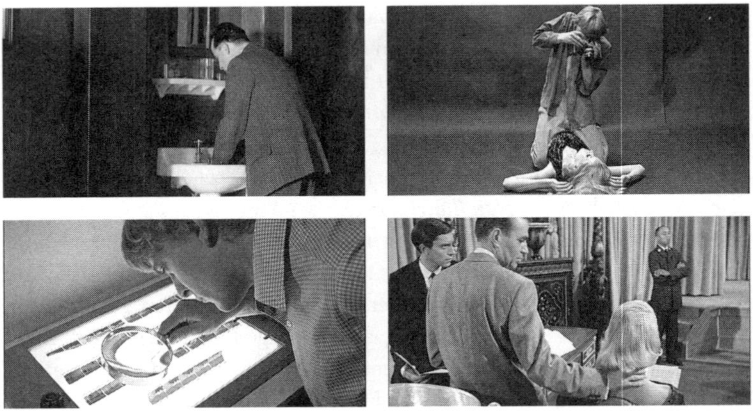

Abb. 165 – 168: Handlungen

unter der Lupe (Abb. 167, BU 56:53) in fein abgestuftem Kunstlicht betrachten und jederzeit seinem persönlichen Gestaltungswillen unterwerfen. Außerhalb seines Labors ist er oft hektisch und unkonzentriert, befällt ihn schnell die Langeweile; im Fotolabor dagegen findet er zu sich selbst. Dieser Ort wird in gewisser Weise unter Bezugnahme auf die oben geschilderte Thomas-Kamera-Symbolik zu seinem Kopf. Hier geschehen all die spannenden Inszenierungen seiner speziellen Weltanschauung, hier hat er die Dinge zumindest handwerklich im Griff.

In jeder Hinsicht im Griff hat der dandyhafte Ganove Vandamm seine Muse, die Doppelagentin Eve Kendall: im Nackengriff (Abb. 168, DuD 1:22:22)! *Der unsichtbare Dritte* macht keinen Hehl daraus, welcher Art das Verhältnis der beiden ist. Vandamm betrachtet Eve als seinen Besitz, ohne Zweifel als einen wertvollen, ein einzigartiges Kunstwerk und Sammlerobjekt; kein Zufall also, dass dieses Bild im Rahmen einer Kunstauktion platziert ist. Die Art jenes Zugreifens am Hals des Objekts kann dann auch unterschiedlich bedeutsam werden. Sowohl Zärtlichkeit als auch Gewalt andeutend, ist es neben der deutlich markierten hierarchischen Anordnung der Akteure dieser Griff, der als symbolische Handlung klar macht, in welcher gefährlichen Abhängigkeit sich Eve Kendall befindet. Noch weiß Vandamm nichts über ihre Beziehung zu Thornhill, aber gleich wird er es erfahren. Die dann in Großaufnahme sich von Kendalls Schultern zurückziehende Hand lässt den Zuschauer Schlimmes befürchten: Vandamms Handschlinge könnte fortan härter zugreifen.

Um die letzte Szene noch einmal aufzugreifen, ist also eine Kunstauktion die passende Umgebung für die Handlung des Besitzergreifens. Hitchcock weiß, dass die Räume, in denen Handlungen stattfinden, nie zweitrangig sind. *Orte*, Räume und Gebäude, sind wichtige atmosphärische Informationsmittel eines Films und können selbstverständlich jederzeit symbolische Funktionen übernehmen. So will denn Hitchcock in *Der unsichtbare Dritte*, dass ehrwürdige Orte durch unerhörte Begebenheiten (Mord, Verfolgungsjagd) entweiht werden oder ihrer vorbildlich geordneten Fassade verlustig gehen. Dieses Ansinnen folgt zunächst dem Thrillermythos, demzufolge die Ambivalenz der permanenten Kontrastsetzung und der zwei Welten – im Sinne von sichtbarer heiler Welt und dahinter versteckter Welt der Intrige – dem Publikum eine ähnliche Orientierungsnot vermitteln soll wie dem fiktiven Helden. Andererseits sind in besagtem Film auch andere, inhaltliche Bedingungen ausschlaggebend: Der Filmplot, in dessen Gesellschaftsanalyse jeder gegen jeden kämpft – Ganoven gegen Spionageabwehr, Spionageabwehr gegen Polizei und alle zusammen gegen den unschuldigen Bürger Thornhill –, zeigt Teile eines demokratischen Staates bei undemokratischen, gewissermaßen schmutzigen Handlungen. Die solchermaßen gefährdete Demokratie sollte also an ihren symbolischen Orten (Mount Rushmore, UNO-Gebäude) aufgesucht und mit Handlungen konfrontiert werden, die den bedeutsamen Idealen der Repräsentationsobjekte zuwiderlaufen. Dies verdeutlicht Hitchcock und wählt dabei mit Mount Rushmore einen ausgezeichneten Schauwert für den Film. In der berühmten Maisfeldszene dagegen ist der Ort in anderer Weise symbolisch. Die offene Fläche generiert zur Paradoxie eines Labyrinths ohne Gänge. Denn, wo Thornhill auch hinrennt, er kann sich nicht verstecken – er ist gefangen in einer weiten, unbegrenzten Fläche (s. Abb. 116).

Räume können schließlich einen ganzen Film semantisch prägen und so eine sprechende, höhere Sinnebene fundieren. In *Blow-Up* z. B. existiert eine ausgeprägte Differenz der filmsprachlichen Wahrnehmung von städtischer und natürlicher Umgebung. Ist in der Stadt Hektik, Enge und ein ständiger Wechsel der Eindrücke audiovisuell prägend, wird in der Natur – einem Stadtpark Londons – alles ruhiger, entspannter und weiträumiger präsentiert. Ton, Bild und Montage formulieren dieses Spiel der Alternativen und gestalten so eine Wahrnehmungsdifferenz, die der Thematik des Films entspricht. Da der Protagonist Thomas die Zeichen der Stadt jederzeit zu deuten weiß, denen der auch menschlichen Natur aber ohnmächtig und missdeutend gegenübersteht, ist die Kritik *Antonionis* am urbanen, seiner Herkunft entfremdeten Menschen, für den die Figur des Thomas stellvertretend steht, nicht zu übersehen: Dieser hat seine natürlichen Instinkte und ursprüngliche Orientierungssicherheit im modernen Dschungel der wandelnden Oberflächen verloren und ist so letztlich selbst zu einer Oberfläche, zu der neuen Gattung des technisch-medial geprägten und in der Inszenierung von Realität gefangenen Stadtmenschen geworden.

4.2. Leitmotive

Leitmotive sind wiederholte Bild-, Ton- und Handlungsmotive mit charakterisierendem und kommentierendem Charakter. Durch jenen Rückgriff auf bereits Bekanntes und die dabei vollzogene Anreicherung wird jener Textinhalt besonders bedeutsam und oft zur Hauptsymbolik des Films. Leitmotive dienen demnach **einer anschaulichen Strukturierung und der signifikanten symbolischen Vertiefung**[53] und es ist der Film, besonders der Spielfilm, der gerne auf diese Bedeutungswiederholung und -addition zurückgreift. Zum einen selbstverständlich, weil wichtiger Ursprungsort der Leitmotivtechnik, im musikalischen Teilsektor: Filmmusik folgt oft den Grundlagen leitmotivischer Strukturierung. Die musikalischen Themen (z. B. Liebes-, Gefahrmotiv etc.) werden an den entsprechenden Stellen des Films wiederholt eingesetzt und zugleich im Lauf der Handlungsentwicklung modifiziert. Selbst Figuren können mitunter eigene Musikthemen erhalten, wenn auch eine geschlossene musikalische Figuren-Leitmotivik wie in *Spiel mir das Lied vom Tod* eher selten vorkommt. Andererseits, und das soll hier am Ende des Kapitels im Mittelpunkt des Interesses stehen, werden im Text wiederkehrende Objekte, Handlungen und Orte zu deutlich gewichteten Bereichen der Erzählung und daher auch nicht selten zu zentralen Symbolen des jeweiligen Films.

Schon die oben geschilderten symbolischen Wiederholungsphänomene – rennender *Forrest Gump* (Handlung), Pazifikbild in Mortons Eisenbahnwagon (Figur), Bau der Eisenbahnstrecke (Handlung) in *Spiel mir das Lied vom Tod* und die Natur-Stadt-Dualität (Orte) in *Blow-Up* – sind leitmotivisch organisierte Zeichenstrukturen und Sinnbilder wichtiger Hauptaussagen der jeweiligen Filme. Was nun im Folgenden ein wenig ausführlicher betrachtet werden soll, sind zwei besonders tragfähige Leitmotive aus dem Film *Sophie Scholl – Die letzten Tage.*

In Rothemunds Widerstandsdrama spielt die *Farbe Rot* eine dramaturgisch wichtige Rolle. Im ansonsten eher grau, braun und dunkelgrün gehaltenen Farbenspektrum des Films sind rote Details außergewöhnlich, fallen demnach auf und sind im Kontext des historischen Themas und der kommentierenden Autorenintention natürlich auch symbolisch besetzt. Die rote Hakenkreuzfahne (Abb. 169), Freislers rote Robe (170) und die rote 8-Pfennig-Briefmarke mit Hitlers Konterfei (172) sind historische Tatsachen und somit in einem um Authentizität bemühten, quasidokumentarischen Historienfilm nicht zu umgehen. Dass Polizist Mohr eine rote Fliege trägt und ein verdächtig schmales rotes Buch als das Strafrecht des Dritten Reiches hochhält (171), ist dann allerdings schon Inszenierungswillen wie auch die Garderobenauswahl Sophie Scholls (173, 174). In jeder ihrer Szenen trägt die Identifikationsfigur und Heldin mindestens ein rotes bzw. rot getöntes Kleidungsstück, wodurch eine eindeutig negative Auslegung des Farbwerts inakzeptabel wird und die spannende, weil zwiespältige, Analyse des Leitmotivs beginnen kann.

Abb. 169 – 174: Farbe Rot (*Sophie Scholl*)

Man muss sich zunächst erneut (s. Kap. 2.1.4) die vieldeutige Symbolik von Farben insgesamt und der Farbe Rot im Besonderen vor Augen führen. Rote Farbwerte können eher positiv oder eher negativ konnotiert sein, ihr Signalwert freilich ist unbestritten. So ist alles, was in diesem Film mit dem Rot des Nationalsozialismus einhergeht, als Symbol für Diktatur, Rechtlosigkeit, auch Rassismus etc. zu verstehen: als Sinnbild einer geschichtlichen Epoche und Menschheitskatastrophe. Fahne, Robe, Fliege, Gesetzbuch und Briefmarke werden also zu Statthaltern des Unrechtsregimes: Die hinter diesem Rot stehende Gefahr für die Protagonistin ist greifbar.

Ganz anders dagegen die Verwendung des Farbwertes im Fall der Sophie Scholl. Obgleich kein helleres oder leuchtendes Rot bei ihrer Kleiderauswahl verwendet wurde, wird hier im Rollenkontext ein anderes Bildfeld geöffnet. Menschliche Wärme und Mitgefühl mit den Unterdrückten, leidenschaftlicher Kampf für eine gerechtere Zukunft und gerechtfertigter Zorn angesichts der Verrohung der NS-Gesellschaft sind die symbolischen Parameter dieser Farbmarkierung – auch an das Rot des christlichen Märtyrers ist zu denken: **Niemand hat größere Liebe, denn der sein Leben lässt für seine Freunde**, zitiert Gefängnispfarrer Alt das Johannesevangelium.

Es scheint beinahe so, als wollten die Autoren die Vorherrschaft des einen Rots der Verachtung durch das direkte Gegenstück der Hoffnung brechen. Jene Signalfarbe soll ganz offensichtlich nicht den Menschenfeinden überlassen werden und so wird sie durch das Vorbild der couragierten Heldin in gewisser Weise gereinigt. Das Leitmotiv ist demnach recht deutlich eines der Kontrastierung bzw. Ambivalenz. Möglicherweise ist das ja im Feld der vieldeutigen Farben die einzig gerechtfertigte Darstellungsform.

Abb. 175–183: Licht(-quellen) (*Sophie Scholl*)

Als ähnlich doppeldeutiges Symbol wird auch das zweite Leitmotiv im Film präsentiert. *Licht* und die dahinter stehenden *Lichtquellen* werden im Text immer wieder zu dramaturgischen Mitspielern, sind dabei gelegentlich sogar einziges Objekt einer Einstellung, was die Sonderstellung und Bedeutsamkeit dieses Inhalts fraglos unterstreicht (Abb. 175–183). Auffällig ist aber zunächst die klare Trennung der Lichtquellenzuordnung in Bezug auf die Antagonisten. Während Figuren und Gebäudekomplexe der NS-Diktatur auf künstliches Licht – Mohrs Schreibtischlampe in Verhörfunktion (175), die Beleuchtungslampe der Gefängniszelle (176) – oder durch Glasfenster gebrochenes natürliches Licht – z. B. die Glaskuppel des NS-Gerichtsgebäudes (177) – reduziert werden, erhascht die Heldin bei einem ansonsten trüben Filmwetter immer wieder einzelne Sonnenstrahlen (178–182). Wenn auch, nicht weniger symbolisch, dunkle Wolken oder andere Licht versperrenden Hindernisse niemals lange auf sich warten lassen (178, 183).

Licht und die dahinter stehenden Lichtquellen haben eine lange und von vielerlei Blickperspektiven genährte Geschichte als Symbol. Das geistige, intellektuelle Verstehen eines Sachverhalts, die kognitive Erkenntnisfähigkeit spiegelt sich denn ebenso im Zeichen wider wie der göttliche Wille resp. die unumstößliche göttliche Wahrheit. Und beide hier angedeuteten Richtungen, Aufklärungsideal und religiöse Glaubensüberzeugung, sind in der Dechiffrierung des Leitmotivs Sinn stiftend.

Die durch Analyse gewonnene Erkenntnis, dass das NS-Regime die Willkür, Unmoral und Inhumanität manifestiert, ist Sophies Äußerungen und den Flugblättern der Weißen Rose zu entnehmen. Andererseits ist die intendierte religiöse Symbolik schon deshalb zu berücksichtigen, da die Protagonistin im Film durch Gebete und Argumentation als überzeugte und glaubensfeste Christin gestaltet ist. Das Sonnenlicht ist somit zusätzlich markiert als ihre Verbindung zu Gott: **Die Sonne scheint noch**, bemerkt Sophie kurz vor ihrer Hinrichtung. Eine beinahe mystische und doch gewissermaßen natürliche Verbindung wird hier filmisch betont – als Auszeichnung für eine aufrechte Verteidigerin der göttlichen Gebote in gottlosen irdischen Zeiten. Die Objekte jenes Jammertals legen dann auch immer wieder ihren Schatten über die höhere Verbindung (Abb. 183). Es ist eine unmittelbar einleuchtende Symbolik: Licht und Schatten als einfacher und dennoch wirkungsvoller Kontrast zweier ideologisch voneinander geschiedener Pole.

Nun sitzen jedoch die Gegner der Weißen Rose nicht fortwährend im Dunkeln. Auch sie agieren im Licht. Es ist dies aber eine andere Lichtsetzung, eine durch Fensterscheiben fallende, indirekte, gebrochene Sonne oder, nicht selten, elektrisches Kunstlicht. Natürliches wird also domestiziert oder durch menschlichen Erfindungsgeist ersetzt. Die Erkenntnisabsicht jener Beleuchtung findet denn auch ihr höchstes Ziel im Machterhalt und der Vernichtung Andersdenkender – kein Wunder also, dass Sophie Scholl nach Mohrs Lichtattacke (Abb. 175) die Augen verschließt.

Unterrichtshilfen

1 Filmdidaktische Bedingungen und Grundsätze

Medien im Arbeitsprozess

Filmanalyse als inhaltlicher Schwerpunkt des Deutschunterrichts fordert in erster Linie eine Auseinandersetzung mit Filmtexten. Diese überflüssig anmutende Feststellung soll gleich zu Beginn betont werden, denn ein Blick in so manches Schulbuchkapitel zum Thema – und auch, das sei zugestanden, in dieses Buch – legt die Vermutung nahe, dass Einzelbilder und schriftliche Korrespondenztexte den, wie oft vorgebracht, »aufwändigen Film« medial zu ersetzen in der Lage sind. Dem ist nicht so. Film ist *Bewegung* und muss daher in seiner besonderen Mediengestalt rezipiert und auch bearbeitet werden können. Es ist demnach bei filmdidaktischem Vorgehen nahe liegend, den *Computer*, auf dessen multimedialer Plattform sich sowohl rezeptive als auch produktive Aktivitäten der Lerngruppe initiieren lassen, zum Handlungs- resp. Arbeitsmedium des Deutschunterrichts zu bestellen. Tatsächlich offerieren diese hypermedialen Rechner eine schnelle und auch für individuelle Lernwege geöffnete Lehr-Lern-Organisation filmdidaktischer Themen, nicht zuletzt deshalb, weil die dort abgelegten Werkzeuge wie Schnitt-, Bildbearbeitungsprogramm und Präsentationsformate eigenverantwortliche Schülerarbeit in medienspezifischer Weise unkompliziert ermöglichen.

Neben jenen digitalen Möglichkeiten sind eher klassische *Printprodukte* aber kein zweitrangiges Unterrichtsmaterial beim Umgang mit Film. Arbeitsblätter, verschiedene Filmprotokolle, Storyboard-Skizzierungen, Texte der Vorproduktionsphase (Exposé, Treatment, Drehbuch) etc. sind, auch wenn sie nicht wie bei letzteren ohnehin den Produktionsprozess adäquat abbilden, wichtige Orientierung bietende Lehr-Lern-Formate bei der Vermittlung einer ›filmischen Sehschule‹.

Didaktische Ziele

Diese *Schule des Sehens* ist erstes Ziel filmanalytischen Vorgehens im Deutschunterricht. Und da Sehen hier Erkennen heißt, gilt es, den Schüler in die besondere Ästhetik des Spielfilms einzuführen, seine, wenn man so will, **Filmlesefähigkeit**[54] auf einen neuen, kompetenteren Stand zu bringen. Jene Leseförderung ist fundamentaler Teilbereich der übergeordneten Bezugsgröße *Medienkompetenz*, wonach die im Unterricht zu vermittelnden Wissensbestände, Fähigkeiten und Fertigkeiten beim Umgang mit Film in der doppelten Qualifizierung des Lernenden zu berücksichtigen sind: Zur distanzierten Betrachtung des Mediums (*Analyse, Kritik*) muss notwendigerweise die handelnde Teilnahme am Medienprozess (*Nutzung, Gestaltung*) kommen.[55]

In den Fokus der folgenden Unterrichssequenzen gerät indes die Vermittlung oder Schulung eines kritischen Medien- resp. Textverständnisses, somit eine Konzentration auf die Zeichendekodierung und Textbeurteilung. Solche *Texterschließungskompetenzen* auszubilden, ist erster Auftrag des Deutschunterrichts und die dabei waltenden Handlungsfundamente und Untersuchungsbereiche des Filmverstehens sind die Parameter der *Filmsprache*, *Erzähldramaturgie* und *Symbolik*, die dieses Buch strukturieren.

Methodische Prinzipien

Das Methodenrepertoire[56], das bei filmanalytischer Arbeit zum Einsatz gelangt, kann trotz der grundsätzlich andersartigen sprachlichen Gestalt des Films durchaus dem literaturanalytischen und -didaktischen Angebot entnommen werden, sofern man es **den veränderten medialen Bedingungen entsprechend reformuliert.**[57]

Rezeptiv-analytische Verfahren sind dabei relativ kontrollierte Lehrgänge über *Analysefragen* sowie der Einsatz verschiedener materieller *Fokussierungen* zur konzentrierten Strukturierung von Form und Inhalt des Films.[58] Diese fokussierenden Materialien orientieren sich in der Regel an den verschiedenen Transkriptionsmöglichkeiten von Film: Protokolle – die Anfertigung eines Einstellungsprotokolls gilt noch immer als eine Grundforderung filmanalytischer Kompetenzvermittlung – und grafische Strukturierungen sind hier zu nennen.[59] Fokussiert werden kann aber auch über direkte Eingriffe in den Originaltext (z. B. Standbildanalyse, Neumontage eines Textes mit intentionaler Schwerpunktsetzung) oder symmediale Neustrukturierungen (z. B. Bild-Text-Collagen, dramaturgische Szenenentwicklung als Bilder-Diagramm). Zwingend notwendig ist schließlich die Verhandlung des Erfahrenen über sogenannte *Anschlusskommunikationen*. Diese Filmgespräche sind wichtige Meinungsbörsen und taugliche Argumentationsschulen, da der normalerweise einfühlende und verzauberte Rezipient gerade hier erfahren und lernen kann, was eine distanzierende Analysehaltung fordert bzw. ausmacht.

Handlungs- und produktionsorientierte Verfahren dagegen geben die Kontrolle des Arbeitszieles in Teilschritten vom Lehrenden an den Lernenden weiter. Der Prozess (der Lektüre, der Analyse, der Filmproduktion etc.) rückt in den Mittelpunkt; das individuelle Filmlesen wird hier also berücksichtigt und im Kontext kleiner Handlungsaufträge ausgestellt bzw. anhand von eigenverantwortlichen Produktionen direkt erprobt. Dabei können bei Berücksichtigung der medial bedingten Unterschiede die bekannten Verfahren[60] jenes vieldiskutierten **Paradigma[s] des Literaturunterrichts im deutschen Sprachraum**[61] weitgehend auf den Film übertragen werden – eine erste Systematik *restaurativer* und *transformativer Handlungsformen* für den filmdidaktischen Gebrauch liegt vor[62] und kann vornehmlich in den Unterrichtsphasen des Einstiegs und der Erprobung rezeptiv-analytisches Vorgehen ergänzen. Schließlich sollten die Schüler ab und an, selbständig und ohne sofort erkennbaren analytischen Mehrwert, eigene kleine *audiovisuellen Produkte* (Filme, Bild-Ton-Montagen) erstellen können. Dieser Prozess der individuellen, **unersetzlichen Erfahrung**

eines künstlerischen Schaffensaktes[63] in Form einer Originalbegegnung mit der komplexen, auf vielen Entscheidungsschultern ruhenden, Filmproduktion wird dann zum wichtigen Anwendungsfeld erworbener Erkenntnisse.

2 Unterrichtssequenzen

Die folgenden Unterrichtseinheiten beabsichtigen die *filmanalytische Qualifizierung* der Schüler bei medienreflexiver Grundhaltung, weshalb gelegentlich auch Gestaltungsofferten zur eigenverantwortlichen Erprobung offeriert werden. Neben der für die Sekundarstufe I konzipierten dreiteiligen Grundlagenalphabetisierung, die gemäß der Kapitelstruktur anhand der Analysekategorien *Filmsprache, Erzähldramaturgie, Symbolik* sukzessive ermöglicht wird, werden jeweils Vertiefungsangebote angeschlossen, welche allerdings aufgrund der zunehmenden Komplexität der Texte und Inhalte der Sekundarstufe II vorbehalten bleiben sollten.

Da immer wieder mit bestimmten *Filmausschnitten* unserer kleinen Genreauswahl gearbeitet wird, ist die Überlegung anzustellen, ob nicht im Vorfeld, möglicherweise auch als Abschluss der Einheit[64], der gesamte Film von der Lerngruppe rezipiert werden sollte. Der Textauszug erhielte so seinen dramaturgischen Platz im Originaltext zurück; das Wissen der Lernenden um inhaltliche und auch ästhetische Zusammenhänge könnte demnach helfen zu **klären, was das Filmganze zum Kunstwerk macht**[65], und so die Arbeit am Auszug um eine Form des werkgerechten Handelns anreichern. Andererseits ist die Arbeit mit kleineren Textauszügen eine institutionelle Notwendigkeit und so kann auch mit Blick auf die Grundlagenalphabetisierung der Unterrichtseinheiten durchaus der Rückbezug auf den Originaltext vernachlässigt werden.

Übersicht über die Unterrichtssequenzen

U1 7 Std. 6 Std.	Niveau: ab Kl. 9 Additum ab Kl. 11	**Thema: Filmsprache – Kategorien der filmischen Gestaltung : Mise en Scène, Ton, Montage** [LOLA RENNT, SPIEL MIR DAS LIED VOM TOD] Ziel: Die SchülerInnen lernen die Grundlagen der Filmsprache, damit audiovisuelle Kategorien der Filmgestaltung (und deren Bezeichnungen) sowie wichtige Montageprinzipien kennen. Diese filmsprachlichen Analysekategorien der Filmerschließung werden in rezeptiv-analytischer als auch produktionsorientierter Hinsicht an einzelnen Szenen erarbeitet, angewandt und erprobt. Additiv werden Möglichkeiten der Montage vertiefend betrachtet. Die SchülerInnen erhalten Einblicke in die Montagekategorien des sichtbaren und unsichtbaren Schnitts sowie in verschiedene Möglichkeiten der Ton-Bild-Verknüpfung und wenden das Erfahrene eigenverantwortlich an.

U2 6 Std. 6 Std.	Niveau: ab Kl. 9 Additum ab Kl. 11	**Thema: Erzähldramaturgie – Elemente der Handlungsdarbietung: Filmaufbau/Plotwendungen, Spannung, Figuren, Handlungsstandards** [*Der unsichtbare Dritte*, *Forrest Gump*, *Spiel mir das Lied vom Tod*, *Lola rennt*] Ziel: Die SchülerInnen setzen sich mit wesentlichen Grundlagen der Handlungsdarbietung auseinander. Sie lernen das Organisationsparadigma der (Mainstream-) Filmstrukturierung, verschiedene Formen spannungsreichen Erzählens sowie wesentliche Bereiche filmischer Figurencharakterisierung kennen und gestalten im Themenbereich auch eigenverantwortlich. Die SchülerInnen erschließen erzählende Formen der Zuschauereinführung an einzelnen Beispielen, außerdem die verschiedenen Möglichkeiten des Erzählverhaltens und erkennen über die konzentrierte Analyse eines Western-Standardmotivs den Zusammenhang filmsprachlicher, dramaturgischer und erzähltheoretischer Kategorien im Genrefeld.
U3 3 Std. 7 Std.	Niveau: ab Kl. 9 Additum ab Kl. 11	**Thema: Symbolik – Mehrdeutige Zeichenstrukturen** [*Sophie Scholl – Die letzten Tage*, *Forrest Gump*, *Blow-Up*] Ziel: Die SchülerInnen betrachten vieldeutig aufgeladene Zeichen(-strukturen) an Beispielen zweier Filme und erkennen visuelle Symbole und Leitmotive als filmische Möglichkeiten der Mehrinformation bzw. Metaebene der Autorenaussage. In thematisch konzentrierten Einheiten setzen sich die SchülerInnen mit mehrdeutigen Zeichen der Filmrahmung und Themengestaltung analytisch auseinander. Am Beispiel von *Blow-Up* wird die filminhärente Wahrnehmungsthematik fokussiert und medienreflexiv erarbeitet, was eine gemeinsame Rezeption des Films voraussetzt.

Verwendete Abkürzungen:

AB = Arbeitsblatt
EA = Einzelarbeit
FO = Overhead-Folie
GA = Gruppenarbeit
HA = Hausaufgabe
KRef = Kurzreferat
LV = Lehrervortrag
PA = Partnerarbeit
PRO = Produktionsorientierte Themen- und Aufgabenstellung
Ref = Referat
SV = Schülervortrag
TA = Tafelanschrieb, Tafelbild
UG = Unterrichtsgespräch

U1: ›Filmsprache‹ – Kategorien der filmischen Gestaltung: Mise en Scène, Ton, Montage

Stunden	Thema	Verlauf/Unterrichtsphasen
1./2.	Mise en Scène I – Statische Kamerakodes	(1) Einstieg: (a) Bilder/Fotos anfertigen oder (b) vorgegebene Bilder/Fotos ordnen zu den Inhalten: (Emotionale) Nähe vs. Distanz (1') Alternative: Doppelseite eines Comics auf emotionale (Figuren-)Teilnahme oder distanzierte (Raum-)Betrachtung untersuchen (2) Überleitung zu den statischen Kamerakodes und erste Strukturierung (3) Erarbeitung I: Filmszene aus *Lola rennt* ohne Ton (4) Information und Sicherung (5) Erarbeitung II: Zweite Präsentation der Filmszene aus *Lola rennt* mit Beobachtungsauftrag (6) Anwendung, Übung
3.	Mise en Scène II – Bewegte Kamera	(1) Rückgriff: Auswertung der HA/Wiederholung der statischen Kamerakodes (2) Einstieg: Exposition *Lola rennt*

Methodische Realisierung	Hausaufgabe
(zu 1): PA/PRO (a): Insgesamt sechs Fotos anfertigen (drei zu jedem Teilinhalt); Vorgabe: Menschen auf jedem Foto abbilden. PA/GA (b): Bilderauswahl mit allen Einstellungsgrößen, Kameraperspektiven (keine Schrägsicht!) und Achsenverhältnissen (sinnvoll: Bilder aus *Lola rennt*). SV/UG: Zuordnungen präsentieren und diskutieren. (zu 1'): UG: Wahrnehmungen/Empfindungen diskutieren. (zu 2): UG: Wie wird dem Betrachter im Bild Nähe und Distanz vermittelt? TA: Erste Probestrukturierung, dann Integration der Fachbegriffe: Einstellungsgröße, Kameraperspektive, Achsenverhältnis. (zu 3): PA: Vorführung der Filmszene (LR 4:44-5:05) ohne Ton. Aufgabe: Beschreiben Sie die Gestaltung von Nähe und Distanz in dieser Szene. Vermuten Sie den jeweiligen (Sprach-)Inhalt. UG: Auswertung. (zu 4): AB zu den fotografischen Kategorien (vgl. Kap. 2.1.1) rezipieren (evtl. Beschreibungen den Bildern zuordnen lassen + Auswertung). TA: Kamerakodes – Nähe/Distanz – Emotion/Orientierung. (zu 5): GA: Erneute Vorführung der Originalszene (Vorgabe Einstellungsanzahl: 14) mit verteilten Analyseaufträgen (Einstellungsgröße, Kameraperspektive, Achsenverhältnis). Vorführung zur genauen Betrachtung unterbrechen (Stop&go-Verfahren). UG: Auswertung (Kamerakodes und Wirkung). (zu 6): PRO: Kurze Foto- oder Bilderstrecke anfertigen (max. 8 Bilder) zu folgenden Themen: a) Person vorstellen b) Raum (Schule) vorstellen c) einen Witz ›verfilmen‹ d) »… als plötzlich …« SV/UG: Präsentation und Diskussion.	Rechercheauftrag zu den behandelten Kamerakodes (Internet, Fachlektüre, …) und Aufbereitung (Plakat, PowerPoint, Folien unterstützer SV, …)
(zu 1): SV/UG: Präsentation der Rechercheergebnisse, Zuordnung und Diskussion. (zu 2): UG: Wie kann man möglichst schnell folgende Informationen filmisch vermitteln: *Berlin, Frühling, Haus, Zimmer, Telefon klingelt*? Diskussion verschiedener deduktiver Szenenanfänge. FO: Drehbuchauszug aus *Lola rennt* von Tykwer (Mat. 1). UG: Wie gestaltet der Film diese Vorgabe (»fliegen«)? Vorführung der Filmszene (LR 4:34 – 4:43). UG: Wie wirkt dieser Einstieg auf den Betrachter? Besprechung des zeitlichen und körperlichen Handlungsfeldes in *Lola rennt* – Möglichkeiten für die bewegte Kamera (vgl. Kap. 2.1.1) vermuten.	Evtl. Film aus 4b) fertig stellen oder überarbeiten.

Stunden	Thema	Verlauf/Unterrichtsphasen
		(3) Information und Sicherung
		(4) a) Erarbeitung (dritte Präsentation der Filmszene aus *Lola rennt*)
		oder b) Übung/Anwendung
4./5.	Tonquellen	(1) Einstieg: Filmszene aus *Lola rennt* ohne Ton
		(2) Grobe Einstiegsinformationen über auditive Quellen
		(3) Erarbeitung I: Filmszene mit Tonspur ausstatten
		(4) Erarbeitung II: Filmszene im Original auditiv analysieren
		(5) Sicherung (und Vertiefung)

Methodische Realisierung	Hausaufgabe
(zu 3): LV: Kamerabewegungsmöglichkeiten erläutern und Schüler zu eigenen Versuchen (mit über die Längsseite gerolltem Papier vor den Augen oder Handys resp. Digitalkameras) animieren. TA: Kamerabewegungen, Formen (Schwenk, Neigen, Rollen, Fahrt. ›Flug‹, Handkamera, Zoom) und Wirkungen (Hinweis, Action/Dynamik, Einfühlung, Verknüpfung). (zu 4): a) Erarbeitung: UG: Vorführung der Filmszene (LR 4:44 – 5:05). Beobachtungsauftrag: Wie beurteilen Sie die Kamerafahrt (+ Zoom) vorwärts in Bezug auf den dargestellten Inhalt? PRO: Versuchen Sie diese Einstellungsgestaltung zu verschriftlichen (im Stil des obigen Drehbuchauszuges – Mat. 1). Vortrag und Diskussion (UG). b) Übung/Anwendung: PRO: Kurzen Film erstellen (max. Länge: 1 Minute) zu den Themen der Vorgängerstunde (s. o. zu 6). SV/UG: Präsentation und Diskussion. Hinweis auf Entscheidungsvarianten Schnitt oder Kamerabewegung.	
(zu 1): Vorführung der Filmszene (LR 28:21 – 30:35) ohne Ton. UG: filmsprachliche Prinzipien der Szenengestaltung besprechen. Aufgabe: Vermuten Sie die Gestaltung der Tonspur. Geben Sie konkrete Beispiele. UG: Auswertung. (zu 2): UG/TA: Sammlung der Begriffe: Sprache/Stimme, Geräusche, Musik, und Diskurs über verschiedene Funktionen/Wirkungsweisen (Information, Atmosphäre, Emotion). (zu 3): GA/PRO: Erstellen Sie eine (hauptsächlich) musikalische Tonspur zur Szene. Begründen Sie Ihre jeweilige Musikauswahl. [Den Schülern kann vorbereitetes Musikmaterial (versch. Genres, Tempi) zur Verfügung gestellt werden – Erstellung der Tonspur über ein Schnittprogramm oder parallel zum Film über mp3/CD-Player] SV/UG: Präsentation und Diskussion der Ergebnisse. (zu 4): Mehrmalige Vorführung der Filmszene im Original. PA: Erarbeitung eines auditiven Einstellungsprotokolls (AB: 30 Einstellungen; Rasterkategorien: Geräusche, Sprache, Musik, Atmosphäre/Wirkung). UG/FO: Auswertung. (zu 5): TA/FO: Tonquellen und Wirkungsweisen (s. Kap. 2.2.1). Evtl. abschließende Tonspur-*Kontrastierung* der Tötungsszene durch Integration von z. B. Walzermusik. UG: Diskussion über emotionale Wirkungsmacht musikalischer Intervention.	Vorgängerfilme aus den Stunden 1./2. u. 3. neu vertonen.

Stunden	Thema	Verlauf/Unterrichtsphasen
6./7.	Montage	(1) Rückgriff: Auswertung der HA/Wiederholung der behandelten Ton- und Bild-Kategorien (2) Einstieg: Begriffe »Montage«, »montieren« (3) Erarbeitung/Sammlung: Schnitte und Blende anhand einer Szene aus *LOLA RENNT* (4) Vertiefung und Sicherung: Parallelmontage (5) Erarbeitung: Parallelmontage und Split-Screen-Technik anhand einer Szene aus *LOLA RENNT* (6) Übung/Anwendung
Additum 1.	Unsichtbarer Schnitt I – Coverage System (Raum und Figuren)	(1) Einstieg: Filmszene aus *SPIEL MIR DAS LIED VOM TOD* (2) Fokussierung: Unsichtbarer Schnitt (3) Erarbeitung: Kategorien des Schnitts am Bspl. der Filmszene benennen (4) Übung

Methodische Realisierung	Hausaufgabe
(zu 1): Präsentation und Diskussion der Neuvertonungen; UG: Audiovisuelle Sprachmittel. (zu 2): FO: DUDEN-Begriffserklärungen (Mat. 2). UG: Bezüge zum Film? Was/Wie wird im Film montiert? (zu 3): Mehrmalige Vorführung der Filmszene (LR 30:10 – 33:32). UG: Gespräch über untersch. Darstellungsebenen (Realität – Erinnerung/Traum – ›Realität‹) und jeweiligen Montageformen (TA: Formen = Schnitt, Blende; Schnittkonzeptionen = unsichtbar, sichtbar/*Match Cut, Short Cut* – s. Kap. 2.1.5). (zu 4): AB: »Die Bedeutung der Parallelmontage« von ARIJON (Mat. 3) lesen. Leitfragen: Was wird bei der Parallelmontage miteinander verknüpft? Welche Informationsvergabe ermöglicht die Parallelmontage? TA: Ergänzung der bereits begonnenen Sammlung. (zu 5): Mehrmalige Vorführung der Filmszene (LR 47:04 – 49:35). EA: Analyseauftrag: Strukturieren Sie die Szene nach den jeweiligen Handlungsbereichen um die Figuren *Manni* und *Lola*. Was passiert, in welcher Beziehung stehen die Handlungsbereiche zueinander und welches Informationsgefälle besteht zwischen Publikum und Figuren? UG: Auswertung und Wirkungserläuterungen (auch Auskünfte zu den Erzählphänomenen *Suspense* [Parallelmontage/Split-Screen] und *Surprise* [Krankenwagen, Unfall] und der damit zusammenhängenden Informationsvergabe – s. a. Kap. 3.2). (zu 6): PRO: Erstellen Sie selbst eine Parallelmontage (evtl. zu den Themen *Suche, Verfolgung, Zeitnot*)! Möglichkeiten: Skizzierung (im Stile eines Storyboards), Fotografie (und PowerPoint-Aufbereitung) oder Film (max. 1 Min. Länge). SV/UG: Präsentation und Diskussion.	
(zu 1): Vorführung der Filmszene aus *SPIEL MIR DAS LIED VOM TOD* (SLT 32:34 – 33:18). UG: Inhalt und Form (Mise en Scène) besprechen. LV: Kurzer Genrehinweis »Western«. (zu 2): Zweite Ansicht der Szene. UG: Wie viele Schnitte haben Sie bemerkt? TA: Begriff »Unsichtbarer Schnitt«. Vermutungen der Schüler zu Begriff und Bedeutung. FO: Coverage System (s. Kap. 2.1.5, Abb. 56). LV: Begriffe klären (s. Kap. 2.1.5) und Erläuterungen zu den Bedingungen (Musterreihenfolge des Vorgehens, räumlich-zeitliche Kontinuität, Realismusillusion). (zu 3): Dritte Ansicht der Szene. Arbeitsauftrag: Bezeichnen Sie jede Einstellung (11 ES) mit den Kategorien des Coverage Systems. UG: Welche Wirkung hinterlässt eine so fotografierte Szene beim Zuschauer? (zu 4): PRO: Fotografieren Sie eine Dialogszene nach dem Coverage System.	Fertigstellung und mediale Aufbereitung (PowerPoint) der Dialogszene aus (4).

Stunden	Thema	Verlauf/Unterrichtsphasen
Additum 2./3.	Unsichtbarer Schnitt II – Subjektivierungen (Figureneinfühlung)	(1) Rückgriff: Vorstellung und Besprechung der HA/ Wiederholung »Coverage System« (2) Einstieg und Übung: Kuleschow-Effekt (3) Vertiefung: Der Kuleschow-Effekt (4) Erarbeitung: Subjektivierungen an zwei Beispielen aus *Spiel mir das Lied vom Tod* (5) Sicherung: Unsichtbarer Schnitt (6) Überarbeitung
Additum 4.	Übergang von unsichtbarem zu sichtbarem Schnitt: der Match Cut	(1) Einstieg: Pudowkin-Zitat (2) Konfrontation und Voranalyse: Match Cut aus *Spiel mir das Lied vom Tod* (3) Erarbeitung: Match Cut

Methodische Realisierung	Hausaufgabe
(zu 1): Präsentation und Diskussion der Dialogszenen. UG: Coverage System (zu 2): FO: Lew Kuleschows unvollständige Effektbeschreibung (Mat. 4). UG: Welche Wirkung erzielt eine solche Einstellungskombination? LV: Erläuterungen bezüglich der Aufnahmetechnik (Figur mind. NAH und bei parallelem Achsenverhältnis). PRO: Stellen Sie selbst einen solchen Effekt (3 Bilder = A-B-A) fotografisch nach. Wählen Sie für Bild B einen emotional besetzten Widerpart! Präsentation (PowerPoint) und Diskussion der Schülerergebnisse. UG: Wirkungs-, Manipulationsanalyse. (zu 3): AB: »Der Kuleschow-Effekt« von Wulff (Mat. 4) lesen. Leitfragen: Wie funktioniert der Kuleschow-Effekt technisch (Montageebene)? Welche Wirkung erzielt er warum beim Zuschauer (Wirkungs-, Narrationsebene)? UG: Austausch der Erkenntnisse. (zu 4): Vorführung der Filmszenen aus *Spiel mir das Lied vom Tod* (SLT 20:34 – 23:04; 44:16 – 45:16) unkommentiert. UG: Inwiefern wird hier Kuleschows Experiment berücksichtigt? Wessen ›Subjektive‹ bekommt der Zuschauer hier präsentiert? Welche Gefühle projiziert der Zuschauer auf die jeweilige Reflektorfigur? (zu 5): TA: Montage – unsichtbarer Schnitt: a) Coverage System: Einheit von Raum, Zeit und Handlungsachse b) Subjektivierung (Reflektorfigur/Blick der Figur/Reflektorfigur) – Wirkungen: Realismusillusion/Orientierung, Einfühlung/emotionale Teilnahme. (zu 6): PRO: Überarbeitung, Verbesserung der Produktionsaufgabe *Kuleschow-Effekt* aus (2). SV/UG: Präsentation und Diskussion der verbesserten Version.	
(zu 1): FO/TA: Pudowkin (1928): »*Die Montage ist die Schöpferin filmischer Wirklichkeit*« [Pudowkin ³1998, 72]. UG: Was ist eine »filmische Wirklichkeit«? Wie kann diese durch den Schnitt sichtbar werden? (zu 2): Uneingeleitete Vorführung einer Szene aus *Spiel mir das Lied vom Tod* (SLT 22:30 – 23:09). Freie Schülerassoziationen über die hier gestaltete »filmische Wirklichkeit«. UG: Raum- und Zeitwechsel bezeichnen. Inwiefern ist hier der Schnitt zugleich sichtbar und unsichtbar? LV: Räumliche und zeitliche Varianz sowie grafische (Rauch) und auditive (Schuss/Dampfdruck) Korrespondenz des Match Cut (s. Kap. 2.1.5). (zu 3): AB: Lektüre von Beller »Match Cut« (Mat. 5). Aufgabe: Bezeichnen Sie die sichtbaren (Wandel) und unsichtbaren (Kontinuität) Elemente dieses Schnitts. UG: Auswertung der Schülerergebnisse.	

Stunden	Thema	Verlauf/Unterrichtsphasen
		(4) Analyse und Sicherung
Additum 5./6.	Bild-Ton-Montagen	(1) Einstieg: Filmszene ohne Ton resp. mit Musikvarianten (2) Erarbeitung und Sicherung: Bild-Ton-Montagen (3) Anwendung: Filmanalyse (4) Übung

Methodische Realisierung	Hausaufgabe
(zu 4): Vorführung weiterer Match Cuts der Auswahlfilme (z. B. LR 33:10 – 33:29/52:20 – 52:36; DuD 2:10:10 – 2:10:43; FG 4:19 – 4:40). UG: Analyse (Form, Inhalt, Bedeutung/Wirkung). TA: Match Cut – Kontinuität im Wandel: unsichtbar – grafische und auditive Beziehungen (Objekt, Form, Bewegung, Handlung); sichtbar – räumlich-zeitlicher Wechsel (narrativer Zeit- und Raumsprung).	
(zu 1): Vorführung einer Filmszene aus *Spiel mir das Lied vom Tod* (SLT 57:45 – 58:22) ohne Ton. UG: Inhalt, Ton antizipieren. (Evtl. Szene mit verschiedenen Musikstimmungen verfremden und vorführen.) Welche Verbindungen können Ton- und Bildinformation eingehen? LV: Begriff: *Ton-Bild-Montage* (s. Kap. 2.2.2). Erneute Vorführung der audiovisuellen Originalszene. UG: Kurzanalyse der Ton-Bild-Montage Leones (asynchron-parallele Musikstimmung, synchron-kontrapunktische Sprachinfo *Cheyennes* [»*Ist mein Kaffee fertig?*« – Überraschung/ironische Brechung]). (zu 2): AB: Kracauer »Bild-Ton-Kombinationen« (Mat. 6) lesen. Leitfragen: Auf welchen Verknüpfungsebenen stehen Bild und Ton miteinander in Beziehung? Welche audiovisuellen Kombinationen sind möglich? UG: Lektüreauswertung + FO: »Vier Typen der Synchronisierung« (Beispiele benennen) + TA (s. Kap. 2.2.2). (zu 3): Kontrapunktische (Sprach-)Verknüpfungen anhand mind. einer Beispielszene erarbeiten: z. B. aus *Spiel mir das Lied vom Tod* (SLT 1:29:14 – 1:30:45 – synchron), *Forrest Gump* (FG 32:00 – 32:19 – synchron/34:16 – 35:45 – asynchron/kommentierend), *Der unsichtbare Dritte* (DuD 1:57:30 – 2:00:46 – synchron und asynchron/aktuell). Analysevorgehen: a) Sprechtext in Printfassung vorlegen b) Mögliche kontrapunktische Visualisierung diskutieren c) Szene vorführen d) Abschließendes Analysegespräch (Zeitpunkte kontrapunktischer Montage, Gestaltungsparameter, Wirkung, Musik als häufig parallele Information). (zu 4): GA/PRO: Stellen Sie selbst eine Drehbuchfassung einer kontrapunktischen Ton-Bild-Kombination her. Schreiben Sie neben den Dialogpassagen auch immer kurze Regieanweisungen bezüglich des Figurenverhaltens auf. (Evtl. Erweiterung: Fotografieren Sie die Szenenteile der deutlichen Kontrapunktik!) SV/UG: Präsentation und Diskussion.	

U2: Erzähldramaturgie – Elemente der Handlungsdarbietung: Aktstruktur/Wendepunkte, Spannung und Figuren.

Stunden	Thema	Verlauf/Unterrichtsphasen
1./2.	Filmaufbau und Plotwendungen	(1) Einstieg: Struktur und Wendung am Beispiel eines Witzes (2) Konfrontation: Drehbuch-Paradigma nach Syd Field (3) Anwendung I: Voranalyse einer Szene aus *Der unsichtbare Dritte* (4) Erarbeitung und Sicherung: Aktstruktur und Wendepunkte (5) Anwendung II: Detailanalyse der Szene (6) Übung
3./4.	Spannungsparameter: Suspense und Surprise	(1) Rückgriff: Vorstellung und Besprechung der HA/ Wiederholung der erarbeiteten Dramaturgieprinzipien (2) Einstieg: Begriff »Spannung« (3) Vertiefung und Sicherung: Suspense und Surprise als (an-)spannende Handlungs- und Erzählmuster

Methodische Realisierung	Hausaufgabe
(zu 1): LV: Lehrer erzählt einen *Witz* und legt diesen schriftlich (FO) vor. UG: Lachen (Wendepunkt/Pointe/Überraschung) und Witzaufbau (Struktur/Spannung durch Genreerwartung)? Erster grober Analyseversuch der Witzstruktur (evtl. Spannungskurve). (zu 2): FO: Drehbuch-Paradigma-Skizze von Field (Mat. 7) zunächst als stummer Impuls. UG: a) Bezüge zum erzählten Witz klären b) Hinweis und Erläuterungen (LV) zum geschlossenen Drama, zur Dramaturgie der 3- und 5-Akt-Struktur c) Versuchsweise die Akte mit Inhalt(en) füllen. (zu 3): Szene der Kaplan-Verwechslung aus *Der unsichtbare Dritte* (DuD 4:27-6:16) vorführen. UG: Handlung klären. Erster Zuordnungsversuch zu Fields Paradigma. (zu 4): AB: »Filmdramaturgie« von Hant/Field (Mat. 7) lesen. Leitfragen: Wie ist ein Film i. d. R. aufgebaut? Welche Funktion(-en) haben Wendepunkte grundsätzlich und Plot Points im Besonderen? TA/FO: Wichtigste Informationen (Inhalte, Form, Funktion) bündeln (s. a. Kap. 3.4). (zu 5): Möglichkeiten a) AB: Einstellungsprotokoll der Szene (14 Einstellungen – Kategorien [Einstellungsgröße, Perspektive, Kamerabewegung, Ton, Wirkung] erarbeiten lassen. Weiter wie b). b) PA: Aktstruktur-Paradigma anwenden/Fields Kategorien zuordnen (Plot Point 1: Geste/Kaplan-Verwechslung; zentraler Punkt: Aufeinandertreffen der Kontrahenten; Plot Point 2: Entführung mit Gewaltandrohung). (zu 6): GA: Eigene Szenen nach Fields Strukturmodell entwickeln: Schreiben Sie nach Beispiel des 3-Akt-Schemas eine Szene/kurze Geschichte grob auf. SV/UG: Präsentation und Diskussion.	Lieblingsfilm auf Übereinstimmung untersuchen: Inhaltsangabe des Films anfertigen und dabei die zwei wichtigen Plot Points benennen.
(zu 1): SV/UG: Präsentation und Diskussion der Strukturuntersuchung persönlicher Filmfavoriten durch die Schüler. Wiederholung dramaturgischer Gestaltungsformen. (zu 2): FO: Begriffserklärung aus Sachwörterbuch der Literatur (Mat. 8). UG/LV: Kategorien ordnen (Absicht/Wirkung, Formen) und Einführung des Begriffs *Informationsdefizit*. Schüler sollen mündlich eigene (Kurz-)Story entwickeln, in der mangelhafte oder unvollständige Informationsvergabe »Neugier, Erwartung u. Interesse« beim Betrachter weckt. (zu 3): Reihenfolge: a) FO: Gegenüberstellung von Surprise und Suspense anhand der Bilderfolge (Mat. 9). Surprise (Bilder 3 – 5), Suspense (Bilder 1 – 5) kennzeichnen (s. a. Kap. 3.2).	

Stunden	Thema	Verlauf/Unterrichtsphasen
		(4) Anwendung: Analyse der »Maisfeldszene« auf Suspense und Surprise.
		(5) Übung
5./6.	Figurengestaltung	(1) Einführung: Genreparameter Thriller
		(2) Einstieg: *Roger O. Thornhills* erster Auftritt in DER UNSICHTBARE DRITTE
		(3) Erarbeitung und Sammlung: Figurenanalyse (Fokus: Protagonist)
		(4) Anwendung: Protagonisten analysieren am Beispiel des ersten Filmauftritts: *Roger O. Thornhill* und *Forrest Gump*
		(5) Übungen: Figuren beschreiben und charakterisieren

Methodische Realisierung	Hausaufgabe
b) EA: Lektüre von Hitchcocks Unterscheidung (Mat. 9). LV: Einführung des Erzählerbegriffs. UG: Wie unterscheidet sich die Wirkung von Suspense und Surprise beim Zuschauer? Evtl. Spannungskurven an der Tafel fixieren. c) TA: Spannung erzählen (Erzähler – Information/Wissen – Zuschauer/Figur – Wirkung: Surprise/kurzzeitiger Schock, Suspense/lange andauerndes, stetig steigerndes Mitfiebern). Evtl. LV: Angstlust (*thrill*) = Hoffnung auf .../Angst vor ... (zu 4): »Maisfeldszene« aus *Der unsichtbare Dritte* (DuD 1:03.30 – 1:12:50) vorführen. Gelenkte Analyse (UG): Szene an jeweiligen Stellen anhalten und Spannungsparameter klären = Suspense (Überblick/erste Einstellung, Autos, Mann am Feldweg), Surprise (Flugzeugangriff 1, Flugzeugkollision mit LKW). (zu 5): PRO: Kleine Spannungssequenz planen und verschriftlichen (Beschreibung des Szenenablaufs) oder skizzieren (Storyboard). SV/UG: Präsentation und Diskussion.	
(zu 1): LV/UG: Intertext Thriller kurz vorstellen resp. erfragen. Wie muss die Hauptfigur eines Thrillers gestaltet sein? (zu 2): Vorführung der Exposition aus *Der unsichtbare Dritte* (DuD 2:09 – 4:23). UG: Wie wird die Hauptfigur vorgestellt und charakterisiert? Erste Versuche (und möglicherweise Sammlung) einer eher nachlässig angeleiteten Figurenanalyse. (zu 3): AB: Lektüre von Faulstichs Figurenanalyse (Mat.10). Leitfragen: Was ist die Hauptaufgabe von Filmfiguren? Welche Möglichkeiten der Figurencharakterisierung gibt es? UG/TA: Strukturierung der Informationen. (zu 4): Reihenfolge: a) Erneute Vorführung von *Thornhills* erstem Auftritt. EA: Konzentrierte Analyse der Selbstcharakterisierung der Figur. Beobachtungskategorien: Aussehen/Kleidung, (Synchron-)Stimme, Sprache und Sprechinhalt, Handlungen, Verhaltensweisen. UG: Vorstellung der Analyseergebnisse und Diskussion (ambivalenter Charakter Thornhills – s. a. Kap. 1 und 3.6). LV: Hinweis auf genrespezifischen Kontrast (Angstlust). b) Vorführung der Exposition von *Forrest Gump* (FG 2:07 – 4:33). PA/GA: Analyse der Selbst- und Erzählercharakterisierung der Hauptfigur. Beobachtungskategorien: s. o., Requisiten und Kameraarbeit. UG: Vorstellung der Analyseergebnisse und Diskussion (naiver, kindlicher Charakter Forrests – s. a. Kap. 3.6). LV: Hinweis auf Komödienaspekt. (zu 5): PRO: a oder b a) Beschreiben Sie eine der Filmfiguren in einem zusammenhängenden Text (Personenbeschreibung).	

Stunden	Thema	Verlauf/Unterrichtsphasen
Additum 1./2.	Erzählen im Film: Audiovisuelle Informationsvergabe (Film-, Szenenanfänge)	(1) Einstieg: (Stichwörter- oder) Einstellungspuzzle Raum und Detail (2) Analyse: Exposition aus *Spiel mir das Lied vom Tod* (3) Skizzierung: Filmisches Erzählen (4) Anwendung: Weitere Kurzanalysen

Methodische Realisierung	Hausaufgabe
b) Übernehmen Sie die von Faulstich definierte *Fremdcharakterisierung*, d. h., werden Sie eine der anderen Figuren in diesen Szenen (DuD: Maggie, Taxifahrer – FG: Frau auf der Bank) und schildern Sie in einem fiktiven Dialog *Thornhill* oder *Forrest* einem Bekannten. SV/UG: Vorstellung und Diskussion.	
(zu 1): EA/PRO: Einstellungspuzzle zur Exposition von *Spiel mir das Lied vom Tod* (Mat. 11) von den Schülern begründet zusammensetzen lassen (Alternative: Einstellungsbeschreibungen). UG: Welche Informationen gibt der Szenenanfang in welcher Art und Weise? (zu 2): Vorführung des Szenenteils aus *Spiel mir das Lied vom Tod* (SLT 0:13 – 3:58). Beobachtungsauftrag: Wie und mit welcher Wirkung erzählt Leone den Filmanfang? (s. a. Kap. 1 u. 3.1) UG: Szenenanalyse. (zu 3): TA: Erzählen im Film – Kamerabild und Montagestrukturierung – filmsprachliche Perspektivierung (auktorial, personal), Positionierung (Reihenfolge, Komposition), Umgang mit Zeit- und Raumgestalt der Handlung – Zuschauer: effiziente Information resp. Orientierung/Anregung seiner kognitiven und emotionalen Aktivitäten. (zu 4): Vorführung und Analyse der Szenen aus *Lola rennt* (LR 4:34 – 4:43) und *Der unsichtbare Dritte* (DuD 1:03:33–1:05:03). UG: Welche andersartige Konstruktion des Szenenbeginns ist hier auffällig? Wie wirkt sich das auf den Zuschauer aus? (Deduktiver Beginn – LR: Raumverkleinerung sowie formal-inhaltliches Handlungsprinzip temporeicher Action; DuD: räumliche Orientierung als Hinweis auf situative Katastrophe des Protagonisten (Suspense), dann Annäherung an und Einfühlung [Subjektive] in den Protagonisten.) LV: Erzählerin Kamera als dramaturgisch komponierte Vermittlerin der Handlungsinhalte.	

Stunden	Thema	Verlauf/Unterrichtsphasen
Additum 3./4.	Die Kamera (Montage) erzählt – Erzählerverhalten, Erzählperspektiven	(1) Einstieg: Bildanalyse – Erzählsituationen (2) Erarbeitung: Filmische Erzählsituationen (3) Sicherung

(zu 1): FO: Abbildungen 34–38 (s. Kap. 2.1.1) vorlegen, zunächst als stummer Impuls. UG: Analyse der Mise en Scène und Montage (Abb. 36–38). Wer erzählt hier wie? Hinweis: Distanz/orientierend, kommentierend – Nähe/einfühlend. LV: Erzählsituationen – auktorial/personal. UG: Neue Beurteilung resp. Zuordnung der Bildbeispiele.
(zu 2): AB: Lektüre von LOHMEIER »Filmische Erzählsituationen« (Mat. 12). Aufgabe: Benennen Sie die verschiedenen Möglichkeiten, auktorial oder personal im Film zu erzählen. Versuchen Sie, diese Erzählerverhalten und die davon ausgehenden Wirkungen auf den Zuschauer in einer Skizze miteinander in Beziehung zu setzen. SV/UG: Vorstellung und Diskussion der Schülerskizzen (s. a. Kap. 3.2).
(zu 3): TA:

Erzählsituationen im Film

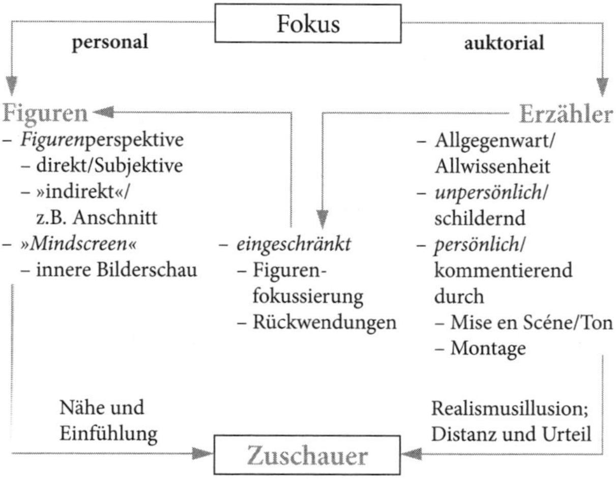

Stunden	Thema	Verlauf/Unterrichtsphasen
		(4) Anwendung: Exposition aus *Lola rennt*
Additum 5./6.	Standardsituation im Genrefilm: das Duell/ der Showdown	(1) Einstieg: Szene aus *Spiel mir das Lied vom Tod*
		(2) Erarbeitung und Sammlung: Masterplot und Standardsituation
		(3) Anwendung: Szenenanalyse

(zu 4): Vorführung der Exposition aus *Lola rennt* (LR 4:35 – 11:24). Arbeitsteilige Aufgabe: Kennzeichnen Sie die auktorialen/personalen (und Mischformen) Erzählsituationen der Szene. Beurteilen Sie die jeweilige Wirkung. UG: Erzählanalyse:
a) *auktorial* (Kameraflug, schnelle Zooms, Extremperspektiven, Jump Cuts, Charakterisierende Stillleben/Lolas Zimmer, Schildkröte als ironischer Tempo-Verweis, Raumtotale: Stellung der Telefonzelle, Symbol »Dominoeffekt«, Zeitlupe, Trickgroupier + Trickblende, Kreisfahrt, Ironie: Lolas ›Gedankenvater‹ verneint; Wirkung: rhetorisch-stilistische Kennzeichnung der Form durch den gestaltenden Erzähler, ironisch gebrochenes Spiel mit Zeit und Raum),
b) *personal* (Schuss-Gegenschuss Manni/Lola, nahe Einstellungsgrößen, Mindscreens, Subjektive; Wirkung: Figureneinfühlung und ›Teilnahme‹) und
c) *Mischformen* (Rückblenden von Lola und Manni [Blenden/Schwarz-weiß], Fokus: »Penner« in Videoästhetik; Wirkung: wichtige Handlungsbereiche der Konfliktentwicklung).
LV: *Lola rennt* als »Deutsches Kino auf Speed« (Althen) kennzeichnen (s. Kap. 2.1.1) – formale Vielfalt, Erzähltempo, Rezeptionsrausch und Medienreflexion – Unterhaltungskino (›Teilnahme‹) und ›Film-/Lebensphilosophie‹ (Distanz).

(zu 1): Uneingeleitete Vorführung der ersten Duellszene aus *Spiel mir das Lied vom Tod* (SLT 10:45 – 12:27). UG: Konfliktsituation »Showdown« im Western. Erste antizipierende Struktur- und Narrationsanalyse. LV: (Genrespezifische) Standardsituationen und übergeordnete Masterplots.
(zu 2): AB: Lektüre Tobias/Vogler »Masterplot/Standardsituation« (Mat. 13). GA/PRO: Strukturieren Sie inhaltliche und formale Aspekte jener dramaturgischen Kategorien, verdeutlichen Sie Zusammenhänge und skizzieren Sie diese Erkenntnisse auf einem Plakat. SV/UG: Präsentation und Diskussion der Gruppenergebnisse. Wie wird ein »Showdown/Shootout« im (Italo-)Western (Leone'scher Prägung) erzählt?
(zu 3): Vorführung des finalen Duells in *Spiel mir das Lied vom Tod* (SLT 2:16:37 – 2:22:52). Arbeitsteilige Analyse:
a) ›Filmsprachliche‹ Mittel
b) Dramaturgische Struktur des Duells
c) Erzählsituationen und Zeitverhältnisse
UG: Wirkung = Distanz und Nähe: Mythos, Feier der archaischen, dabei ästhetisierten (Standard-)Situation und emotionale, empathische Teilnahme am Schicksal »*Mundharmonikas*«.

Stunden	Thema	Verlauf/Unterrichtsphasen
		(4) Vertiefung: Ironischer (genrefremder) Showdown
		(5) Übung

U3: Symbolik – Mehrdeutige Zeichenstrukturen

Stunden	Thema	Verlauf/Unterrichtsphasen
1.	Rahmensymbol »Feder« in *Forrest Gump*	(1) Gespräch: Polyvalenz in der Charakterisierung Forrest Gumps
		(2) Einstieg und Sammlung: »Feder«
		(3) Sichtung und Erarbeitung: Anfang und Ende von *Forrest Gump*
		(4) Sicherung: Feder als Schlüsselsymbol

Methodische Realisierung	Hausaufgabe
(zu 4): Vorführung der ironischen Thematisierung in *Der unsichtbare Dritte* (DuD 1:06:16 – 1:07:17). UG: Genrefremder Standard als komisch distanzierender (auktorialer) Hinweis in genrespezifischer Dramaturgie (Suspense) und Narration (personal). Vertiefungsmöglichkeiten: Zitat, Thriller-Dekonstruktion durch Komödienelement, Erzählsituation als Zuschauerpositionierung, … (zu 5): GA/PRO: Stellen Sie selbst ein kleines »Duell im Klassenzimmer« als Fotostory nach. Präsentation und Diskussion der Schülerergebnisse.	

Methodische Realisierung	Hausaufgabe
(zu 1): UG: Forrest Gump als ›reiner Tor‹. Diskurs über Figurensymbolik. Bedeutungsüberschuss als zusätzliche, übergeordnete Lesart (»mehr sehen«). (zu 2): Präsentation Vogelfeder als stummer Impuls. UG und Sammlung (FO): Was assoziieren Sie mit einer Feder? Evtl. ergänzendes AB mit symbolischer Semantik der Feder (z. B. in Knaurs Lexikon der Symbole). Präsentationserweiterung: Füllfederhalter (Federkiel), Schraubenfeder (z. B. eines Kugelschreibers). FO/TA: Ergänzung der Sammlung (Schrift, schreiben, Autor/federn, weich, geschützt). (zu 3): Vorführung der Szenen aus *Forrest Gump* (FG 0:17 – 2:46 und 2:07:34 – 2:09:51). UG: Welche symbolischen Bedeutungen kann man der Feder zuordnen? In welcher Beziehung steht die Feder zu Forrest? Wie beurteilen Sie die Platzierung (Anfang und Ende)? (S. Kap. 4.1) Sammlung und (zu 4): FO/TA: Symbol »Feder« = Flug/mit dem Wind, der Natur im Einklang, »Leichtigkeit des (reinen) Seins« – weiß/Reinheit – federn/weiche Landung, beschützter Tor Forrest – schreiben/Lebensgeschichte Forrests (Anfang – ›Ende‹). UG: Federsymbol als rahmender Verweis auf Kommendes bzw. Gezeigtes, als Verständnisschlüssel des ganzen Films. (Verweis auf leitmotivische Wiederholung)	Schreiben Sie ein Gedicht in freien Versen, in dem eine Feder zentrales Symbol ist. Berücksichtigen Sie dabei die Federfunktionen aus *Forrest Gump*.

Stunden	Thema	Verlauf/Unterrichtsphasen
2./3.	Symbolische Leitmotive in *Sophie Scholl – Die letzten Tage*	(1) Rückgriff: Vorstellung und Besprechung der HA/ Wiederholung Filmsymbolik (2) Diskussion: Inhalt, filmsprachliche und erzähl-dramaturgische Gestaltung des Films *Sophie Scholl* (3) Erarbeitung/Analyse: Leitmotiv »Licht« anhand einiger Filmausschnitte (4) Vertiefung: Lichtsymbolik (5) Sicherung: Zweiwertiges Leitmotiv »Licht«

(zu 1): Präsentation und Diskussion der Schülergedichte.
UG: Filmsymbolik
(zu 2): UG: zunächst freier Diskurs, dann Fokussierung auf dramaturgische Bereiche: Gruppen/Gegner mit jeweiligen Protagonisten und unterschiedlichen Settings, Ideologien, Entwicklung der Akteure (Sophie – Mohr). Ziel: Antagonistischer Konflikt der Weltanschauungen. Mit welchen Symbolen wird diese dramaturgische Gegnerschaft ins Bild gesetzt? (S.a. Kap. 4.2)
(zu 3): Vorführung verschiedener Szenenteile aus *Sophie Scholl* (SoS, z. B. 9:03 – 9:14, 12:45 – 12:55, 34:49 – 35:14, 52:43 – 52:55, 58:38 – 59:01, 1:08:47 – 1:09:07, 1:13:22 – 1:13:34, 1:15:41 – 1:16:30, 1:21:57 – 1:22:13, 1:36:04 – 1:36:25, 1:43:17 – 1:43:33, 1:47:28 – 1:47:51) zunächst als stummer Impuls. UG: Erste Schülererkenntnisse sammeln. LV: »Symbolisches Leitmotiv« kurz erläutern (s. Kap. 4.2). Erneute Vorführung der Szenenteile. Beobachtungsaufgabe: Achten Sie auf die wichtigen Funktionen des Lichts in den Ausschnitten und ordnen Sie diese nach den jeweiligen Bedeutungen für die filmischen Kontrahenten!
UG/TA: Präsentation der Schülererkenntnisse und erste Sammlung.
(zu 4): AB oder Rechercheauftrag zur Lichtsymbolik (z. B. aus Knaurs Lexikon der Symbole). SV/UG: Vorstellung und Diskurs der Schülerergebnisse. Wie lassen sich diese Bedeutungshöfe auf den Einsatz in *Sophie Scholl* übertragen?
(zu 5): TA (vgl. Kap. 4.2):

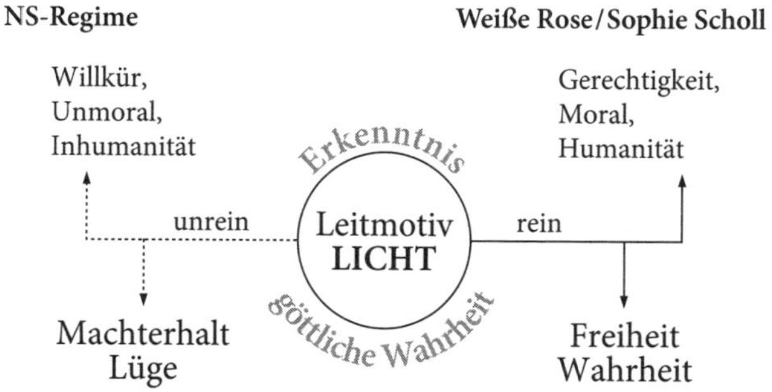

Stunden	Thema	Verlauf/Unterrichtsphasen
Additum 1.–3.	Der Film *Blow-Up*	(1) Einstieg: Kundenrezensionen, Bilder im Internet recherchieren (2) Filmansicht (3) »Rezeptionsplausch«
Additum 4./5.	Audiovisuelle Scheinwelten – Figur »Thomas« und der Erzähler in *Blow-Up*	(1) Rückgriff: Vorstellung und Besprechung der HA (2) Einstieg: Protagonist »Thomas« (3) Einfühlung und Analyse: *Blow-up*-Sequenz (4) Überleitung: der kommentierende Erzähler (5) Sicherung: Parallelität und Kontrapunkt (6) Anwendung: »Tennisspiel«-Szene

Methodische Realisierung	Hausaufgabe
(zu 1): Internetrecherche zu Filmbildern, zur DVD (z. B. Amazon.de), zu Kundenmeinungen. UG: ›Ikonisches‹ Schwerpunktbild des Films im Netz festlegen, auch DVD-Cover als ›Aufmacher‹ diskutieren, Tenor der Kundenäußerungen fokussieren. Was erwarten Sie nun vom Film? (zu 2): Vorführung des kompletten Films (Kinoatmosphäre schaffen – Abdunkeln, Beamerprojektion). (zu 3): UG: Freie, unangeleitete Anschlusskommunikation der Rezipienten. Evtl. Einstiegsfrage: Sind Ihre Erwartungen erfüllt worden? Lehrer kann Fragen zum Inhalt oder hist. Zeitkolorit beantworten und evtl. die Interessen der Schüler bei der Auseinandersetzung mit dem Film ausloten.	Kurzrezension im Stile der Kundenmeinungen (Internet) zum Film verfassen.
(zu 1): Präsentation und Diskussion der Kurzrezensionen. UG: Inhalte und Themen in *Blow-Up* (zu 2) FO: Bild des Fotografen Thomas (+ Kamera) auflegen. UG: Charakterisieren Sie die Figur des Thomas' (Aussehen/Kleidung, Sprache/Sprechweise, Handlungen, Verhalten). (Symbolische) Funktion der Kamera? (S. Kap. 3.2 und 4.1) (zu 3): Vorführung der Blow-up-Sequenz (BU 1:03:38 – 1:05:48 und 1:14:15 – 1:17:01). EA/PRO: Fühlen Sie sich in Thomas ein und schreiben Sie seinen *inneren Monolog* in der Sequenz auf. SV: Präsentation und Diskussion der Schülerergebnisse. UG: Ist eine solche Einfühlung in die Hauptfigur in der Filmgestaltung angelegt? Wodurch? Erneute Szenenansicht zur Erzählanalyse = personale Erzählsituation durch Figurensingularität, Subjektive (auch auditiv) und spannende Handlungsentwicklung (Gratifikationshoffnung mit »Thomas«). (zu 4): UG: Warum aber rauschen die Bäume im Fotostudio? Irreales Raum-Zeit-Verhältnis und Fotofilm als auktoriale Kommentare kennzeichnen (s. Kap. 2.2.2). Doppeldeutige Ton-Bild-Kombination = Einfühlung und/oder kognitive Distanz. (zu 5): TA: *Blow-Up* – Bildton findet Zuschauer – Sein oder Schein = Ton-Bild-Kombinationen: a) asynchron-parallel (auditiver Mindscreen Thomas', personale Erzählsituation, Einfühlung/Mitfiebern = [Dabei-]SEIN) b) asynchron-kontrapunktisch (kommentierender Erzählerhinweis, auktoriale Erzählsituation, Distanz/Reflexion = SCHEIN[-entlarvung]). (zu 6): Vorführung der Szene »Tennisspiel« (BU 1:42:26 – 1:45:50). Wenden Sie das doppelte Lektüreprinzip auch auf das Filmfinale an. UG: Warum ist eine personale Leseweise (paralleler Ton) hier ungleich komplizierter? Was bedeutet schließlich die auktoriale (kontrapunktische) Dominanz dieser Szene für das Verhältnis Zuschauer-Thomas? (s. a. Kap. 3.2)	

Stunden	Thema	Verlauf/Unterrichtsphasen
Additum 6./7.	Über das Sehen (in *Blow-Up*/im Kino)	(1) Wiederholung: Sehen und Hören in *Blow-Up* (2) Einstieg: Sehen und Nicht-Sehen als Filmthema und Filmreflexion (3) Erarbeitung: Michelangelo Antonioni und das Sehen (4) Anwendung: Rezension/Nachruf schreiben (5) Auswertung und Transfer

Methodische Realisierung	Hausaufgabe
(zu 1) UG: Zweifache Möglichkeit der Rezeption (personal/auktorial, Identifikation/Analyse). Rezipient als ›Story-Ersteller‹: spannende Unterhaltung vs. thematisch-philosophische Erkenntnis. (zu 2): FO: Zitat »*Ich wollte sehen und ich habe gesehen.*« [Jean B. Racine] als stummer Impuls. UG: Sehen/Nicht-Sehen, Aufnehmen/Erkenntnis als Filmthema und Rezeptionsprinzip (Man sieht nur das, was man sehen will!). LV: Evtl. die zwei Stufen der Wahrnehmung (Perzeption, Apperzeption) vorstellen und auf *Blow-Up* anwenden. UG: *Blow-Up* als Essay: Film über die (Film-)Wahrnehmung? (zu 3): AB: Lektüre Jansen-Interview (Mat. 14). Aufgabe: Fassen Sie die Äußerungen Jansens zu Sehen und Wahrnehmen in Antonionis Filmen kurz zusammen. UG: Auswertung der Schülerzusammenfassungen. (zu 4): EA/PRO: Schreiben Sie (a oder b) a) eine Rezension zu *Blow-Up* aus heutiger Sicht und stellen Sie dabei das Prinzip des Sehens und Wahrnehmens in den Fokus (Orientierung zur Textsorte: www.mediamanual.at/mediamanual/leitfaden/filmgestaltung/filmkritik/index.php). b) den Teil eines Regisseur Antonioni gewidmeten Nachrufes, der sich mit *Blow-Up* beschäftigt, und stellen Sie darin sein Leitthema des Sehens und Wahrnehmens in den Mittelpunkt Ihres Textes. (zu 5): SV: Präsentation und Diskussion der Schülertexte. UG: Ist *Blow-Up* ein aktueller Film? Diskurs über mediale Vielfalt der Gegenwart – Chancen und Gefahren – »lebende Thomas-Menschen« (Kamera im Kopf) und scheinhaftes Leben im Hier und Jetzt.	

3 Klassenarbeiten/Klausurvorschläge/Referate/Projekte

Filmsprache

1. Klassenarbeit/Klausur: Filmsprachliche Gestaltungsmittel
   - Welche filmsprachlichen Gestaltungsmittel kennen Sie? Benennen Sie die jeweiligen Kategorien und erläutern Sie die unterschiedlichen Formelemente und Wirkungen an einem konkreten Filmbeispiel (an einer Filmszene).
2. Klassenarbeit/Klausur: Filmanalyse
   - Analysieren Sie folgende Szene aus *SOPHIE SCHOLL – DIE LETZTEN TAGE* (SoS 8:52 – 12:53) auf den Einsatz filmsprachlicher Mittel.
   - Beschreiben Sie auch die jeweils erzielte Wirkung.
3. Klausur: Bild-Ton-Kombinationen
   - Stellen Sie KRACAUERS Strukturierung der Bild-Ton-Korrespondenz (Mat. 6) vor.
   - Beschreiben Sie für mind. drei Kombinationen je ein filmisches Beispiel und erläutern Sie die jeweilige Wirkung auf den Zuschauer.
4. Projekt: Einen Film über den »Weg eines Schülers vom Bett zur Schule« planen, drehen und schneiden
   - Entwickeln Sie eine schriftliche Form der Filmgestaltung.
   - Integrieren Sie möglichst viele filmsprachlichen Gestaltungsmittel in Ihren Film.
   - Schneiden Sie den Film am PC.
5. Projekt: Bild-Ton-Kombinationen
   - Gestalten Sie eine kleine Dialogszene in den vier von KRACAUER vorgegebenen »Typen der Synchronisierung« (Mat. 6).
   - Schreiben Sie zunächst den Dialog (achten Sie auf kontrapunktisch darstellbare Konflikte).
   - Filmen Sie die Szene und montieren Sie (synchron/asynchron, parallel/kontrapunktisch). Berücksichtigen Sie auch Geräusche und insbesondere die musikalische Gestaltung.
6. Referat: Parallelmontage
   - Recherchieren Sie zur Parallelmontage und analysieren Sie Ihren persönlichen Filmfavoriten auf die Verwendung (und Funktion) derselben.
   - Verdeutlichen Sie in Ihrem Vortrag die erkannten Prinzipien an konkreten Filmbeispielen.
7. Referat: Kuleschow-Experimente
   - Recherchieren Sie zu weiteren Montage-Experimenten von LEW KULESCHOW und stellen Sie diese in Form und Wirkung vor.
   - Stellen Sie eines dieser Experimente als Fotogeschichte oder Film nach.
8. Referat: Daily Soap
   - Untersuchen Sie eine Folge einer Ihnen bekannten Daily Soap auf filmsprachliche Gestaltung.
   - Stellen Sie Ihre Erkenntnisse am Beispiel einer Szene konkret vor.

Erzähldramaturgie

1. Klassenarbeit/Klausur: Filmaufbau und Spannung
   - Erläutern Sie die Begriffe Plotaufbau und Plot Points (Mat. 7) und geben Sie jeweils (mind.) ein Beispiel aus einem Ihnen bekannten Film.
   - Was ist Spannung? Beschreiben Sie die verschiedenen Gestaltungsformen in Aufbau und Wirkung.
2. Klausur: Filmisches Erzählen
   - Erläutern Sie die Möglichkeiten der Kamera und Montage im Film zu erzählen, auch an konkreten Beispielen.
   - Was ist ein deduktiver, was ein induktiver Szenenbeginn? Erklären Sie formale, inhaltliche und wirkungsspezifische Auswirkungen an einem Filmbeispiel.
3. Projekt: Genreumwandlung/Genrelüge
   - Erstellen Sie aus dem vorhandenen Filmmaterial einen (neuen) Trailer und verändern Sie dabei das Genre (z.B. *Forrest Gump* als Thriller/Kriegsfilm; *Lola rennt* als Komödie; *Der unsichtbare Dritte* als Horrorfilm ...).
   - Sprechen Sie einen passenden (Anreißer-)Kommentar über die neu kontextuierten Bilder, unterlegen Sie ›stimmige‹ Musik und verändern Sie möglicherweise auch den Titel.
4. Projekt: Kultfilm *Spiel mir das Lied vom Tod*
   - Sammeln Sie Materialien resp. Meinungen/Einschätzungen zu Leones Westernklassiker (Internet, DVD-Extras, Fachzeitschriften, ...)
   - Werten Sie diese Texte kritisch aus und erstellen Sie (a, b oder c)
     a) ein Buch zum/über den Film,
     b) eine PC-Präsentation als kurze Filmeinführung für Interessierte,
     c) eine PowerPoint-Präsentation als Rechercheresultat.
   - Entwickeln Sie bei a, b oder c auch einen ansprechenden Titel.
5. Referat: Genre
   - Wählen Sie ein bestimmtes Genre aus und erläutern Sie Aufbau, Figurenkonstellation und Zuschauerwirkung.
   - Präsentieren Sie die obigen Kategorien an einem Filmbeispiel.
6. Referat: Filmfigur
   - Stellen Sie eine Filmfigur, die Sie beeindruckt hat, vor. Beachten Sie dabei vor allem die jeweiligen Charakterisierungsmöglichkeiten des Mediums (Mat. 10).
   - Arbeiten Sie anhand einer kurzen Filmszene den Figurenkern heraus.
7. Referat: Standardsituation »Verfolgungsjagd« oder »Last-Minute-Rescue«
   - Welche formalen und inhaltlichen Parameter sind bei diesem Standard gesetzte Größen?
   - Wie wird erzählt und Wissen an den Zuschauer vermittelt?
   - Geben Sie filmische Beispiele (evtl. in der hist. Entwicklung) für diese Standardsituation.

Symbolik

1. Klassenarbeit/Klausur: Filmsymbolik
   - Erklären Sie die Begriffe »Symbol« und »Leitmotiv« in Bezug auf Gestaltung und Wirkung.
   - Stellen Sie sowohl ein Symbol als auch ein Leitmotiv aus Ihnen bekannten Filmen vor. Umschreiben Sie die Gestaltung, den Einsatz im Film und die Bedeutung(-en).
2. Klausur: *Blow-Up* – ein Film über Sein und Schein
   - Erläutern Sie das obige Thema an den Beispielen der Protagonistengestaltung und des Erzählerverhaltens. Geben Sie für das (entlarvende) Erzählerverhalten eine besonders verdeutlichende Szene an.
   - Welche Funktion erfüllt die ›Kriminalgeschichte‹ im Plot?
   - Erläutern Sie (auch an konkreten Filmszenen), warum *Blow-Up* ein auch heute noch gültiger Film ist.
3. Projekt: Die Photogeschichte nachstellen – »*Blow-Up*-digital«
   - Werden Sie »Thomas« und inszenieren Sie die/eine mysteriöse Fotogeschichte Bild für Bild nach.
   - Orientieren Sie sich an den jeweiligen Einstellungsgrößen der Filmfotos/halten Sie Abstand zu den Figuren und »blasen« Sie sie am PC zur Pixelimpression »auf«.
   - Präsentieren Sie Ihren *Blow-Up*-Text als Wandplakat. Reflektieren Sie Erfahrungen der Erstellungsphase.
4. Referat: *Forrest Gump* – ein Schelm
   - Recherchieren Sie zu den Begriffen »Schelm«, »Pikaro«, »Schelmen-/Pikaroroman« und »Satire« und präsentieren Sie Ihre Erkenntnisse zu Form(en), Inhalt und Wirkung.
   - Wenden Sie obige Erkenntnisse auf *Forrest Gump* an. Inwiefern kann *Forrest Gump* als Satire betrachtet werden?
5. Referat: Leitmotiv »Rot« in *Sophie Scholl*
   - Recherchieren Sie zur vielschichtigen Symbolik der Farbe Rot.
   - Erläutern Sie den Farbeinsatz in *Sophie Scholl* (an Beispielen) und bedenken Sie die unterschiedlichen antagonistischen Bedeutungen innerhalb des Films.
6. Referat: Zitat und Hommage *Blow Out* von Brian de Palma
   - Rezipieren Sie *Blow Out* (USA 1981, R.: Brian de Palma, 103 Minuten) und fassen Sie den Inhalt kurz zusammen.
   - Erläutern Sie Parallelen zu Antonioni und Veränderungen/Erweiterungen de Palmas.
   - Vergleichen Sie die beiden Filme stilistisch/dramaturgisch miteinander. Beurteilen Sie de Palmas (Thriller-)Hommage.

4 Materialien

Übersicht über die Materialien

Nr.	Autor, Titel
1	Tom Tykwer: Drehbuchauszug aus *Lola rennt*
2	Duden – Fremdwörterbuch: »Montage« u. »montieren«
3	Daniel Arijon: Die Bedeutung der Parallelmontage (Auszug)
4	Lew Kuleschow/Hans J. Wulff: Kuleschow-Effekt
5	Hans Beller: Match Cut (Auszug)
6	Siegfried Kracauer: Bild-Ton-Kombinationen
7	C. P. Hant/Syd Field: Filmdramaturgie: Aktstruktur und Wendepunkte
8	Sachwörterbuch der Literatur: »Spannung«
9	Alfred Hitchcock: Suspense und Überraschung
10	Werner Faulstich: Die Figurenanalyse (Auszug)
11	Einstellungen der Exposition von *Spiel mir das Lied vom Tod*
12	Anke-Marie Lohmeier: Filmische Erzählsituationen (Auszug)
13	Ronald B. Tobias/Christopher Vogler: Masterplot/Standardsituation
14	Jansen/Hettinger: Interview über Michelangelo Antonioni

Material 1

Auszug aus: Tom Tykwer: **Lola rennt** (publiziertes Drehbuch)

Berlin. Frühling, irgendwann. Wir fliegen schnell an die *Stadt* heran, immer näher an ein *Haus*, durch das Fenster hindurch in eine *Wohnung*, durch einen *Flurgang* bis zu einem kleinen *Tisch* in der Mitte eines *Zimmers* mit zugezogenen Vorhängen. Zum *Telefon*, das auf diesem Tisch steht. Endlich steht das Bild still. Das riesige Telefon, eine lange Sekunde – und dann schellt es, brüllend laut.

(aus: Tom Tykwer: Lola rennt. Mit Bildern von Frank Griebe. Hgg. von Michael Töteberg. Rowohlt Verlag, Reinbek, 4. Auflage 2003. S. 9. Hervorhebungen vom Autor)

Material 2

Duden – Das Fremdwörterbuch

Mon|ta|ge […] *(lat.-vulgärlat.-fr.) die*; –, -n: 1. a) Zusammensetzen [einer Maschine, technischen Anlage] aus vorgefertigten Teilen zum fertigen Produkt; b) Aufstellen u. Anschließen [einer Maschine] zur Inbetriebnahme. 2. Kunstwerk (Literatur, Musik, bildende Kunst), das aus ursprünglich nicht zusammengehörenden Einzelteilen zu einer neuen Einheit zusammengesetzt ist. 3. a) künstlerischer Aufbau eines Films aus einzelnen Bild- u. Handlungseinheiten; b) der zur letzten bildwirksamen Gestaltung des Films notwendige Feinschnitt mit den technischen Mitteln der Ein- und Überblendung und der Mehrfachbelichtung.

mon|tie|ren *(lat.-vulgärlat.-fr.)*: 1. eine Maschine o. Ä. aus Einzelteilen zusammensetzen u. betriebsbereit machen. 2. etwas an einer bestimmten Stelle mit technischen Hilfsmitteln anbringen; installieren. 3. etwas aus nicht zusammengehörenden Einzelteilen zusammensetzen, um einen künstlerischen Effekt zu erzielen. 4. einen Edelstein fassen.

(aus: Duden – Fremdwörterbuch. 6., auf der Grundlage der amtlichen Neuregelung d. dt. Rechtschreibung überarb. u. erw. Aufl. © 2010 Bibliographisches Institut/Sauerländer, Mannheim. S. 531)

Material 3

DANIEL ARIJON: **Die Bedeutung der Parallelmontage** (Auszug)

[D]er Filmemacher [stützt sich] ganz überwiegend auf ein ganz bestimmtes Schnittprinzip: den Wechsel zwischen zwei oder mehreren Brennpunkten des Interesses. Diese »Parallelmontage« ist eines der am häufigsten verwendeten Elemente der Filmsprache. Es konfrontiert den Zuschauer mit zwei oder mehr gegeneinander laufenden oder miteinander verbundenen Handlungssträngen und zwingt ihn, seine Aufmerksamkeit abwechselnd dem einen und dem anderen zuzuwenden. [...] Ein Film, der auf diese Methode ganz verzichtete, würde die Zuschauer irritieren [...].
Die [...] Arten der Parallelmontage könnte man wie folgt definieren:

1. Die Handlungsstränge verlaufen auf konvergierenden Bahnen, gleichzeitig und am selben Ort.
2. Die Handlungsstränge verlaufen auf getrennten Bahnen und an verschiedenen Schauplätzen; lediglich der Bezug auf ein gemeinsames Motiv stiftet eine Verbindung zwischen ihnen.

[...] Wenn zwei Handlungsstränge mit den Mitteln der Parallelmontage in Beziehung gesetzt werden, geraten sie fast zwangsläufig in eine wechselseitige Abhängigkeit zueinander, denn der Filmbetrachter erwartet geradezu, dass sie aufeinander zulaufen. [...]
Das Anordnen von Aktion und Reaktion bestimmt die ganze Struktur eines Films: von der einfachen Aneinanderreihung zweier Einstellungen zur Gegenüberstellung mehrerer Bestandteile einer Sequenz und letztlich bis zur Komposition der gesamten Filmhandlung.
[...] Die Parallelmontage eröffnet größere Freiheiten für die Interaktion zweier Handlungsstränge. Wenn der Wissensstand [...] des Publikums im Verhältnis zu den handelnden Personen im Film variabel ist, sind folgende Konstellationen möglich:

1. Beide Handlungsstränge ergänzen einander; aus den Informationen, die beide abwechselnd liefern, ergibt sich die Geschichte.
2. In einem Handlungsstrang bleibt die Bewegung oder Intention gleich, während sich im anderen die Reaktionen darauf verändern.
3. Die Figuren wissen nicht, was in dem jeweils anderen Handlungsstrang passiert; nur die Zuschauer haben den kompletten Überblick.
4. Die Informationen, die dem Zuschauer von beiden Handlungssträngen geliefert werden, sind unvollständig; während die Filmfiguren komplett im Bilde sind, lässt man das Publikum absichtlich im Dunkeln tappen, um seine Neugierde zu wecken.

Welche dieser Möglichkeiten genutzt werden, darüber entscheiden Drehbuchautor und Filmemacher. Für alle Varianten gilt jedoch der Grundsatz, dass die Parallelmontage das beste Mittel ist, um den Zuschauern das mitzuteilen, was sie erfahren sollen.

(aus: Arijon, Daniel: Grammatik der Filmsprache. Aus dem Amerikan. von Karl Heinz Siber. Copyright © 2003, by Zweitausendeins Versand Dienst GmbH, www.Zweitausendeins.de)

LEW KULESCHOW/HANS J. WULFF: **»Kuleschow-Effekt«** **Material 4**

Lew Kuleschow über den »Kuleschow-Effekt«:

»Dieses Experiment sah folgendermaßen aus: Aus alten Filmen nahm ich Einstellungen mit dem Schauspieler Mosschuchin und fügte sie mit verschiedenen anderen Einstellungen zusammen. Zuerst ließ ich Mosschuchin scheinbar im Gefängnis sitzen, dann erfreute er sich an der Sonne, der Landschaft und der wiedergewonnenen Freiheit. In einer anderen Kombination ließ ich Mosschuchin in der gleichen Haltung dasitzen, mit dem gleichen Gesichtsausdruck, und eine halbnackte Frau ansehen. In einer anderen Kombination sah er einen Kindersarg an – oh, ich weiß nicht mehr – es gab viele verschiedene Kombinationen… Und das ist das Experiment, das als ›Kuleschow-Effekt‹ bekannt geworden ist.«

(in: Beller, Hans (Hg.): Handbuch der Filmmontage. Praxis und Prinzipien des Filmschnitts. UKV Verlagsgesellschaft mbH, München, 4. Auflage 2002. S. 22)

Der Kuleschow-Effekt

Das vielleicht berühmteste Film-Experiment hat unter dem Namen »Kuleschow-Effekt« ein langes und buntes Nachleben gehabt. Zum ersten Mal durchgeführt wurde es ca. 1923 von Lew Kuleschow. Er nahm eine Großaufnahme des Schauspielers Iwan Mosschuchin, eine Aufnahme mit bewusst ausdruckslosem Blick, und schnitt sie mit der Aufnahme eines Tellers Suppe, der Aufnahme eines toten Mannes und der einer lasziven Frau zusammen. Die Zuschauer, denen Kuleschow diese jeweilige Sequenz vorführte, glaubten, auf dem Gesicht des Schauspielers im einen Fall Hunger, im anderen Trauer, im dritten Begierde feststellen zu können. Kaum ein zweites Experiment vermochte die Macht der Montage so zu verdeutlichen wie dieses. Vielleicht ist dies der Grund für seine große Popularität, auch wenn uns heute nur Reproduktionen des Experiments vor Augen stehen, wenn wir an das Kuleschow Experiment denken.

Wollte man abstrakt und theoretisch benennen, worum es beim »Kuleschow Effekt« eigentlich geht, so muss man zwei verschiedene Behauptungen voneinander unterscheiden, die beide gleichermaßen durch das Experiment untersucht werden und die einander zugleich wechselseitig bedingen:

(1) die Bedeutung einer Einstellung hängt vom jeweiligen Kontext ab;

(2) eine Veränderung der Reihenfolge von Einstellungen in einer Sequenz verändert auch die Bedeutung der einzelnen Einstellungen sowie die der Gesamtsequenz.

(aus: Wulff, Hans J.: Der Plan macht's. Wahrnehmungspsychologische Experimente zur Filmmontage. In: Beller, Hans (Hg.): Handbuch der Filmmontage. Praxis und Prinzipien des Filmschnitts. UKV Verlagsgesellschaft mbH, München, 4. Auflage 2002. S. 178)

Material 5 Hans Beller: **Match Cut** (Auszug)

Definitionsgemäß ist der Match Cut zunächst einmal eine Unterkategorie des Continuity Editing, das eine Kontinuität des Erzählens über verschiedene Handlungsräume hinweg durch partielle Übereinstimmung gewährleisten soll. Dabei zeigen sich Match Cuts als eine Sonderform der kontinuierlichen Bewegungsmontage. Organisiert die innersequenzielle Montage nach dem Kontinuitätsprinzip die durchgehende Bewegung einer Figur im identischen oder anschließenden Handlungsraum, bewegt sich beim transsequenziellen Match Cut die Figur so über einen oder mehrere Schnitte hinweg, dass hinsichtlich der differenten Räume, und damit auch der Zeit, große »Sprünge« stattfinden.

[…]

Trainspotting (GB 1995) von Danny Boyle hat etwa zur Hälfte, beim Rückfall des Protagonisten Mark Renton (Ewan McGregor) in die Drogenabhängigkeit, einen Match Cut als metaphorischen Sprung im Film. Der Sprung Rentons von einer Mauer landet direkt im raum-zeitlich getrennten Zimmer eines Drogendealers.

Dies wird von den Filmtheoretikern Wolfgang Struck und Hans J. Wulff analysiert: »Die gegen gängige kinematografische Codes verstoßende und daher besonders exponierte Verbindung von Bewegungskontinuität und räumlicher Diskontinuität (…) versetzt nicht nur den Körper von einem Raum in den anderen, sondern konfrontiert und verbindet zugleich verschiedene Typen von Räumen.«

Der bekannteste Match Cut der Filmgeschichte bildet den Übergang von einer Art Prologsequenz mit dem Titel »Aufbruch der Menschheit« zur Expositionssequenz des Films *2001: A Space Odyssey* (*2001: Odyssee im Weltraum*, GB 1968) von Stanley Kubrick. Dieser Schnitt markiert den Sprung von der Prähistorie ins 21. Jahrhundert, indem der von einem Primaten in die Luft geworfene, todbringende Schenkelknochen nach seinem Umkehrpunkt in der Abwärtsbewegung mit einem formgleichen, Atomwaffen tragenden Raumschiff gematcht wird.

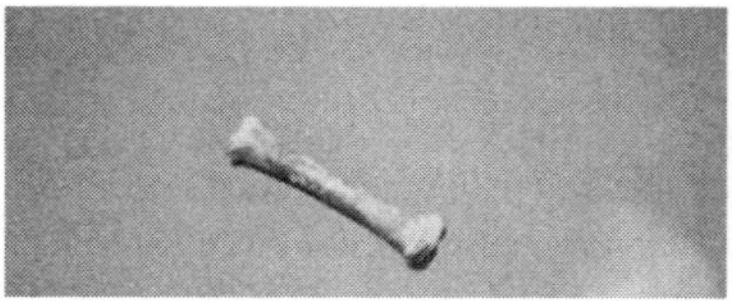

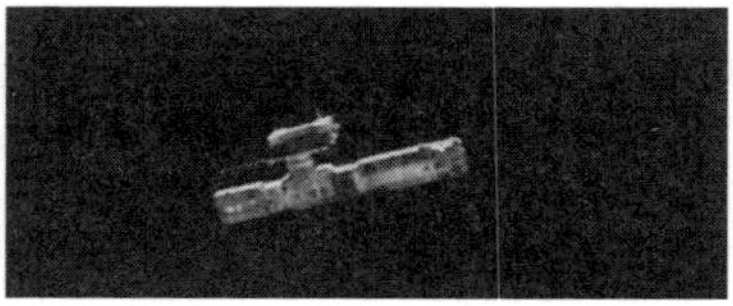

Hier wird die Figur gleichsam ausgetauscht. Auch der Hintergrund ändert sich von Himmelblau in Nachtblau, aber die Bewegung bleibt kontinuierlich, wenngleich sich das Raumschiff nach vorn unten und nicht in der Falllinie abwärts bewegt. Mit Hilfe eines Schnitts wird der evolutionäre Sprung des Waffen benützenden Menschen über Millionen Jahre hinweg möglich und gleichzeitig die Kontinuität innerhalb der menschlichen Entwicklungsschritte gezeigt.

Der Match Cut birgt in sich den ganzen Widerspruch des Montagemetiers: Montage meint nämlich im Gegensatz zum Schnitt, der das Trennende hervorhebt, sowohl das Moment des Auseinandernehmens der Einstellungen als auch das des Zusammenfügens; kein anderes Montagemuster zeigt das so deutlich.

(aus: Beller, Hans: Montage. In: Schleicher, Harald/Urban, Alexander (Hrsg.): Filme machen. Copyright © 2005, by Zweitausendeins Versand Dienst GmbH, www.Zweitausendeins.de. S. 183 ff.)

Siegfried Kracauer: **Bild-Ton-Kombinationen**

Material 6

Arten der Synchronisierung
Wesentliche Begriffe
A. Synchronismus — Asynchronismus. Der Ton kann mit Aufnahmen seiner natürlichen Quelle oder mit anderen Bildern synchronisiert werden.
Beispiel für die erste Möglichkeit:
1. Wir hören eine Person reden und sehen sie gleichzeitig an.
Beispiele für die zweite Möglichkeit:
2. Wir wenden unsere Augen von der sprechenden Person ab, der wir zuhören; das Resultat ist, dass ihre Worte nun z. B. mit der Aufnahme einer anderen Person im Raum oder der eines Möbelstücks synchronisiert sind.
3. Wir hören einen Hilferuf auf der Straße, schauen aus dem Fenster und sehen die Autos und Busse fahren, ohne jedoch den Straßenlärm wahrzunehmen, weil wir noch immer den Schrei im Ohr haben, der uns aufhorchen ließ. [...]
4. Während wir z. B. einen Dokumentarfilm betrachten, hören wir die Stimme eines Kommentators, der nie auf der Leinwand erscheint.
[...]
Für die Zwecke der Analyse muss man noch unterscheiden zwischen Ton, der faktisch oder virtuell zu der auf der Leinwand gezeigten Welt gehört (Beispiele 1–3), und Ton, für den dies nicht gilt (Beispiel 4). Der Terminologie von Karel Reisz folgend, spreche ich im ersten Fall von *aktuellem*, im zweiten von *kommentierendem* Ton. Synchronismus erfordert zwangsläufig aktuellen Ton, während Asynchronismus beide Spielarten zulässt.
B. Parallelismus — Kontrapunkt. Bevor ich auf die eben genannten Varietäten weiter eingehe, möchte ich die Frage stellen, was der Ton auf der einen Seite und die mit ihm synchronisierten Bilder auf der anderen zu übermitteln suchen. Wort und Bild können derart miteinander kombiniert sein, dass eines von beiden alle Mitteilungen übernimmt — in welchem Fall beide mehr oder weniger parallele Bedeutungen ausdrücken. Oder sie können verschiedenartige Bedeutungen haben; in diesem Fall tragen beide zu der aus ihrer Synchronisierung erwachsenden Mitteilung bei.
Beispiel für die erste Möglichkeit:
5. Man nehme Beispiel 1 — eine sprachliche Mitteilung, die mit Bildern des Sprechenden synchronisiert ist. Wenn wir voraussetzen, dass es im Augenblick allein auf den Inhalt seiner Worte ankommt, dann fügen die gleichzeitigen Bilder nichts hinzu, was in Betracht gezogen werden müsste. Sie sind so gut wie überflüssig. Selbstverständlich kann auch das Gegenteil eintreten: Gesten oder Mimik einer sprechenden Person können, wenn sie uns durch beredte Bilder gezeigt werden, deren Intentionen so deutlich ausdrücken, dass die gleichzeitigen Worte auf eine bloße Wiederholung

dessen hinauslaufen, was uns die Bilder ohnehin schon sagen. Synchronisierungen dieser Art werden gewöhnlich als *Parallelismus* bezeichnet.

Beispiel für die zweite Möglichkeit:

6. Dasselbe Beispiel mit synchronem Ton kann auch zur Erläuterung der zweiten Möglichkeit dienen: Bild und Ton drücken Verschiedenes aus. In diesem Fall stellt das Bild keine Parallele zu den Worten des Sprechers dar, sondern betrifft Dinge, die in ihnen nicht enthalten sind. Vielleicht entlarvt ihn eine Nahaufnahme seines Gesichts als einen Heuchler, der nicht meint, was er sagt. Oder seine Erscheinung auf der Leinwand ergänzt seine Worte insofern, als sie uns dazu anregt, die ihnen innewohnende Bedeutung in dieser oder jener Richtung weiterzuverfolgen. In welchem Maße sich im Übrigen die synchronisierten bildlichen und sprachlichen Mitteilungen voneinander unterscheiden, ist von geringem Interesse. Wichtig ist, *dass* sie sich voneinander unterscheiden und dass sich die Bedeutung der Szene, die sie etablieren, aus ihrem Zusammenwirken ergibt.

In der Literatur über den Film wird diese Art von Beziehung zwischen Bild und Ton *Kontrapunkt* genannt.

Es gibt also zwei Paare von Möglichkeiten: Synchronismus-Asynchronismus; Parallelismus-Kontrapunkt. Aber diese beiden Paare realisieren sich nicht unabhängig voneinander. Sie sind vielmehr jeweils derart miteinander verknüpft, dass eine Möglichkeit des einen Paares mit einer des anderen verschmilzt. Die folgende Tafel mag dazu dienen, die Merkmale der sich so ergebenden vier Typen der Synchronisierung klarzustellen.

Die vier Typen der Synchronisierung

<table>
<tr><th></th><th>Synchronismus</th><th>Asynchronismus</th></tr>
<tr><td rowspan="2">Parallelismus</td><td rowspan="2">Aktueller Ton
I</td><td>Aktueller Ton
III a</td></tr>
<tr><td>Kommentierender Ton
III b</td></tr>
<tr><td rowspan="2">Kontrapunkt</td><td rowspan="2">II</td><td>Aktueller Ton
IV a</td></tr>
<tr><td>Kommentierender Ton
IV b</td></tr>
</table>

Erläuterung

SYNCHRONISMUS

**Typ I: *Parallelismus* (Sprache und Bild als Träger paralleler Bedeutungen).
Siehe Beispiel 5**

**Typ II: *Kontrapunkt* (Sprache und Bild als Träger verschiedener Bedeutungen).
Siehe Beispiel 6**

ASYNCHRONISMUS

Typ III: *Parallelismus* (III a mit *akutellem* Ton; III b mit *kommentierendem* Ton). [...]

Typ IV: *Kontrapunkt* (Unterteilung in IV a und IV b entsprechend Typ III). [...]

(aus: Kracauer, Siegfried: Werke, Band 3: Theorie des Films. Suhrkamp Verlag Frankfurt a. M. 2005. S. 158–161)

C. P. Hant/Syd Field: **Filmdramaturgie: Aktstruktur und Wendepunkte** **Material 7**

Die Grundstruktur jeder Geschichte ist einfach: Anfang, Mitte und Ende. Wir können diese drei Abschnitte auch als drei Akte bezeichnen. Ihre unterschiedlichen Funktionen hat der Autor Ben Hecht so beschrieben: »Im ersten Akt lässt man einen Mann eine Palme hinaufklettern. Im zweiten Akt schmeißt man Steine nach ihm, und im dritten Akt holt man ihn wieder von der Palme herunter.« Im 1. Akt wird die Geschichte aufgebaut ([…] Konfliktebenen entstehen), im 2. Akt wird sie entwickelt (die Konflikte intensivieren sich), im 3. Akt gelöst (die Konflikte werden entschieden). […]

Wendepunkte sind Stellen, an denen sich die Geschichte in eine andere Richtung bewegt, als es der Zuschauer erwartet. Seine positiven oder negativen Erwartungen erfüllen sich nicht. Die Folge sind Erstaunen und Spannung beim Zuschauer. Das Unerwartete und Unvorhergesehene ist erfrischender und unterhaltender als das Gewohnte. Eine gute Filmstory ist voll solcher Situationen und Ereignisse. Natürlich muss das alles aus dem Kontext der Geschichte heraus logisch entwickelt sein.

Die beiden wichtigsten Wendepunkte sind Plot Point 1 am Ende des 1. Aktes und Plot Point 2 am Ende des 2. Aktes. Zwischen diesen beiden Plot Points kann es eine Reihe weiterer Wendepunkte geben, an denen sich der Plot immer wieder in neue, unerwartete Richtungen bewegt. Wichtig ist, dass bei allen Wendungen der Geschichte der zentrale Konflikt im Brennpunkt der Handlung bleibt.

[…]

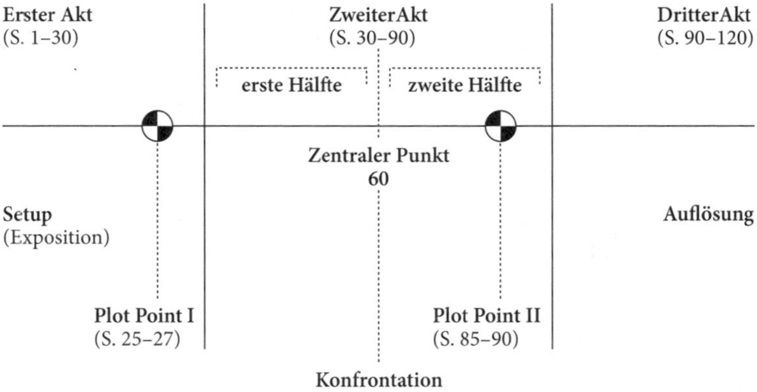

Beide Wendepunkte haben unterschiedliche Auswirkungen:

Plot Point 1 führt zur Konfrontation im 2. Akt. Plot Point 2 führt zum Höhepunkt und zur Lösung im 3. Akt. Jedes Mal wendet sich die Geschichte, indem der Protagonist vor eine neue, unbekannte Situation gestellt wird. Die neue Situation kann entstehen durch eine neue Information, eine Ortsveränderung, durch eine Änderung im Verhalten der antagonistischen Kraft etc. Die äußere Motivation des Protagonisten ändert sich, und seine Reaktion gibt seinem Handeln eine neue Richtung. Um mit der neuen Situation fertig zu werden, muss der Protagonist seinen Einsatz erhöhen. Er muss neue Kräfte mobilisieren und neue Eigenschaften entwickeln. Damit erhöht sich die Spannung, und der 2. und 3. Akt können auf einem neuen Spannungsniveau beginnen.

(*Text* aus: Hant, Claus Peter: Das Drehbuch. Praktische Filmdramaturgie. Verlag Zweitausendeins, Frankfurt a. M., 2. Auflage 2000. S. 69, 83, 112. *Strukturskizze* aus: Field, Syd: Das Handbuch zum Drehbuch. Übungen und Anleitungen zu einem guten Drehbuch. Aus dem Amerikan. von Brigitte Kramer. Verlag Zweitausendeins, Frankfurt a. M. 2000. S. 158)

Material 8

SACHWÖRTERBUCH DER LITERATUR

Spannung, dichterisches Kunstmittel, soll Neugier, Erwartung und Interesse des Lesers oder Hörers am Stoff erregen und wacherhalten. Sie wird, wo sie nicht von vornherein dem Stoff anhaftet, durch rezeptionssteuernde Signale wie Anspielungen, Vorausdeutungen (Ahnungen, Träume, Weissagungen, Flüche u.ä.) oder kalkulierte Irreführung des Lesers verstärkt oder durch ein besonderes Missverhältnis zwischen Sein und Schein (Komik, tragische Ironie) in der Schwebe gehalten. Ihr dient auch zum Teil die kunstvolle Technik der Kapitel- und Aktschlüsse, die ungelöste Fragen aufwerfen und ihre Beantwortung hinausschieben (Cliffhanger), oder die Retardation. In der Dichtung dient die Spannung jedoch lediglich als Mittel zur Leser-Antizipation; zum Selbstzweck wird sie in der Trivialliteratur.

(aus: Wilpert, Gero von: Sachwörterbuch der Literatur. 8., verb. u. erw. Aufl. © Alfred Kröner Verlag, Stuttgart 2001. S. 769 f.)

Material 9

ALFRED HITCHCOCK: **Suspense und Überraschung**

Der Unterschied zwischen Suspense und Überraschung ist sehr einfach, ich habe das oft erklärt. Dennoch werden diese Begriffe in vielen Filmen verwechselt. Wir reden miteinander, vielleicht ist eine Bombe unter dem Tisch, und wir haben eine ganz gewöhnliche Unterhaltung, nichts besonderes passiert, und plötzlich, bumm, eine Explosion. Das Publikum ist überrascht, aber die Szene davor war ganz gewöhnlich, ganz uninteressant. Schauen wir uns jetzt den Suspense an. Die Bombe ist unter dem Tisch, und das Publikum weiß es. Nehmen wir an, weil es gesehen hat, wie der Anarchist sie da hingelegt hat. Das Publikum weiß, dass die Bombe um ein Uhr explodieren wird, und jetzt ist es 12 Uhr 55 – man sieht eine Uhr –. Dieselbe unverfängliche Unterhaltung wird plötzlich interessant, weil das Publikum an der Szene teilnimmt. Es möchte den Leuten auf der Leinwand zurufen: Reden Sie nicht über so banale Dinge, unter dem Tisch ist eine Bombe, und gleich wird sie explodieren! Im ersten Fall hat das Publikum fünfzehn Sekunden Überraschung beim Explodieren der Bombe. Im zweiten Fall bieten wir ihm fünf Minuten Suspense. Daraus folgt, dass das Publikum informiert werden muss, wann immer es möglich ist. Ausgenommen, wenn die Überraschung wirklich dazugehört, wenn das Unerwartete der Lösung das Salz der Anekdote ist.

(Alfred Hitchcock in: Truffaut, François: Mr. Hitchcock, wie haben Sie das gemacht? Übersetzt von Frieda Grafe und Enno Patalas. Carl Hauser Verlag, München 1973. Copyright © by Éditions Robert Laffont, Paris. S. 64)

Werner Faulstich: **Die Figurenanalyse** (Auszug)

Material 10

Der Film als ein audiovisuelles Medium tendiert zum Sichtbaren, zum Äußerlichen und muss einen besonderen Aufwand betreiben, um Inneres – Gedanken, Gefühle, mentale Zustände usw. einer Person – zu gestalten. Deshalb sind Filme generell auch eher *Handlungs*filme als *Figuren*filme. Umso größer ist insofern auch die Bedeutung der als Handlungsträger tatsächlich eingesetzten Figuren.
Sinnvollerweise unterscheidet man die Figuren in *Haupt-* und *Nebenfiguren*, wobei der Protagonist bzw. die Protagonistin zentrale Wichtigkeit beansprucht. In der Regel ist der Protagonist das Wahrnehmungszentrum im Film, die Schlüsselfigur, die Klammer, die alles zusammenhält. [...]
Besonderes Interesse gilt häufig dem ersten Auftritt des Protagonisten und der Art seiner Charakterisierung. Aufgrund seiner Rolle als Wahrnehmungs- und Bedeutungszentrum im Film wird auf seine Gestaltung in aller Regel Wert gelegt, eben um die notwendige Glaubwürdigkeit und zugleich Attraktivität zu erzeugen. [...]
Man kann – und das gilt für alle Haupt- und auch Nebenfiguren – grundsätzlich drei verschiedene Arten der Charakterisierung unterscheiden:

- erstens die *Selbstcharakterisierung*: Jede Figur charakterisiert sich als die, die sie ist oder zu sein vorgibt, durch ihr Reden, ihr Handeln, ihre Mimik, Gestik, Stimme, ihre Sprache, ihre Kleidung usw. — wie jeder Mensch im normalen Alltag auch;
- zweitens die *Fremdcharakterisierung*: Eine Figur wird durch eine andere Figur im Film vorgestellt und beurteilt, beispielsweise positiv, möglicherweise im Kontrast zu einer dritten Figur, die ein Negativurteil beisteuert, und im Unterschied zu weiteren Personen mit wieder anderen Meinungsäußerungen;
- drittens die *Erzählercharakterisierung*: Eine Figur kann durch zahlreiche Bauformen des Erzählens charakterisiert werden, etwa durch die Einstellungsgröße oder die Einstellungsperspektive, durch die Musik, durch die Beleuchtung und andere Stilmittel.

[...]

Die Figurenanalyse soll charakteristische Merkmale einer Figur erkennen lassen; man muss die Figuren des Films so beschreiben können, wie man einem Freund einen neuen Bekannten beschreibt, den dieser noch nicht gesehen hat. Das beginnt bei Äußerlichkeiten wie Aussehen, Kleidung, Verhalten und reicht bis zu charakterlichen und anderen Persönlichkeitsmerkmalen.

(aus: Faulstich, Werner: Grundkurs Filmanalyse. UTB 2341 Wilhelm Fink Verlag, Paderborn 2002, S. 95 – 99)

Material 11 Einstellungen der Exposition von *Spiel mir das Lied vom Tod*

Anke-Marie Lohmeier: **Filmische Erzählsituationen** (Auszug)

Material 12

Die personale Erzählsituation im Film

Aus der Bestimmung der personalen ES [= *Erzählsituation*] als figurenperspektivisch gebundenen Erzählens ergibt sich für den Film eine ebenso klare wie einfache Bestimmung: In der personalen ES übernimmt die Kamera die Perspektive einer der Figuren, sei es, indem sie sich neben oder schräg hinter sie stellt (so dass die Figur im Anschnitt im Bild bleibt), sei es, indem sie sich ganz an ihre Stelle versetzt (so dass die Figur aus dem Bild verschwindet) und das Geschehen so vom Blickpunkt der Figur aus präsentiert.

[...]

Ebenso wie der personale Erzähler sprachlicher Erzähltexte muss auch die Kamera ihre Reflektorfigur erst einmal ›benennen‹, bevor sie ihre Perspektive übernimmt, denn andernfalls wäre ihr Blick für den Rezipienten gar nicht als figurenperspektivischer zu identifizieren. Sie muss die Reflektorfigur also zunächst ins Bild setzen, bevor sie ihre Wahrnehmungen reproduziert [...].

[D]er mit der personalen ES verbundene Zugewinn an Möglichkeiten der Darstellung von *Innerlichkeit* fällt beim Film eher bescheiden aus, weil filmische Rede auf die phototechnisch erfassbare Außenhaut der Dinge, auf die Welt des Sichtbaren angewiesen ist. Innerlichkeit müsste hier folglich als verinnerte Außenwelt zur Darstellung kommen, d.h. die Wahrnehmungen der Figur müssten als verinnerte Welterfahrung kenntlich gemacht, Außenwelt in Innenwelt übersetzt werden, ein schwieriges Unternehmen, dem die meisten Filmemacher aus dem Wege gehen. Einer der Auswege ist die Darstellung reiner Innenwelt, die durch einen Wechsel der Realitätsebene zustande kommt: [...] Gedanken, Gefühle, Träume, Erinnerungen, Visionen usw. ihrer Reflektorfigur – als *innere Bilderschau.*

[...] Ihre größten Wirkungsmöglichkeiten entfaltet die personale ES im Film zweifellos dann, wenn sie [...] nur an solchen Stellen eingesetzt wird, wo es tatsächlich um die innenperspektivische Reflexion gehen soll. Nicht zufällig begegnet sie denn auch mit einiger Regelmäßigkeit in personal-auktorialen Mischformen und darin meistens in der Form von *Einfügungen perspektivierender Passagen* in auktorial erzählende Filme. [...]

Die auktoriale Erzählsituation im Film

[...] Die auktoriale Außenperspektive ist die dem Film nächstliegende, dem bildsprachlichen Medium unmittelbar entsprechende Erzählperspektive. [...] Die Erfassung der fiktiven Welt durch eine nicht an die Perspektive einer Figur gebundene und daher potentiell ubiquitäre [= *allgegenwärtige*] und »allwissende« Kamera ist in der Praxis denn auch die Normalform filmischen Erzahlens. Wie in der Literatur sind nun aber auch hier Varianten auktorialen Erzählens auszumachen, die sich [...] aus [...] Oppositionen (*persönlicher/unpersönlicher* und *eingeschränkter/allwissender* Erzähler) ergeben.

[...] Der *unpersönliche* filmische Erzähler zieht sich ganz auf seine Vermittlerrolle zurück, ohne diese selbst spürbar werden zu lassen, [...] sieht seine Hauptaufgabe vielmehr darin, das Erzählte optimal ins Bild zu setzen, die dramatische Selbstdarstellung der Bildobjekte weitestgehend für sich selbst sprechen lassen und die Bedingung ihres Erscheinens, die »Mittelbarkeit« des Erzählens vergessen zu machen. [...]

Kameraarbeit und Montage sind hier also ganz darauf aus, sich selbst und damit den Erzähler zu verleugnen, [...] der Fiktion zu größtmöglichem »Realitätseindruck« und dem Rezipienten zu perfekter Illusion zu verhelfen.
Ausdrückliche Selbstkundgaben im Wege *kommentierenden Abbildungsverhaltens* dagegen sind das herausragende Merkmal des *persönlichen* auktorialen Erzählers [...]: Seine Kamera gibt sich als Organ der Wahrnehmung explizit zu erkennen, beschränkt sich nicht auf das Referat und kann daher alle Möglichkeiten kommentierenden Abbildungsverhaltens nutzen. [...] Kameraarbeit und Montage sind hier also darauf aus, dem scheinbar objektiven Gestus der auktorialen ES entgegenzuwirken dadurch, dass die Subjektivität der Kamerawahrnehmung ausdrücklich markiert wird.
[...] *[E]ingeschränktes* auktoriales Erzählen kann im Film [...] nur auf zwei Wegen zustandekommen, nämlich durch [...] »Fokussierung« [...] oder durch die Konstruktion einer Rahmenerzählung.
Bei der *»Fokussierung«* bindet sich der Erzähler zwar nicht [...] an die Perspektive, wohl aber an den Erfahrungs- und Aktionsraum einer Figur, verfolgt Tun und Lassen dieser Figur, nutzt also seine potentielle Ubiquität nicht aus. Obwohl er dabei wohlgemerkt nicht figurenperspektivisch, sondern außenperspektivisch erzählt, hat diese »Fokussierung« einen perspektivierenden Effekt: Sie hat zwangsläufig zur Folge, dass der Rezipient erheblich mehr und erheblich differenziertere Informationen über die »fokussierte« Figur gewinnt [...], was seine Bereitschaft, Partei zu nehmen, das erzählte Geschehen nämlich von der Warte dieser Figur aus zu betrachten, [...] deutlich erhöht.
Bei der *Rahmenerzählung* bindet sich der Erzähler an den Wissensstand eines zweiten Erzählers, des Binnenerzählers, der hier normalerweise eine der Figuren ist, weshalb Rahmenerzählungen im Film der Form nach eigentlich *Rückwendungen* sind [...]: Der filmische Erzähler zeigt als Rahmenerzähler eine Erinnerungshandlung, in deren Verlauf eine der Figuren die Geschichte [...] zu erzählen beginnt, während die Kamera, zumeist nach einer signifikanten Blendenverbindung, das Erzählte in Bilder umsetzt.

(aus: Lohmeier, Anke-Marie: Hermeneutische Theorie des Films. Niemeyer Verlag, Tübingen 1996. © 2011 by Walter de Gruyter GmbH & Co. KG, München. S. 201–213 – vom Autor etwas erweitert)

Material 13

Ronald B. Tobias/Christopher Vogler: **Masterplot/Standardsituation**

Masterplot: Die Rache

Die meisten zeitgenössischen Rachegeschichten verfügen nicht über den Reichtum an Charakteren und Emotionen, der in *Hamlet* zum Ausdruck kommt. Aber das Muster hat sich in den letzten dreitausend Jahren nicht verändert. Im Mittelpunkt der Geschichte steht der Protagonist, im Allgemeinen ein guter Mensch, der gezwungen ist, die Vergeltung selbst in die Hand zu nehmen, da das Gesetz ihm keine Genugtuung verschafft. Dazu kommt der Antagonist, die Person, die das Verbrechen begangen hat und ihrer gerechten Strafe bisher entgangen ist. An dritter Stelle steht das Opfer, die Person, die der Protagonist rächen muss. Als Figur ist das Opfer offensichtlich nebensächlich; seine Funktion ist es, unsere Sympathie für den Protagonisten zu wecken (der durch das Verbrechen einen geliebten Menschen oder einen guten Freund verloren hat). Manchmal ist der Protagonist selbst das Opfer. Je

schlimmer das Verbrechen (Vergewaltigung, Mord, Inzest), desto besser lässt sich der Wunsch des Protagonisten nach Rache rechtfertigen. Wir erwarten nicht, dass der Held Rache übt für einen Ladenbesitzer, dem eine Dose Bier geklaut wurde, oder wegen einer Falschangabe in der Steuererklärung.
Die Strafe muss dem Verbrechen entsprechen – Rächer und Übeltäter müssen am Ende »quitt sein«. Das biblische Gebot verbietet ein Übermaß an Vergeltung: »Auge um Auge, Zahn um Zahn…« Und unser primitiver Gerechtigkeitssinn wird befriedigt, wenn die Strafe dem Verbrechen gleichkommt. Nicht mehr und nicht weniger.

(aus: Tobias, Ronald B.: 20 Masterplots. Woraus Geschichten gemacht sind. Aus dem Amerikan. von Petra Schreyer. Verlag Zweitausendeins, Frankfurt a. M. 1999. S. 145)

Showdowns
In Western, Krimis und Actionfilmen ist die Auferstehung zugleich die heftigste Auseinandersetzung, der größte Kampf der gesamten Geschichte, nämlich der **Showdown**. Er führt Held und Bösewicht in der entscheidenden Konfrontation zusammen, bei der es um Leben oder Tod geht. Dies ist die klassische letzte Schießerei im Western, das letzte Duell in Mantel-und-Degen-Filmen, der letzte akrobatische Kampf in Karate-Filmen. Der Showdown kann auf einer anderen Ebene freilich auch in einem Gerichtssaal stattfinden oder als rein emotionaler Showdown ein Familiendrama beschließen.
Der Showdown ist ein eigenes dramatisches Motiv mit eigenen Gesetzen und Konventionen. Die opernhaften Höhepunkte der »Spaghettiwestern« von Sergio Leone führen die konventionellen Elemente des Showdowns in übersteigerter Form vor: die dramatische Musik; die Gegner, die auf dem letzten Kampfplatz (eine Straße, ein Korral, ein Friedhof oder das Versteck des Bösewichts) aufeinander zu marschieren; die Nahaufnahmen von Waffen, Händen und Augen, die nur auf den entscheidenden Augenblick warten; das Gefühl die Zeit stehe still. Klassiker wie *Höllenfahrt nach Santa Fe*, *Zwölf Uhr mittags* und *Faustrecht der Prärie* haben die Schießerei offenbar zu einem unverzichtbaren Element des Westerns gemacht. Dies mag damit zusammenhängen, dass der so genannte »Showdown am O.K. Corral« — eine legendäre brutale Schießerei im Tombstone des Jahres 1881 — zum unauslöschlichen Bestandteil des Mythos vom Wilden Westen geworden ist und als solcher das zentrale Motiv für eine Unmenge von Filmen abgegeben hat.

(aus: Vogler, Christopher: Die Odyssee des Drehbuchschreibers. Über die mythologischen Grundmuster des amerikanischen Erfolgskinos. Aus dem Amerikan. von Frank Kuhnke. Copyright © 2010, by Zweitausendeins Versand Dienst GmbH, www.Zweitausendeins.de. S. 340 f.)

PETER W. JANSEN/HOLGER HETTINGER: **Interview über Michelangelo Antonioni** **Material 14**

Interview mit dem Filmkritiker Peter W. Jansen über die ästhetische Wirkung des Regisseurs Michelangelo Antonioni.
Moderation: Holger Hettinger

Hettinger Herr Jansen – »Blow Up« aus dem Jahr 1966 und der 1970 gedrehte Film »Zabriskie Point« gelten als die zentralen Meisterwerke von Michelangelo Antonioni. Die Filme tauchen in so ziemlich jedem Kanon der wichtigsten Filme auf. Was macht sie so bedeutsam?

Jansen: Ja, wir müssen bedenken, dass das sozusagen der zweite Anlauf von Antonioni ist. Davor gibt es noch einen anderen, über den ich auch gerne mit Ihnen sprechen würde. Was also diese beiden Filme ausmacht, ist, dass sich Antonioni sehr stark eingelassen hat auf die neue Wahrnehmung durch eine neue Generation. Sie wissen, dass »Blow Up« vor allen Dingen im *Swinging London* spielt, der Fotograf in »Blow Up«, der die Hauptrolle spielt, ist ein Anhänger des *Swinging London* und er lebt auch so. Und ähnlich geht es in »Zabriskie Point« [zu], [dort] geht es also auch um die Popmusik und auch um die Wahrnehmung. Und die Wahrnehmung, das Sehen, ist für Antonioni immer ein zentrales Thema gewesen. Er hat für ein neues Sehen plädiert, ein Sehen, das anders ist als im bisherigen Kino und damit hatte er mindestens zu Anfang seiner Karriere auch seine großen Schwierigkeiten. Er ist 1960 für den Film »L'Aventura« in Cannes ausgepfiffen worden.

Hettinger Sie sagen, das war der zweite Anlauf, »Blow Up« 1966, »Zabriskie Point« 1970, was war der erste?

Jansen: Na ja, die anderen waren eben »L'Aventura« und »La Notte« und die verschiedenen Filme, die er am Anfang gemacht hat, die auch zum Teil Schwarzweißfilme sind. Er hat ja angefangen mit einem Dokumentarfilm von 1942 »Gente del po« – Menschen am Po –, und dann war er eben an der Spitze der Avantgarde mit auch mit den Filmen wie »Freundinnen« und »Der Schrei« und vor allen Dingen die jungen Franzosen der Nouvelle Vague, also Godard, Rivette, Rohmer, Chabrol, die haben sofort erkannt, dass da etwas Neues ist, etwas, was die herkömmliche Dramaturgie des Erzählfilms verändert[, eine Dramaturgie], die nicht mehr darauf aus ist, den Zuschauer zu überrumpeln, sondern den Zuschauer einzuladen, mitzusehen. Man denke z. B. jetzt besonders an eine Sequenz in dem Film »Die Nacht«, da lässt er Jeanne Moreau 12 oder 14 Minuten lang allein durch Mailand laufen und es passiert nichts. Man sieht nur [unterschiedliche] Gegenden, sich ändernde Straßen, andere Kulissen und es passiert im Grunde genommen nichts. Das ist eine ganz lang durchgedrehte Einstellung, und damit hat er natürlich das Sehen provoziert. Man wird provoziert, sich etwas anzugucken und nicht drauf aus zu sein, dass man wieder von einem neuen Bild überrascht wird.

Hettinger Hat Michelangelo Antonioni den Ruf eines kompletten Revoluzzers, also hat er komplett mit diesen alten Sehgewohnheiten gebrochen oder gab es auch Elemente, an die er anknüpfen konnte?

Jansen: Natürlich gab es auch Elemente, an die er anknüpfen konnte, so absolut kann man natürlich, wenn man Spielfilme macht oder Filme macht, nicht brechen. Das gibt es natürlich bei ihm auch, aber es ist immer eine Eigenart, einen Antonionifilm zu sehen. Wenn man einmal einen Antonionifilm gesehen hat, sieht man die anderen auch und weiß sofort, das kann von niemandem anderen sein als von Antonioni. [...]

Hettinger Inwieweit war Michelangelo Antonioni ästhetisch wegweisend?

Jansen: Ja, ich sagte schon, ästhetisch wegweisend war er vor allen Dingen im Film der jüngeren Generationen, so wie die Nouvelle Vague in Frankreich, die ja auch nicht ohne Folgen blieb in Europa. Und er war ästhetisch wegweisend, sagen wir mal, genauso wie *Ingmar Bergman*, er ist unverwechselbar ein europäischer Regisseur. Er hat eine europäische Filmsprache, europäische Bildersprache, so wie *Ingmar Berg-*

man. Und dass die beiden so kurz hintereinander gestorben sind, das ist eigentlich ein furchtbares Ereignis.

[...]

Hettinger Jetzt vor kurzem, vor 14 Tagen, kam »Blow Up« mit neuen Kopien in die Kinos. Die Programmkinos haben dieses Angebot bereitwillig angenommen und man hat in den Zeitungen gelesen, dass sich viele Kritiker erstaunt darüber gezeigt haben, wie aktuell, wie aufregend und wie packend diese Bildsprache heute noch ist. Woran liegt das?

Jansen: Ja, das liegt daran, dass man sicher durch die Bilderflut im Fernsehen und im Kino inzwischen dermaßen zugedonnert ist mit Bildern, dass man die Aufmerksamkeit für ein einzelnes Bild als eben besonders aufregend und besonders sensationell empfindet. Sie wissen ja, dass in »Blow Up« ein Bild, eine Fotografie, die vergrößert wird und dann in der Vergrößerung Veränderungen zeigt, eine zentrale Rolle spielt.

Hettinger Weil der Fotograf darauf glaubt, ein Verbrechen zu erkennen, und man weiß irgendwann nicht, ist das alles Phantasie, geht das in seinem Kopf vor, oder ist es wirklich.

Jansen: So ist es. So etwas an Konzentration auf ein einzelnes Bild ist etwas, was das heutige Fernsehen und das heutige Kino, denken Sie mal an die schnellen Schnitte in *Harry Potter* und so weiter, das heutige Kino überhaupt nicht mehr zulässt.

[...]

Antonioni verführt nicht durch Bilder, sondern er verführt zum Sehen, zum Wahrnehmen.

(aus: Homepage Deutschlandradio Kultur. Sendung vom 31.07.2007. URL: www.dradio.de/dkultur/sendungen/thema/652621/– vom Autor gekürzt und behutsam erweitert. © Holger Hettinger)

Anhang

Anmerkungen

1 Vgl. Bellours Analyse in *DER UNAUFFINDBARE TEXT* (1999)
2 Abraham/Kepser 2005, 145
3 Lange 2007, 87
4 Casetti 2001, 171
5 Vgl. zum Eintritt ins »Thrillerexil« und der damit verbundenen *schlimmstmöglichen Wendung* des Heldenschicksals (am Bsp. des *UNSICHTBAREN DRITTEN*): Kammerer 2007, 221–226. S.a. die jeweiligen Ausführungen zur Thrillerpoetik und der dafür exemplarischen *Maisfeldszene* in: Ders. 2009, 139–160 u. 172–186.
6 Vgl. hierzu Mikos 2001, 209–215 und Casetti 2001
7 Vgl. Jost 2008, 36–44
8 Tykwer ^{4}2003, 131
9 Metz 1972, 101
10 Kern ^{3}2004, 220
11 Pasolini 1971, 40
12 Metz 1972, 101
13 Vgl. ebd., 51–129
14 Schnell 2000, 181
15 Vgl. Lohmeier 1996, 29–47
16 Monaco ^{6}2005, 158
17 Ebd.
18 Kammerer 2009, 32
19 Pudowkin ^{3}1998, 70 u. 72
20 Vgl. Lohmeier 1996, 24 ff.
21 Dürrenmatt, Friedrich (1996): Theaterprobleme (1954), in: Ders.: Gesammelte Werke. Band 7: Essays – Gedichte. Zürich. S. 36
22 Tykwer ^{4}2003, 9
23 Althen, Michael (1998): Ein Narr, wer den Zufall Schicksal nennt. In: Süddeutsche Zeitung (19.08.1998). S. 11
24 Abwertend meinte der Regisseur *Fritz Lang* einmal, das Cinemascope-Format sei für die Abbildung von Trauerzügen und Schlangen geeignet. Vgl. Schweinitz 2002, 176.
25 Brecht, Bertolt (1997): Die Beule. Ein Dreigroschenfilm (1930). In: Ders.: Ausgewählte Werke in sechs Bänden. Band 5: Prosa. Frankfurt a. M. S. 345
26 Pudowkin ^{3}1998, 72
27 Vgl. zum *Coverage System* und zu den folgenden Schnittkonzeptionen a. Beller 2005, 169–187
28 Vgl. Rogge 1994, 22–24
29 Kammerer 2009, 35 (Hervorh. nach Lohmeier)
30 Unser Beispielfilm *SPIEL MIR DAS LIED VOM TOD* mit seinen – komponiert von Ennio Morricone – personalisierten musikalischen Leitmotiven ist allerdings eine dieser seltenen Ausnahmen.
31 Kracauer 1985, 161; vgl. ebd., 158–183
32 Vgl. hierzu Korte 1999, 32–53
33 Ebd., 38
34 Vgl. Martinez/Scheffel ^{8}2009, 108–119
35 Lohmeier 1996, 39
36 Ebd., 38 (Hervorhebung im Original)
37 Ebd., 204
38 Ebd., 210
39 Vgl. ebd., 208 ff.
40 Vgl. Borstnar u. a. 2002, 167 f.
41 Vgl. Field ^{12}2000, 37–51
42 Lohmeier 1996, 167
43 Tykwer ^{4}2003, 6
44 Vgl. a. Faulstich 2002, 97–99
45 Vgl. Ludwig 1982, 141 ff.
46 Vgl. Jost 2008, 33 ff.
47 Vgl. Faulstich 2002, 100 f.
48 Vgl. Hamm 2010, 805
49 Wilpert ^{8}2001, 800
50 Faulstich 2002, 160
51 Was keine filmspezifische Besonderheit ist, sondern grundsätzlich der Abgrenzungsschwierigkeit des Symbols von diesen »benachbarten Phänomenen« entspricht. Vgl. Peil 2004
52 Vgl. a. Faulstich 2002, 160–174
53 Lubkoll 2004, 185
54 Vgl. Frederking/Krommer/Maiwald 2008, 187 f.
55 Vgl. z. B. Baacke 1999 und Josting 2005. Abraham benennt in diesem Zusammenhang medienpädagogische, medienästhetische und kommunikative Dimensionen des Lernens an AV-Medien, vgl. Abraham 2009, 68–71
56 Vgl. hierzu Abrahams Verfahrenstrukturierung in: ebd., 77–101, außerdem Gasts Typologie didaktischer Filmanalyse in: Gast 1996, 22 f., das Phasenmodell zum Umgang mit Film im Deutschunterricht in: Abraham/Kepser 2005, 153 f., methodische Fragen in: Frederking/Krommer/Maiwald 2008, 191–194, sowie Kammerers Handlungsmodule in: Kammerer 2009, 215–227
57 Lohmeier 1996, xxi
58 Vgl. Kammerer 2009, 220–222
59 Vgl. Korte 1999, 32–53
60 Vgl. Haas/Menzel/Spinner 1994, 24
61 Spinner ^{3}2004, 247
62 Verfahren der Segmentierung, Kürzung, Umstellung, Fälschung [Restauration], Handlungserweiterung, Detailspezifizierung und des Darbietungswandels [Transformation]. Vgl. Kammerer 2009, 222–225
63 Bergala 2006, 117
64 Frederking/Krommer/Maiwald fordern beim Einsatz von Spielfilmen »(spätestens abschließend) eine Ganzrezeption«. Vgl. Frederking/Krommer/Maiwald 2008, 192
65 Abraham 2009, 62

Textverzeichnis

Primärtexte

BU = Blow-Up. MGM, GB 1966. Produktion: Carlo Ponti. Regie: Michelangelo Antonioni. Buch: Michelangelo Antonioni, Tonino Guerra (nach einer Kurzgeschichte von Julio Cortázar). Kamera: Carlo Di Palma. Musik: Herbert Hancock. Schnitt: Frank Clarke. Darsteller: David Hemmings, Vanessa Redgrave, Sarah Miles, John Castle, Peter Bowles u. a. FSK: ab 16 Jahren. DVD-Ausgabe (2004): Warner Home Video Germany. EAN 7321921651359.

Die Dame im See (The Lady in the Lake). MGM, USA 1947. Produktion: George Haight. Regie: Robert Montgomery. Buch: Steve Fisher (nach dem Roman von Raymond Chandler). Kamera: Paul C. Vogel. Musik: David Snell. Schnitt: Gene Ruggiero. Darsteller: Robert Montgomery, Audrey Totter, Lloyd Nolan, Leon Ames u. a. FSK: ab 6 Jahren.

DuD = Der unsichtbare Dritte (North by Northwest). MGM, USA 1959. Produktion: Herbert Coleman, Alfred Hitchcock. Regie: Alfred Hitchcock. Buch: Ernest Lehman. Kamera: Robert Burks. Musik: Bernard Herrmann. Schnitt: George Tomasini. Darsteller: Cary Grant, Eva Marie Saint, James Mason, Jessie Royce Landis, Leo G. Carroll, Martin Landau u. a. FSK: ab 12 Jahren. DVD-Ausgabe (2000): Turner Entertainment Co. und Warner Home Video GmbH. EAN 7321921650161.

FG = Forrest Gump. Paramount Pictures, USA 1994. Produktion: Wendy Finerman, Steve Tisch, Steve Starkey. Regie: Robert Zemeckis. Buch: Eric Roth (nach dem Roman von Winston Groom). Kamera: Don Burgess. Musik: Alan Silvestri. Schnitt: Arthur Schmidt. Darsteller: Tom Hanks, Robin Wright, Gary Sinise, Mykelti Williamson, Sally Field u. a. FSK: ab 12 Jahren. DVD-Ausgabe (2005): »Widescreen-Collection« von Paramount Home Entertainment. EAN 4010884590517.

Lehman, Ernest (1958): North by Northwest (Shooting Script, 1958). URL: www.dailyscript.com/scripts/NorthByNorthwest.pdf (Zugriff: 02.08.2010).

Lehman, Ernest (1999): North by Northwest (Drehbuch, 1958). London.

LR = Lola rennt. X-Filme Creative Pool, D 1998. Produktion: Stefan Arndt. Regie: Tom Tykwer. Buch: Tom Tykwer. Kamera: Frank Griebe. Musik: Tom Tykwer, Johnny Klimek, Reinhold Heil. Schnitt: Mathilde Bonnefoy. Darsteller: Franka Potente, Moritz Bleibtreu, Herbert Knaup, Nina Petri, Joachim Król, Armin Rohde, Heino Ferch, Suzanne von Borsody, Sebastian Schipper u. a. FSK: ab 12 Jahren. DVD-Ausgabe (1999): Alligator DVD im Vertrieb von EMS. EAN 4020974010283.

Oktober (Октябрь/Oktjabr). Sovkino, UdSSR 1927. Regie: Sergej M. Eisenstein, Grigori W. Alexandrow. Buch: Sergej M. Eisenstein, Grigori W. Alexandrow. Kamera: Eduard Tisse. Musik: Edmund Meisel/Dimitri Schostakowitsch. Schnitt: K. Tobak. Darsteller: Wladimir Popow, Wassili Nikandrow, Boris Liwanow, Eduard Tisse u. a. FSK: ab 12 Jahren. DVD-Ausgabe (2004): »Russische Klassi-

ker« von Icestorm Entertainment. EAN 4028951193066.
SLT = Spiel mir das Lied vom Tod (C'era una volta il West/Once upon a Time in the West). Paramount Pictures, I/USA 1968. Produktion: Filvio Morsella. Regie: Sergio Leone. Buch: Sergio Leone, Sergio Donati (nach einer Idee von Dario Argento, Bernardo Bertolucci und Sergio Leone). Kamera: Tonino Delli Colli. Musik: Ennio Morricone. Schnitt: Nino Baragli. Darsteller: Henry Fonda, Claudia Cardinale, Charles Bronson, Jason Robards, Gabrielle Ferzetti u. a. FSK: ab 16 Jahren. DVD-Ausgabe (2003): »Special Collector's Edition« von Paramount Home Entertainment. EAN 4010884504019.
SoS = Sophie Scholl – Die letzten Tage. Goldkind Film/Broth Film, D 2005. Produktion: Christoph Müller, Sven Burgemeister, Fred Breinersdorfer, Marc Rothemund. Regie: Marc Rothemund. Buch: Fred Breinersdorfer (orientiert an den Original-Verhörprotokollen). Kamera: Martin Langer. Musik: Johnny Klimek, Reinhold Heil. Schnitt: Hans Funck. Darsteller: Julia Jentsch, Alexander Held, Fabian Hinrichs, Johanna Gastdorf, André Hennicke, Florian Stetter, Petra Kelling, Jörg Hube u. a. FSK: ab 12 Jahren. DVD-Ausgabe (2005): »DeluXe 2 Disc Edition« von Warner Home Video Germany. EAN 7321921990908.
Tykwer, Tom (⁴2003): Lola rennt. Mit Bildern von Frank Griebe. Hgg. von Michael Töteberg. 4. Aufl. Reinbek.
Vertigo. Paramount Pictures/Alfred Hitchcock Productions, USA 1957. Produktion: Herbert Coleman, Alfred Hitchcock. Regie: Alfred Hitchcock. Buch: Alec Coppel, Samuel Tayler (nach einem Roman von Pierre Boileau und Thomas Narcejac). Kamera: Robert Burks. Musik: Bernard Herrmann. Schnitt: George Tomasini. Darsteller: James Stewart, Kim Novak, Barbara Bel Geddes, Tom Helmore u. a. FSK: ab 12 Jahren. DVD-Ausgabe (2003): »Die Hitchcock Collection« von Universal Pictures. EAN 3259190278417.

Sekundärtexte

Abraham, Ulf (2009): Filme im Deutschunterricht. Seelze-Velber.
Abraham, Ulf/Kepser, Mathis (2005): Literaturdidaktik Deutsch. Eine Einführung. Berlin.
Arijon, Daniel (2000): Grammatik der Filmsprache. Das Handbuch. Frankfurt a. M.
Baacke, Dieter (1999): »Medienkompetenz«: theoretisch erschließend und praktisch folgenreich. In: medien + erziehung. 43. Jg. H. 1. S. 7–12.
Beller, Hans (⁴2002): Aspekte der Filmmontage. Eine Art Einführung. In: Ders. (Hg.): Handbuch der Filmmontage. München. S. 9–32.
Beller, Hans (2005): Montage. In: Schleicher, Harald/Urban, Alexander (Hgg.): Filme machen. Technik – Gestaltung – Kunst. Klassisch und digital. Frankfurt a. M. S. 155–200.
Bellour, Raymond (1999): Der unauffindbare Text (1975). In: Montage/AV. 8. Jg. H. 1. S. 8–17.
Bergala, Alain (2006): Kino als Kunst. Filmvermittlung an der Schule und anderswo. Bonn.
Borstnar, Nils/Pabst, Eckhard/Wulff, Hans Jürgen (2002): Einführung in

die Film- und Fernsehwissenschaft. Konstanz.
Casetti, Francesco (2001): Filmgenres, Verständigungsvorgänge und kommunikativer Vertrag. In: Montage/AV. 10. Jg. H. 2. S. 155–173.
Faulstich, Werner (2002): Grundkurs Filmanalyse. München.
Field, Syd ([12]2000): Das Handbuch zum Drehbuch. Übungen und Anleitungen zu einem guten Drehbuch. Frankfurt a. M.
Frederking, Volker/Krommer, Axel/Maiwald, Klaus (2008): Mediendidaktik Deutsch. Eine Einführung. Berlin.
Gast, Wolfgang (1996): Filmanalyse. In: Praxis Deutsch. 23. Jg. H. 140. S. 14–25.
Haas, Gerhard/Menzel, Wolfgang/Spinner, Kaspar H. (1994): Handlungs- und produktionsorientierter Literaturunterricht. Basisartikel. In: Praxis Deutsch. 21. Jg. H. 123. S. 17–25.
Hamm, Heinz (2010): Symbol. In: Barck, Karlheinz u. a. (Hgg.): Ästhetische Grundbegriffe. Historisches Wörterbuch in sieben Bänden. Band 5: Postmoderne – Synästhesie. Stuttgart u. Weimar. S. 805–840.
Hant, C.P. ([2]2000): Das Drehbuch. Praktische Filmdramaturgie. Frankfurt a. M.
Jansen, Peter W. (2007): »Antonioni verführt zum Sehen«. Interview von Holger Hettinger mit Filmkritiker Peter W. Jansen über die ästhetische Wirkung des Regisseurs. URL: www.dradio.de/dkultur/sendungen/thema/652621/(Zugriff: 30.09.2010).
Jost, Roland (2008): »Meine Mama hat immer gesagt ...« – Erzählkunst in Robert Zemeckis' Film *Forrest Gump*. In: Gans, Michael/Ders./Kammerer, Ingo (Hgg.): Mediale Sichtweisen auf Literatur. Baltmannsweiler. S. 33–45.
Josting, Petra (2005): Medienkompetenz im Literaturunterricht. In: Rösch, Heidi (Hg.): Kompetenzen im Deutschunterricht. Frankfurt a. M. S. 71–90.
Kammerer, Ingo (2007): Das Exil des Thrillerhelden. Über die auf- und anregende Wirkung von Fremdheit und Fremde im Genrekino. In: Balogh, András F./Vogel, Harald (Hgg.): »Erliegst du der Götter Abgeschiedenheit«. Exil und Fremdheitserfahrung in der deutschen Literatur. Cluj-Napoca (Klausenburg). S. 217–238.
Kammerer, Ingo (2009): Film – Genre – Werkstatt. Textsortensystematisch fundierte Filmdidaktik im Fach Deutsch. Baltmannsweiler.
Kern, Peter Christoph ([3]2004): Film. In: Bogdal, Klaus-Michael/Korte, Hermann (Hgg.): Grundzüge der Literaturdidaktik. 3. Aufl. München. S. 217–229.
Korte, Helmut (1999): Einführung in die Systematische Filmanalyse. Ein Arbeitsbuch. Berlin.
Kracauer, Siegfried (1985): Theorie des Films. Die Errettung der äußeren Wirklichkeit (1960). Frankfurt a. M.
Lange, Sigrid (2007): Einführung in die Filmwissenschaft. Darmstadt.
Lohmeier, Anke-Marie (1996): Hermeneutische Theorie des Films. Tübingen.
Lubkoll, Christine (2004): Motiv, literarisches. In: Nünning, Ansgar (Hg.): Grundbegriffe der Literaturtheorie. Stuttgart u. Weimar. S. 184 f.
Ludwig, Hans-Werner (1982): Figur und Handlung. In: Ders. (Hg.): Arbeitsbuch Romanalyse. Tübingen. S. 141 ff.
Martinez, Matias/Scheffel, Michael ([8]2009): Einführung in die Erzähltheorie. München.
Metz, Christian (1972): Semiologie des Films. München.

Mikos, Lothar (2001): FERN-SEHEN. Bausteine zu einer Rezeptionsästhetik des Fernsehens. Berlin.
Monaco, James ([6]2005): Film verstehen. Kunst, Technik, Sprache, Geschichte und Theorie des Films und der neuen Medien. Mit einer Einführung in Multimedia. Reinbek.
Pasolini, Pier Paolo (1971): Die Sprache des Films. In: Knilli, Friedrich (Hg.): Semiotik des Films. Mit Analysen kommerzieller Pornos und revolutionärer Agitationsfilme. Frankfurt a. M. S. 38 – 55.
Peil, Dietmar (2004): Symbol. In: Nünning, Ansgar (Hg.): Grundbegriffe der Literaturtheorie. Stuttgart u. Weimar. S. 267.
Pudowkin, Wsewolod J.([3]1998): Filmregie und Filmmanuskript (1928). In: Albersmeier, Franz Josef (Hg.): Texte zur Theorie des Films. Stuttgart. S. 70 – 73.
Rogge, Jan-Uwe (1994): Kinder können fernsehen. Vom sinnvollen Umgang mit dem Medium. Reinbek.
Schnell, Ralf (2000): Medienästhetik. Zu Geschichte und Theorie audiovisueller Wahrnehmungsformen. Stuttgart u. Weimar.
Scholze-Stubenrecht, Werner (Hg.) ([6]1997): Duden. Das Fremdwörterbuch. Mannheim u. a.
Schweinitz, Jörg (2002): Filmformate. In: Koebner, Thomas (Hg.): Reclams Sachlexikon des Films. Stuttgart. S. 176 f.
Spinner, Kaspar H. ([3]2004): Handlungs- und produktionsorientierter Literaturunterricht. In: Bogdal, Klaus-Michael/Korte, Hermann (Hgg.): Grundzüge der Literaturdidaktik. München. S. 247 – 257.
Tobias, Ronald B. (1999): 20 Masterplots. Woraus Geschichten gemacht sind. Frankfurt a. M.
Truffaut, François ([20]1998): Mr. Hitchcock, wie haben Sie das gemacht? Frankfurt a. M.
Vogler, Christopher ([3]1999): Die Odyssee des Drehbuchschreibers. Über die mythologischen Grundmuster des amerikanischen Erfolgskinos. Frankfurt a. M.
Wilpert, Gero von ([8]2001): Sachwörterbuch der Literatur. Stuttgart.
Wulff, Hans J. ([4]2002): Der Plan macht's. Wahrnehmungspsychologische Experimente zur Filmmontage. In: Beller, Hans (Hg.): Handbuch der Filmmontage. München. S. 178 – 189.

Glossar erzähltheoretischer und filmanalytischer Begriffe

Anachronie: entweder durch Rückwendung (Analepse) oder Vorausdeutung (Prolepse) eintretende Abweichung vom Prinzip des chronologischen Nacheinander von Ereignissen.

Aufblende: langsame Aufhellung des Bildes zumeist von Schwarz (oder einer anderen monochromen Farbe) bis zur gewünschten Belichtung, um eine Einstellung sanft anzufahren; Gegenteil: Abblende.

Beleuchtung/Lichtverhältnisse: Der Normalstil (auch ›Hollywood-Stil‹ genannt) simuliert die für die einzelnen Szenen, je nach Räumen bzw. Tages-/Jahreszeiten, natürlich wirkende Beleuchtung; der Low-Key-Stil arbeitet mit unregelmäßiger Beleuchtung und größeren Schattenflächen bzw. scharfen Kontrasten von Hell und Dunkel (in verschiedenen Genres wichtiges Stilmerkmal, z. B. in Horror- und Gangsterfilmen, im Film Noir); der High-Key-Stil betont die gleichmäßige, die gesamte jeweilige Szenerie voll ausleuchtende Lichtgebung und signalisiert eine insgesamt optimistisch-positive Grundstimmung der Geschichte (häufig im Genre Komödie).

Blende: 1. technisch: die variable Öffnung des Objektivs einer Kamera; 2. ästhetisch: in der Filmsprache Sammelbezeichnung für verschiedene Strukturierungsmittel des Films (vgl. hierzu Aufblende, Abblende, Überblendung, Trickblende).

Cadrage/Kadrierung/Framing: Festlegung des Bildausschnitts durch die Kamera und entsprechende Anordnung der Figuren und Objekte.

Coverage System (auch: Continuity System): ein aus mehreren Elementen bestehendes System, das dem unsichtbaren Schnitt verpflichtet ist und damit ein realistisches Raum- und Geschehenserlebnis beim Zuschauer hervorrufen soll (Realitätsillusion); zu diesem System gehört die 180°-Regel (Verhältnis Handlungsachse – Kameraachse), das ›Verbot‹ des Achsensprungs sowie die Einführung in die Szene bzw. die Beendigung der Szene mittels eines Master Shots.

Diegese/diegetisch: Erörterung, Erzählung; zur Erzählung gehörend.

Drehbuch: Textbuch eines Films, das alle Angaben zu Schauplätzen, Requisiten, Dialogen und genaue Regieanweisungen sowie oft auch Vorgaben zur Kameraführung bzw. zu Einstellungen enthält (= Shooting Script); gelegentlich auch mit (Hand-)Bildskizzen zu bestimmten, meist wichtigen Details: Umfang je nach Filmlänge zwischen 90 und 120 (oder auch mehr) Seiten, da eine Filmminute in etwa einer Drehbuchseite entspricht.

Einstellung: im Film die kleinste Einheit als kontinuierlich wahrnehmbarer Abschnitt zwischen zwei Schnitten oder Blenden (s. dazu auch Szene).

Einstellungsgröße: von der Bezugsgröße Mensch ausgehende Nähe bzw. Distanz der Kamera zu den im Filmbild sichtbaren Gegenständen, Figuren und Ereignissen; Weit oder Panorama: weite Landschaften bzw. große Räume; Totale: Figuren in ihrem Handlungsraum; Halbtotale: Figur von Kopf bis Fuß als wichtigster Bezugspunkt im Filmbild; Amerikanisch: Figur vom Kopf bis zu den Oberschenkeln (aus dem amerikanischen Western-Genre stammend und dort ›kultiviert‹ – der Colt ist sichtbar); Halbnah: Figur vom Kopf bis zur Gürtellinie; Nah: Figur vom Kopf bis zur Brust; Groß: Kopf einer Figur; Detail: Gesichts- oder Körperausschnitt.

Erzähler: fiktionale Instanz eines narrativen Textes, die zwischen Autor (als Urheber des Textes) und dem Leser ›vermittelt‹, indem sie als fiktives Aussagesubjekt sich in der fiktionalen Welt befindet und aus dieser berichtet.

Erzählsituation: auch Erzählerverhalten: der fiktionale Erzähler verhält sich gegenüber der erzählten Welt, also den Ereignissen, Figuren und ihren Gedanken und Gefühlen auf verschiedene Weise: auktorial als Allwissender, häufig Ereignisse Kommentierender, als alles Überblickender und immer mehr als jede seiner Figuren Wissender; personal als mit den Augen (und den Gedanken und Gefühlen) einer bestimmten Figur Erlebender und Erzählender und nur das wissend, was ›seine‹ Figur weiß (häufig und markant in der Ich-Erzählform realisiert); neutral als Außenstehender, gewissermaßen hinter seinen Figuren und ihren Aktionen Verschwindender, daher für den Leser nicht oder kaum Wahrnehmbarer und nur die Außensicht auf die Figuren Wiedergebender.

Establishing Scene: die Anfangsszene (gelegentlich auch Sequenz), die dem Zuschauer die größtmögliche Information über die sich entfaltende Geschichte gibt, eine Art Exposition.

Establishing Shot: Einstellung am Beginn einer Szene/Sequenz, die dem Zuschauer einen Überblick, eine räumliche Orientierung gibt; der (häufig) nachfolgende Master-Shot, zumeist in einer Totalen oder Halbtotalen und im rechten Winkel zur Handlungsachse fokussiert für den weiteren Verlauf der Szene bzw. Handlung auf wichtige Figuren, Gegenstände, Raumausschnitte.

Exposé: kurzer, bis zu etwa fünf Seiten umfassender Prosatext, der die Idee des Films enthält, die wichtigsten Figuren beschreibt sowie die Handlung zusammenfasst und vor der Produktion des Films entsteht.

Filmprotokoll: Wichtiges Instrument der (wissenschaftlichen) Filmanalyse, das in der Makroanalyse als Sequenzprotokoll, in der Mikroanalyse als Einstellungsprotokoll eines Films angefertigt wird.

Flashback: Rückblende: Ereignisse werden erzählt, die vor der aktuellen Handlung liegen.

Flashforward: Vorausblende: Ereignisse werden erzählt, die gegenüber der aktuellen Handlung in der Zukunft liegen.

Genre: »Gattung«, Art, Wesen; ein bestimmtes Ensemble verschiedenster kulturell-historisch ausgebildeter Schemata wie Erzählmuster, Figurenensemble, stoffliche und motivliche Konventionen, ideologische ›Botschaften‹, Bildgestaltung, sprachliche Varietäten usw., die vom Zuschauer erwartet werden und in der Umkehrung auch in die Produktion einfließen und die das ›Wesen‹ eines Film ausmachen (z. B. gehören zu einem Ritterfilm nicht nur entsprechende Kleidung, Waffen, Pferde, sondern auch die Präsentation mittelalterlicher Werte, Normen, eines Geschlechterrollenverständnisses usw.); Genrekonventionen sind zum einen relativ fest gefügte Stereotypen, zugleich unterliegen sie einem beständigen Wandel, indem (neue) Zuschauererwartungen zu Genremodifikationen führen und umgekehrt; Genres bilden zudem Subgenres aus, die wiederum Grenzen verwischen (z. B. Gangsterfilm, Polizeifilm, Detektivfilm als Subgenres des Kriminalfilms).

Handkamera: nicht fest installierte, sondern vom Kameramann getragene Kamera, die verwackelte Bilder und eine unregelmäßige Kadrierung erzeugt.

Handlung: chronologisch in einer Verbindung stehende und motivierte Abfolge von Ereignissen, Vorgängen und Zuständen, die kausal, final oder kompositorisch motiviert sein kann.

heterodiegetisch: der Erzähler ist nicht Teil der erzählten Welt.

homodiegetisch: der Erzähler ist Teil der erzählten Welt.

Insert: meist eine erläuternde, beschreibende wortsprachliche Information (z. B.: »Zwei Monate später in Paris«), aber auch ein innerhalb des Szenenablaufs, innerhalb der Mise en Scène, nicht sichtbarer Gegenstand (z. B. ein Ziffernblatt mit entsprechender Uhrzeit), die in den Film eingeschnitten werden und eine dramaturgisch wichtige Information enthalten.

Jump Cut: »Springen« des Bildinhalts; mittels Schnitt erzeugte abrupte Unterbrechung einer kontinuierlichen Situation, indem z. B. aus einem kontuierlichen Bewegungsablauf Teile herausgeschnitten werden.

Kamerabewegung: Veränderung des Kamerastandpunktes mittels Fahrt (Parallel-, Hin-, Rück-, Umfahrt) und Schwenk (horizontal, vertikal, gelegentlich: diagonal); Sonderform: der Reißschwenk als schneller Schwenk, der die Objekte bzw. das Bild verwischt/»verreißt«.

Kamerastandpunkt/-perspektive: ist bestimmt durch den Winkel, in dem die Kamera steht und auf das Geschehen blickt: Normalsicht ist der Blick der Kamera etwa auf Augenhöhe der Figur; Untersicht (etwa von Höhe des Bauches) und Froschperspektive (vom Boden aus) sind leichte bzw. extreme Abweichungen des Kamerablicks auf der Vertikalen nach oben; Aufsicht und Vogelperspektive sind die Entsprechungen des Kamerablicks nach unten; die selten verwendete Schrägsicht entsteht durch Kippen der Kamera in der Horizontalen.

Master Shot: s. Establishing Shot.

Match Cut: Verbindung von zwei räumlich und zeitlich getrennten Objekten, Figuren bzw. ihren Bewegungen, die in einander folgenden Einstellungen visuell parallelisiert werden.

Mindscreen: Traum-, Fantasie- und/oder Erinnerungsbilder einer Figur im Film, die den Zuschauer gewissermaßen ins ›Innere‹ dieser Figur und deren Befindlichkeit blicken lassen.

Mise en Scène: (visuelles) In-Szene-Setzen: alle in einer Einstellung wirksamen Elemente, die Bildkomposition (Raum, Objekte, Figuren, Bewegung, Einstellungsgröße, Lichtverhältnisse, Farbe, Schärfe, Kameraperspektiven).

Montage: eines der wichtigsten Gestaltungselemente des Films (in der Postproduktion): das Zusammenfügen von Bild- und Tonsegmenten zu bestimmten Einheiten eines Films bzw. zum ganzen Film.

Mystery: »Geheimnis«; das Verhältnis Figuren- und Zuschauerwissen betreffend: Figuren und Zuschauer wissen in etwa gleich viel; Spannung entsteht durch Vorenthalten von Information (vgl. dazu auch Suspense, Surprise).

Off-/On-Screen: alles, was sich außerhalb des Bildes befindet oder stattfindet (Off), bzw. alles, was im Filmbild sichtbar ist (On).

Off-/On-Ton: nicht sichtbare Tonquelle, z. B. die Filmmusik (Off), bzw. Tonquelle, die sichtbar ist, z. B. eine sprechende Person, die Töne eines in der Szene sichtbaren Klaviers (On).

Plansequenz: Handlungen/Situationen werden in einer Einstellung mit beweglicher Kamera ohne Schnitt(e) aufgenommen, so dass (verschiedene) Figuren, Räume und Objekte, also verschiedene Bildinhalte miteinander verbunden werden.

Plot Point: ein Ereignis, das der Handlung einen entscheidenden Impuls, eine (überraschende) Wendung gibt.

Schuss-Gegenschuss: meist Gliederung eines Dialogs durch Hin- und Herschneiden zwischen den Dialogpartnern.

Sequenz: handlungslogisch bestimmte, d. h. auf der Ebene der Geschichte angesiedelte Einheit im Film, zumeist aus mehreren Szenen zusammengesetzt (vgl. dazu auch Szene).

Setting: »Ausstattung«; Gestaltung und Ausstattung der Drehorte (für einzelne Szenen bzw. Sequenzen oder auch für den gesamten Film); bzgl. der Figuren meint Setting deren soziale Stellung, Geschlechterspezifik, Alter, Land- oder Stadtbewohner, Milieuzugehörigkeit, Kleidung usw.

Split Screen: das Bild setzt sich aus zwei (oder mehr) parallel gezeigten Bildern zusammen; beispielsweise werden in einem Telefonat die beiden (räumlich voneinander getrennten) Gesprächspartner mittels Split Screen gleichzeitig sichtbar.

Steadicam: vom Stativ befreite ›entfesselte‹ Kamera: nicht fixierte Kamera, die mittels einer bestimmten Vorrichtung am Kameramann (z. B. auf der Schulter, vor dem Bauch) befestigt ist und subjektive (dynamische) Bilder liefert, die jedoch eindeutiger kadriert und ruhiger sind als bei der Verwendung einer Handkamera.

Storyboard: aus Einzelbildern bestehendes visuelles ›Drehbuch‹ für die Kameraarbeit in der Art und Weise eines Comics; enthält jede Einstellung hinsichtlich Kamerabewegung, Größe, Perspektive und Achsenverhältnis.

Surprise: »Überraschung«; ein unerwartetes Ereignis, bei dem häufig eine Figur mehr weiß als der Zuschauer, tritt ein; die kurz anhaltende Spannung entsteht durch das Moment der Überraschung (vgl. dazu auch Suspense, Mystery).

Suspense: »Spannung« im engeren Sinn; das Verhältnis Figuren- und Zuschauerwissen betreffend: Der Zuschauer weiß mehr als die Figur(en); die länger anhaltende Spannung entsteht durch das Prinzip der Vorhersehbarkeit (vgl. dazu auch Mystery, Surprise).

Szene: aus in der Regel mehreren Einstellungen bestehender Filmabschnitt, der durch die Einheit von Ort und Zeit gekennzeichnet ist und daher eine Segmentierung auf der Ebene des Filmdiskurses darstellt (vgl. dazu auch Sequenz).

Trickblende: Variante der Überblendung, in der ein traditioneller Verweis (z. B. Iris-, Kreisblende als Form der Detailfokussierung, Fettblende als Verweis auf Rückschau, Traum oder Vision) oder eine gewisse verspielte Dynamik des Einstellungswechsels (z. B. Schiebeblende, geometrische Blendenmuster) betont wird.

Überblendung: Auf- und Abblende verlaufen parallel: während das eine Bild durch Abblende unscharf wird und verschwindet, legt sich das darauf folgende mittels Aufblende darüber (auch als ›weicher Schnitt‹ bezeichnet).

Voice Over: Stimme aus dem Off, die beispielsweise dem Erzähler oder einer im Augenblick der Rede im Bild nicht sichtbaren Figur gehört; auch: stumme direkte Rede (innerer Monolog) oder stream of consciousness einer sichtbaren Figur (vgl. dazu auch Off-/On-Ton).

Zoom: mittels Brennweitenveränderung bei ansonsten statischer Kamera erzeugte Nähe-Distanz-Veränderung zum Abgebildeten; als Ran- oder Weg-Zoom eingesetzt.